국제조세법 강론

國際租稅法講論 개정판

최선집 著

이지출판

기업경영재산 (지속적 기업경영을 위하여 필요한 주식)에 관한 제도적 보장

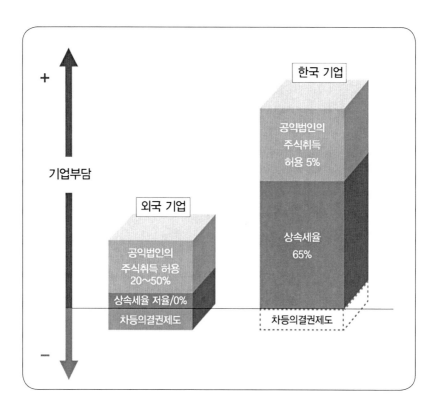

	외국 기업	한국 기업
공익법인의 주식 취득	20~50% 허용	5% 허용
상속세율	저율 / 0%	65%
차등의결제도	○	×

이 책은 본래 국세청의 국제거래조사관 양성 교육프로그램을 위하여 만들어진 것입니다. 그런데 국제조사전문가 과정은 국제조세 이외 분야의 근무경력은 있지만 국제조세 문제를 전혀 접해 보지 못한 조사관부터 이 부분에 상당한 실무적 경험을 갖춘 조사관까지, 경험의 정도가 다양한 사람들이 참여하므로 이 같은 수요를 감안한 교재가 필요하였습니다. 이러한 수요층을 반영하여 만들어진 책이므로 국제조세법을 처음 접하는 학생이나 연구자들에게도 유용할 것으로 생각합니다.

거슬러 올라가면, 이 책의 탄생 배경도 2000년부터 실시하여 지금까지 이어진 국세청 국제조사전문가 과정의 교육입니다. 그동안 일 년에 1회 혹은 2회씩 6주 내지 8주간의 교육기간 중 가장 아쉬웠던 것은 국제조세에 대해 잘 정리된 이론서가 없다는 점이었습니다. 국제조세의 성격상 거의 관습법 수준이라고 일컬을 정도의 국제조세이론의 수렴이 이루어지고 있음을 반영하여 폭넓은 시각을 제공해 줄 수 있는 책이 요망되었습니다.

필자는 위 국제조세과정의 프로그램 편성부터 관여하여 매년 이 과정의 강의를 맡아 오면서 수강생의 입장에서 무엇이 필요한지를 잘 알고 있었기 때문에 이 같은 기회는 대단한 행운이라고 생각했습니다.

이러한 경험을 반영하여 산에 올라가 본 사람이면 누구나 알고 있듯이, 복잡하게 얽혀 있는 길은 높은 곳에 올라가면 한눈에 파악되므로 책 첫머리 부분에서 전체를 개관하는 내용을 담았습니다.

그러나 국내에서 아직 이론적으로 잘 소개되지 아니한 부분이나 불명료한 부분은 가급적 자세히 소개하였습니다. 산에 오르다 보면 중간에 쉬어야 하는 순간도 있지만, 때로는 고통을 감내하고 올라가야만 할 경우도 있습니다. 그래야만 정상에 오른 뒤에 느껴지는 환희를 가슴에 담을 수 있기 때문입니다. 그래서 저는 이 책을 통하여 독자들이 땀 흘린 뒤에 오는 행복감을 느낄 수 있도록 노력하였습니다. 이와 같은 이유로 간결함과 상세함을 동시에 추구하였습니다. 이 같은 접근법이 독자들에게 유용하였으면 합니다.

저자가 처음 국제조세를 접한 것은 80년대 중반이었는데, 당시 참고할 만한 책이 없어서 막막하였던 심정은 이루 다 말할 수 없었습니다. 이러한 앞 세대의 어려움을 뒤 세대들이 좀 더 수월하게 넘어가는 데 이 책이 조금이라도 도움이 되었으면 합니다. 독자분들의 충고와 조언을 받아들여 앞으로 더 발전시켜 더욱 알찬 책을 만드는 일은 후일을 기약하기로 하겠습니다.

끝으로 목차와 순서를 정리하고 꼼꼼히 살펴봐 준 김태희 행정법원 판사와 OECD 근무 경험을 살려 조언과 수익자 소유자 및 PE 귀속 소득결정방법을 보충하여 준 김명준 국장, 교정과 기타 과정에 여러 도움을 준 김문희 사무관을 비롯한 Healing Tax Study 회원들에게 감사드립니다. 그 외에도 오늘 이 책이 나오기까지 도와주신 몇몇 분들의 노고와 지원에도 감사드립니다.

2014년 7월 24일
독일 뮌헨 막스프랑크 재정·조세법연구소에서 저자

중국발 코로나바이러스-19로 세상이 급변하였다. 사망자가 오늘 현재 185개국에 걸쳐 37만여 명에 이르는 미증유의 사건이 지속되고 있다. 모두 조심조심 하루하루를 살아가고 있다. 그러나 이런 비극 속에서도 희망을 찾으려면 꾸준히 희망을 추구하여야 한다. 그 희망 추구의 하나로 우리의 제도를 가다듬고 사고의 폭도 넓히는 작업도 이러한 과정의 일환일 것으로 생각한다.

원래 《국제조세법 강론》은 국제조세법의 핵심적인 내용만을 추려 담은 책으로 국세청 국제거래조사관 양성과정 교재로 마련되었다. 2014년 독일 뮌헨 막스프랑크 재정·조세법연구소에서 독일 통일과정에서의 재정정책연구와 국제조세연구를 위해 갑자기 출국하느라 국제거래조사관 양성과정 수업 교재가 마땅치 않아 급히 생각하였던 자료를 모아 만든 것이었다.

이제 보완이 필요한 부분을 보강하고, 부록으로 미국의 주요 국제조세판결을 요약하여 첨부하였다. 그러나 여전히 이 책만으로는 지식의 지평을 넓히기에는 부족하다고 생각되어 《논점 국제조세법》이라는 제목으로 이 분야의 주요 논점을 따로 모아 수업자료로 같이 사용하였다. 시간적 여유가 있다면 위 《논점 국제조세법》도 같이 읽으면 도움이 될 것으로 생각한다.

　필자가 국세청 국제거래조사관 양성과정이 처음 창설됨과 동시에 시작한 국제조세 강의도 벌써 20여 년이 넘었다. 그동안 다양한 사건들이 전개되어 우리 판례도 많이 축적되었고 이론적 연구도 활발하여졌으나, 미국이나 독일 등 선진국의 국제조세법에 비하면 여전히 갈 길이 멀다고 여겨진다.

　독자 여러분의 꾸준한 노력으로 이 분야의 발전이 더 이루어지길 기대한다.

2020년 6월 1일
코로나바이러스 퇴치를 위하여 헌신하는
의료인들에게 경의로 표하며
저자 최 선 집

제1장　국제조세 총론

제1장

국제조세 총론

I. 경제의 글로벌화와 과세의 로컬화

먼저 다음 사례를 보면서 국제조세에 대해 이해해 보자.

서울에 살고 있는 김정소가 다국적기업 A(미국에 본점 소재)가 운영하는 사이트에 접속하여 물건을 사는 경우를 가정해 보자.

김정소가 A기업의 영업담당 직원 Bruce와 연락하여 주문제작을 하고, Bruce는 홍콩에 있는 프리랜서 디자이너 Cong씨에게 설계를 의뢰하여 완성된 도면을 김정소의 승낙을 받은 다음 시드니에 있는 예술가 Debong 씨가 운영하는 호주법인 Austral에게 주문제작을 하면, 이를 받아 위 회사의 자회사인 말레시아 소재 현지 공장에서 생산을 한다. 이때 사용된 기계는 독일회사 Zaksen으로부터 리스로 받은 것이다.[1]

이런 경우 누구에 대하여 얼마만큼의 세금을 어떤 방식으로 과세할 것인가? 물론 개인소득세와 법인소득세만 염두해 두고 생각한다.

위 경제활동은 한국, 홍콩, 호주, 말레이시아, 독일 등에 걸쳐서 이루어진다. 그런데 이렇게 이루어진 경제활동을 전체적으로 과세하는 전세계적인 과세기구는 현재로서는 존재하지 않는다. 오직 개별국가만이 과세권을 행사하게 된다.

경제활동은 글로벌화되지만 과세를 위한 세제는 국가별로 로컬화된다는 사실을 알 수 있다.

동일한 경제상황에 대한 상이한 세제를 나라별로 적용하게 되면 중복

---

1 增井良啓 외 1, 國際租稅法, p.6

과세가 되든가, 아니면 어떤 경우에는 아예 과세가 되지 않든가 하는 결과가 될 것이다. 이러한 결과를 방지하고자 국가 간 조세조약이 체결되게 된다.[2]

그렇다면 국제조세법을 배우기 위하여는 국내조세법과 조세조약이 소재가 될 수밖에 없다.

II. 국제조세법의 연혁과 법원(法源)

국제조세법이 무엇을 의미하는지, 어떤 개념이 결정적으로 중요한지, 도대체 국제조세법 자체가 존재하는지에 대하여는 논쟁거리로 남아 있다.[3] 물론 '국제조세법'이라는 이름을 가진 법률은 존재하지 않으나, 여전히 그렇게 불리는 법영역이 존재한다. 따라서 이를 어떻게 이해할 것인가 하는 문제가 여전히 있다.

이에는 크게 세 가지 견해가 있다. 먼저, 국제법적인 성격을 지닌 법원(法源, Herkunft)만으로 이루어진 조세법을 의미한다는 견해, 국외관련관계(auslandsbezogene Sachverhalt)만을 다루는 조세라는 견해, 마지막으로 법적 상충(Kollisionsnorm)이 존재하는 영역에 국한하여 다루는 조세규

---

2 조세조약의 목적이 무엇인지에 관하여 이중과세 방지가 목적이라는 점에는 의문의 여지가 없으나, 조세의 공백 방지라는 목적에 관하여는 이론이 있을 수 있다.

3 Schaumburg, Internationales Steuerrecht, 3. Auflage, p. 1

범이라는 견해가 그것이다.[4]

이 세 가지 견해의 공통점은 조세법 중 국제적 성격이 있는 사항은 '국제조세법'이라고 불릴 수 있다는 것이다. 따라서 이 책에서는 국제조세법을 '조세법의 국제적 측면'을 가리키는 것으로 이해하기로 한다.[5] 각종 국내조세법과 양국 간 조세조약, 그리고 다자간 조세협약이 국제조세법의 대상이 된다.

위에서 적은 바대로 특수한 경우를 제외하고,[6] 아직은 소득세(법인/개인)만이 국제조세법의 대상으로 다루어지고 있다.

또한 국제조세법이 국제관습법으로서까지 고양되어 있다는 주장도 설득력이 있다.[7]

---

4 Ibid, p.1

5 그래서 국제조세법이라는 명칭을 International Taxation이라고도 하나, International Aspects of Income Taxation 등으로 부르기도 한다.

6 EU에서의 VAT의 경우는 국제조세 측면이 많이 다루어지고 있다. 그리고 독일 국제조세법 교과서에는 개인소득, 법인세, 부가가치세, 상속, 증여 등 거의 전반에 관하여 국제조세적 측면을 다루고 있다.

7 Reuven S. Avi-Yonah, International tax in international law, Cambridge University Press, pp.1-8., 이 책에서는 조세조약에서 single tax principle, the benefit principle 등이 국제적인 승인을 얻은 정도에 이르고 과세관할권, 무차별원칙, 정상계약 기준, 외국 납부세액공제(혹은 국외소득면세제도) 등은 국제관습법의 정도에까지 이르렀다고 주장한다. 그러나 관습법은 성문화 없이도 효력을 갖는 것을 의미하나, 위와 같은 조항은 각국이 공통적으로 입법화한다는 점에서 관습법으로까지 고양되었다는 주장은 일리가 있으나 엄밀한 의미에서는 관습법이라고 할 수 없다.

Ⅲ. 국내법 구조의 개관

"거주자, 내국 법인에 대하여는 거주지 관할권에 기초하여 전세계 소득에 과세하고 비거주자, 외국 법인에 대하여는 원천지 관할권에 기초하여 국내 원천소득에 관하여만 과세한다."

이는 국제조세법의 결론이자 그 내용의 전부에 해당한다.

1. 거주지 관할과 원천지 관할

1) 사람(人)의 거주지와 소득의 원천지

일반적으로 어느 국가가 소득에 대하여 과세하는 때는 두 가지 경우이다. 하나는 거주지 관할(Residence tax jurisdiction)에 기초하는 경우이다. 이는 소득을 얻는 자에 대한 인적 관련(Nexus)을 근거로 한다. 많은 국가의 경우 거주지 관할의 대상이 되는 사람에 대하여는, 소득의 원천지가 어디인가를 묻지 아니하고 전세계 소득(World-wide income)에 대하여 과세한다.

다른 하나는 원천지 관할(Source tax jurisdiction)에 기초하는 경우이다. 이는 소득을 얻는 활동과의 물적인 관련성을 근거로 한다. 원천지 관할에 근거한 과세는 자국에서 산출된 소득, 이른바 국내에 원천을 갖는 소득을 대상으로 한다. 이 같은 소득을 국내 원천소득(Domestic source income)이라고 한다. 국내법은 이 양자를 병용하고 있다.

소득세법, 법인세법에서의 '국내'의 의미는 국내 법률의 시행지를

가리킨다.[8]

> 거주지 관할 → 전세계 소득 과세
> 원천지 관할 → 국내 원천소득 과세

2) 관할의 경합과 공백

위에서 적은 바와 같이 과세는 각국이 행사하는 것이므로 이러한 분권적인 시스템 아래서는 다음과 같은 관할의 대립 형태가 존재할 수 있다.

관할의 경합과 공백

> i) 거주지 관할 vs 거주지 관할
> ii) 원천지 관할 vs 원천지 관할
> iii) 거주지 관할 vs 원천지 관할

위 i), ii)의 경우 두 나라의 관할에 관한 정의 규정이 상이하면 관할의 경합이 생기거나 관할의 공백이 생길 수 있다. iii)의 경우에도 같은 결과가 생길 수 있다.

---

8 연안의 대륙붕이 법인세법의 시행지에 해당한다라고 한 판결이 있다(동경고등재판소 판결 소화 59. 3. 14. 행집 35-3-23).

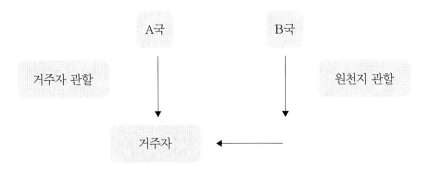

거주지 관할과 원천지 관할의 관계

이 경우 A국은 거주지 관할에 기하여 자국 거주자의 전세계 소득에 대하여 과세하므로, 이 소득은 A국에서 과세대상이 된다. 동시에 B국은 원천지 관할에 기하여 자국에 원천이 있는 이 소득에 과세한다. 따라서 A국(거주지국)과 B국(원천지국)의 과세가 경합하여 결과적으로 거주지국과 원천지국 간에 과세의 중복이 생기게 된다.

이러한 과세의 중복이 국제투자와 통상을 저해하게 되므로, 어떠한 형태로든지 과세권의 행사를 조정하여야만 한다. 바로 이러한 점 때문에 통상 거주지국은 국내법 혹은 조세조약에 의하여 국제적 이중과세를 배제하게 되는 것이다.

3) 이중과세의 배제(single tax principle)

거주지국이 국제적 이중과세를 배제하는 방법은 두 가지가 있다. 하나는 외국세액공제방법이고, 다른 하나는 국외소득면제방법이다. 외국세액공제(Foreign tax credit)방법은 거주지국이 전세계 소득에 대하여 과세한 후 원천지국에서 납부한 세액을 공제하는 방식이다. 국외소득면제방법은 거주지국이 국외 원천소득을 과세대상에서 제외하는 방식이다.

한국, 미국, 일본 등은 전자를, 네덜란드, 프랑스 등은 사업소득에 관하여 국외소득면제방식을 취하고 있다.

국제적 이중과세 배제의 유형

i) 전세계 소득과세 + 외국세액공제
ii) 국외소득면제

어느 경우이든 거주지국이 일방적으로 과세를 하지 아니함으로써 국제적 이중과세를 방지하는 것이다. 다시 말하면, 국가 간 세수 배분의 관점에서는 원천지국의 과세가 거주지국의 과세에 우선하는 결과로 된다.

이러한 거주지국과 원천지국 간의 과세를 조정하는 방식으로는 논리적으로는 아예 처음부터 거주지국만 과세하든가 아니면 원천지국만 과세하든가 하는 방식도 있을 수 있다.[9]

2. 거주자 판정

1) 거주자와 비거주자

거주지를 특정하는 문제는 과세관계의 출발점이다. 소득세법상으로는 개인에 관하여 거주자란 국내에 주소를 두거나 1년 이상 거소를 둔 개인을 말한다고 규정하고 있다.[10]

---

9 1923년 국제연맹에 제출된 보고서가 원천지국에서만 과세하는 입장을 담고 있다. 앞 책 p.8
10 소득세법 제1조의 2

비거주자란 거주자 이외의 개인을 말한다. 현행 소득세법은 비영주거주자를 거주자와 별도로 다루지 않고 있으나, 전세계 소득에 대하여 과세하지 아니하고 일정소득만을 과세하는 예외를 인정하고 있어 외국의 비영주거주자와 동일한 구조를 두고 있다.[11]

거주자에 대하여는 전세계 소득에 대하여, 비거주자에 대하여는 국내 원천소득에만 과세한다.[12]

거주자 판정의 기초가 되는 주소의 개념, 거소의 개념에 관하여는 민법과 동일하게 생활의 본거지를 의미한다.

거주자 이외에 비영주거주자라는 별도의 하위분류를 두고 있는 나라도 있고, 주소만이 아니라 시민권을 기초로 하여 과세 범위를 정하는 입법례도 있다.[13, 14]

거주자 → 전세계 소득
비거주자 → 국내 원천소득

'외국의 소득세법상 납세의무자'라는 사실에 대한 입증 책임은 과세관청의 과세처분이 이중과세로 과세권의 행사가 배제되어야 한다고 주장

---

11 소득세법 제3조 제1항 단서 참조
12 제3조(과세소득의 범위)
① 거주자에게는 이 법에서 규정하는 모든 소득에 대해서 과세한다. 다만, 해당 과세기간 종료일 10년 전부터 국내에 주소나 거소를 둔 기간의 합계가 5년 이하인 외국인 거주자에게는 과세대상 소득 중 국외에서 발생한 소득의 경우 국내에서 지급되거나 국내로 송금된 소득에 대해서만 과세한다.
② 비거주자에게는 제119조에 따른 국내 원천소득에 대해서만 과세한다.
13 졸저, 논점 조세법 개정판, p.125
14 미국세법상 거주의 개념에 관하여는 위 책 p.353 참조. ; 기타 거주(residance)에 관한 다른 법률문제도 위 책에 상술되어 있다.

하는 이상 납세자가 이를 주장, 입증하여야 한다.[15]

개인이 소득세법상 국내·국외 이중거주자에서 외국법상 소득세 납세의무자에 해당하는 경우, 어느 국가의 거주자로 할 것인지에 관한 결정방법 및 이중거주자인 사실의 입증 책임은 납세의무자가 진다.[16]

2) 내국 법인과 외국 법인

법인세법은 내국 법인과 외국 법인을 구분하고 있다.[17] 내국 법인이라 함은 국내에 본점이나 주사무소 또는 사업의 실질적 관리장소를 둔 법인을 말한다. 외국 법인이라 함은 외국에 본점 또는 주사무소를 둔 법인(국내에 사업의 실질적 관리장소가 소재하지 아니하는 경우에 한한다)을 말한다. 종전의 등록지 기준에 관리지배지 기준을 더하여 양자를 병용하고 있다. 이는 독일과 같은 입법례를 따른 것으로 형식적 기준과 실질적 기준을 동시에 채용함으로써 과세소득의 범위를 넓히려는 것이 그 취지라고 할 수 있다.[18]

어느 법인이 서로 다른 나라의 국내법상 동시에 거주 법인, 즉 내국 법인이 될 수 있다. 법인의 이중거주성 문제[19]이다.

내국 법인에 대하여는 전세계 소득을 과세하고, 외국 법인에 대하여는 국내 원천소득만을 과세한다. 비영리 내국 법인에 대하여는 수익사업만 과세하고, 비영리 외국 법인에 대하여는 국내 원천소득 중 수익사업에서 얻은 수익만을 과세한다.

---

15 대법원 1994년 4월 26일 선고 94누1005 판결
16 대법원 2008년 12월 11일 선고 2006두3964 판결
17 법인세법 제1조 참조. 더 나아가 비영리 내·외국 법인을 따로 세분하여 규정하고 있다.
18 법인에 대한 입법례 및 관리지배지 기준에 관하여는 졸저, 앞 책, p.391 참조
19 졸저, 논점 조세법 개정2판, p.382. ; Avi-Yonah, 위 책, p.34 이하

내국 법인 → 전세계 소득

외국 법인 → 국내 원천소득

3) 개인과 법인의 이분화

개인에 대하여는 소득세, 법인에 대하여는 법인세를 과세하는 이분화된 접근방법은 새로운 사업조직체의 출현으로 적용상 어려움에 직면하고 있다. 민법상 조합, 상법상 익명조합, 신탁법상 신탁, 외국에서 설립된 파트너십, 미국에서의 유한책임회사(Limited Liability Company) 등에 대하여 어떤 조세를 부과하여야 하는지가 문제가 되고 있다.[20]

외국의 법인격 없는 사단, 재단, 기타 단체가 국내 원천소득을 얻어 구성원들에게 분배하는 영리단체인 경우, 과세방법은 외국 법인으로 볼 수 있는지 여부에 따라 달라지고, 외국 법인으로 볼 수 없다면 개인 거주자와 동일하게 구성원들을 납세의무자로 하여 각자에게 분배된 소득금액에 대하여 소득세를 과세하여야 한다.[21]

미국에서는 조합법인으로 대표되는 '법인격 없는 단체' 취급 문제에 관한 복잡한 논점들을 해결하기 위하여 이른바 "check the box" 룰을 도입하여 운용하고 있다. 그리고 다른 나라의 전형적인 회사나 단체가 법인인지의 여부를 미리 목록으로 만들어 법인으로 취급할지의 여부를 결정하고 있다.[22]

---

20 일본에서는 미국의 LLC에 대하여 법인으로 판단하고 있다. 동경고등재판소 평성 19. 10. 10. 판결

21 대법원 2012년 1월 27일 선고 2010두5950 판결. 이 판결에서는 미국의 유한파트너십 (limited partnership)은 구성원과도 독립된 별개의 권리의무의 주체라고 판시하였다.

3. 국내 원천소득의 결정

국내 원천소득에 해당하는지를 결정하는 기준을 원천판별기준(Source Rule)이라고 한다. 이 기준은 두 가지 기능을 가지고 있는데, 하나는 원천지국이 비거주자나 외국 법인에 대하여 과세할 수 있는 범위를 획정하는 것이고, 다른 하나는 외국납부세액공제 한도를 정하는 것이다.[23] 이 첫 번째 기능은, 바꾸어 말하면 거주지국이 과세할 수 있는 범위에도 영향을 미친다. 원천지국의 과세가 거주지국의 과세에 우선하기 때문에 원천지국에서 과세할 수 있는 범위를 정하게 되면 거주지국의 과세권도 영향을 받기 때문이다.

우리나라의 원천판별기준을 살펴보자. 예를 들어 소득세법 제119조 제1호와 제2호는 비거주자의 수동적 투자활동으로 인한 소득인 이자와 배당에 관하여, 제5호는 능동적 사업활동으로 인한 소득인 사업소득에 관하여 국내 원천소득에 해당하는 기준을 제시하고 있다.

이와 같은 원천판별기준은 나라마다 상이하기 때문에 국가 간에는 과세 중복이 생기기도 하고 공백이 생기기도 한다. 이 같은 현상을 방지하기 위하여 국가 간 조세조약을 체결하는 것임은 위에서 적은 바와 같다.

---

22 이른바 "per se corporation"이다. Avi-Yonah, 위 책, p.36 이하 참조
23 增井良啓 외 1인, 앞 책 p.12

4. 원천지국의 과세방식

1) 포트폴리오투자와 직접투자

원천지국이 국내 원천소득에 대하여 과세하는 방식에는 크게 보면 두 가지가 있다고 할 수 있다. 하나는 포트폴리오투자(Portfolio investment)에 대한 원천징수방법이고, 다른 하나는 직접투자(Direct investment)에 대한 신고납부방법이다.[24] 이 양자는 경제적 관점에서 지배(control)를 동반하는가 여부로 구분한다.[25] 지배를 동반하지 아니하는 것이 포트폴리오투자이고, 지배를 동반하는 것이 직접투자이다.

예를 들면, 전자는 외국 투자자가 원천지국의 국채를 매입하는 경우이다. 그 나라의 국채를 매입하였다고 하여 그 나라를 지배할 수 있을 리가 없다.

지배를 수반하는 것이 직접투자라는 의미는 전형적으로 외국 기업이 원천지국에 지점을 개설하여 사업활동을 하는 경우이다. 이 경우 지점은 그 기업의 지배하에 있게 된다. 이는 단지 경제적 구별이고 엄밀한 법적인 구분은 아니다. 단지 과세방식을 달리하는 것을 이해하는 범위 내에서 유용하다.

---

24 앞 책 p.12. 직접투자에는 배당도 포함하는 직접금융방식을 아우르는 의미가 없는 것은 아니나, 여기서는 적극적인 사업활동과 수동적인 투자를 구분하여 과세방식을 달리하는 것이므로 위와 같이 분류한다.

25 지배수반 여부를 구분기준으로 한다고 하는 의미는 수동적 소득(passive income)/능동적 소득(active income)에 따라 과세방식을 달리한다고도 볼 수 있다.

2) 원천징수

포트폴리오투자에서 생긴 소득은 원천징수 대상이 된다. 비거주자인 외국 투자자가 우리나라 국채를 사서 우리 정부가 이자를 지불하게 되면, 그 이자는 소득세법 제119조(비거주자의 국내 원천소득) 제1호 소득으로 국내 원천소득이 되고, 소득세법 제127조 제1호에 의하여 원천징수된다.[26]

이 원천징수세(Withholding tax)를 납부함으로써 외국 투자자와 우리나라와의 과세관계는 종료하게 된다.

외국 법인에 지급되는 국내 원천소득인 이자소득에 대하여 원천징수의무를 부담하는 '소득금액을 지급하는 자'의 구체적인 의미는 자신의 채무이행으로서 실제 지급하는 자를 의미한다.[27]

3) 신고 · 납부

직접투자에서 생긴 소득에 대하여는 신고 · 납부의 과세방식을 취하고 있다. 예를 들면, 국외에 본점을 갖는 회사가 서울에 지점을 설치하여 소매업을 영위하고 있다고 하자. 국내에서 행하는 소매업에서 생긴 소득은 국내 원천소득이 되고[28] 우리나라는 사업소득의 원천지국으로서 과세할 수 있다.

---

26 국내 원천소득이 되는 이자 이외에도 배당소득, 대통령령으로 정하는 사업소득, 근로소득, 연금소득, 기타 소득, 위약금·배상금, 퇴직소득, 대통령령으로 정하는 봉사료도 원천징수된다.

27 대법원 2009년 3월 12일 선고 2006두7904 판결

28 법인세법 제93조 제5호 : "외국 법인이 영위하는 사업에서 발생하는 소득"

이 경우 수동적인 투자인 포트폴리오투자와 다른 점은 서울 지점에는 종업원도 있고 거래를 장부에 기록하고 관리하는 것이 통상이라는 점이다. 그래서 이와 같은 경우 회사는 스스로 소득을 계산하여 법인세를 신고 · 납부하여야 한다.

위 회사가 우리나라에 둔 사업장소를[29] Permanent Establishment(PE, 항구적 시설 혹은 고정사업장으로 번역한다)라고 한다. 이 경우 법인세의 과세표준과 법인세액은 내국 법인의 경우에 준하여 계산하고, 신고 및 납부 절차도 내국 법인에 관한 규정을 적용한다.[30]

비거주자인 개인사업자가 우리나라에 지점이나 공장을 설치하여 사업을 영위하는 경우에도 위와 마찬가지 방법으로 소득세를 산정하여 신고 · 납부하게 된다.[31]

4) 두 가지 과세방식의 존재 이유

왜 상이한 과세방식이 존재하는 것인가? 이는 비거주자나 외국 법인이 원천지국과의 관계가 상이하기 때문이다. 즉 국내에 PE를 갖지 아니하고, 단지 포트폴리오투자자로서 국채 이자만을 얻는 사람에게는 우리나라와의 관계(Nexus)가 엷다. 이러한 자에게 정확한 소득을 계산하여 신고하

---

29 일본 법인세법에서는 "국내에 지점, 공장, 기타 사업을 행하는 일정의 장소로, 시행령에서 정한 것을 갖는 외국 법인 전부의 국내 원천소득(일본 법인세법 제141조)"이라고 하여 이를 명확히 하고 있으나, 우리나라 법인세법은 외국 법인이 영위하는 사업에서 발생하는 소득이라고만 하여 고정사업장 혹은 항구적 시설의 존재가 요건이 아닌 것처럼 보이기도 한다. 그러나 법인세법 제94조에서 외국 법인의 국내 사업장에 관한 규정을 두고 있어 PE의 존재가 과세요건임을 알 수 있다. 입법형식상으로는 위 두 개의 조문을 논리적으로 연관지어 주는 문언이 필요하다고 생각된다.

30 법인세법 제97조

31 소득세법 제120조, 제122조

게 하는 것은 실용적이지 않다. 그래서 지급하는 금액의 총액(비용을 공제하는 순액에 대비된다)에 관하여 원천징수를 하고, 이로써 과세관계는 종료된다.

한편, 국내에 PE를 갖는 경우는 사정이 다르다. 이 경우는 우리나라와의 관계가 깊고, 거주자나 내국 법인과 마찬가지로 사업을 영위하고 있다. 그렇다면 소득을 계산하여 신고ㆍ납부하는 것도 기대할 수 있다. 이렇게 함으로써 마찬가지의 사업을 하는 거주자, 내국 법인과 동등한 취급도 가능하다. 따라서 필요경비를 공제한 후의 순소득에 대한 과세도 가능하게 되는 것이다.

> 포트폴리오투자 → 총액(gross)에 원천징수
> 직접투자 → 순소득(net)으로 신고납부

Ⅳ. 입법관할과 집행관할권

거주자나 내국 법인에 대하여 전세계 소득에 과세한다고 하는 원칙은 법률에 근거를 두고 있다. 그러나 어디에 어느 정도의 소득이 있는가를 파악하기 위하여는 정보를 수집하고 조사해 보아야만 가능하다. 그러나 우리나라 국세청 직원이 내국 법인의 뉴욕지점에 출장 가서 지점 종업원에게 질문하거나 장부를 검사할 수 없다. 이 같은 공권력 행사는 원칙적으로 불가능하다.

왜 이런 것이 불가능한가? 이는 입법관할권과 집행관할권의 적용범위가 다르기 때문이다.

입법관할권의 적용범위는 국가가 광범위한 재량을 갖고, 이에 대한 국제법상 제한은 거의 없다.[32] 따라서 어느 국가가 자국과 밀접한 관련성이 있는 거주자에 대하여 원천지를 묻지 아니하고 소득의 크기에 따라 과세할 수 있는 것도 허용된다. 그러나 집행관할권은 국제법상 속지주의원칙이 적용된다. 즉 집행관할권에 기초한 강제조치는 그 국가의 영역 내에 국한된다.

입법관할은 전세계를 대상으로 하지만 집행관할은 국경을 넘을 수 없는 구도가 생기게 된다. 이는 민간기업의 종업원이 업무를 위하여 외국에 출장 가는 일이 많아도, 국세청 직원이 외국에서 세무집행을 위하여 공권력을 행사하는 것은 있을 수 없다는 점에서 극명하게 대조된다.

이러한 제약 가운데서도 상호주의에 의해 집행측면에서 어느 정도 국제적 협력을 하고 있다. 하나는 조세부과의 측면에서, 조세조약상 정보교환, 조세조약 체약상대국과의 동시조사(그러나 이는 각국이 자국 내의 납세자에 대하여 자국의 영역 내에서 조사를 행하는 데 그친다), 세무당국과의 합의에 기한 조사관 파견제도를 들 수 있다. 조세징수의 측면에서는 조세조약에 이른바 징수공조조항을 두는 경우가 있을 수 있다.

입법관할권 → 국제법상 제한 없음
집행관할권 → 속지주의 원칙 적용

---

32 미국에서는 국내법으로 시민권자에 대한 전세계 소득과세를 하고 있음도 이와 같은 점을 보여 준다. 물론 조세조약상으로는 Saving Clauses를 두어 이를 양국간에 집행할 수 있게 하고 있다. 또한 조세조약을 overide하는 법률도 미국에서는 허용된다. Crow v. Commissioner of Internal Revenue 85 T.C. 376(1985) 참조.

V. 조세조약의 해석과 적용

1. 헌법상 국제법 준수 의무

헌법 제6조 제1항은 "헌법에 의하여 체결·공포된 조약과 일반적으로 승인된 국제법규는 국내법과 같은 효력을 갖는다"고 규정하고 있다. 즉 조약은 그 형태 그대로 국내법으로 일반적으로 수용된다. 따라서 이를 일반적 수용방식이라고 부르기도 한다.[33]

이렇게 국내법으로 편입된 조세조약은 조약의 성격을 그대로 유지한 채 국내조세법의 구성요소로 된다.

국내조세법의 해석 원칙은 나라마다 상이하므로 조세조약에서 체약국 간에 일의적(一義的)으로 명확하게 규정되지 아니하면 해석상 불일치가 생길 수밖에 없다. 그러나 조세조약 체결 시 실행 가능성을 고려하여 불확정적이거나 추상적인 표현을 사용할 수밖에 없어 명확한 규정을 두는 일이 쉽지 않다.

조세조약도 조약으로서 성격을 가지고 있으므로, 체약국 간에는 조세조약을 체결한 이상 국제법상의 준수 의무가 생긴다. 헌법 제6조 제1항은 국제법 존중의 의지를 가장 직접적으로 표현한 것이라고 한다.[34] 헌법재판소도 국제연합의 인권선언이 선언적인 의미를 가지고 있을 뿐 법적 구속력을 가지는 것은 아니지만 그 취지를 살릴 수 있도록 노력해야

---

33 山本草二, 國際法 新版, 有斐閣 1994, p.102
34 허영, 한국헌법론 제8판, p.180

한다고 판시하였다.[35]

그리하여 조세조약에서는 국제법 준수 의무에서 유래하는 체약국 간 해석의 통일성 요구와 자국의 조세법을 적용한 체약국의 이익 도모라는 상충되는 이해관계를 조정하여야 할 필요성이 생긴다.

2. 조약해석의 일반원칙과 조세조약의 해석

1) 서문

조세조약은 조약법의 한 부문이므로 조세조약 해석 시에는 조약법 해석의 일반원칙이 적용된다. 이러한 목적으로는 그중에서도 조약법에 관한 비엔나조약(이하 조약법협약)이 있다. 특히 위 협약 제31조가 정하고 있는 해석의 일반적 규칙이 중요하다.

조약법협약 제31조 제1항에서는 "조약은 문맥에 더하여 취지 및 목적에 비추어 용어의 통상의 의미에 따라 성실하게 해석하여야 한다"고 규정하고 있다. 바꿔 말하면 조약 문언에 따른 객관적 해석을 조약해석의 기본으로 하고 있다.

같은 조 2항은 문맥을 구성하는 요소에 관하여 규정하고, 제3항은 문맥과 더불어 고려하는 여러 가지 요소에 관하여 규정하고 있다. 이 세 규정은 법적 구속력의 관점에서가 아니라 논리성의 고려에 기하여 배열된 것으로 긴밀히 통합된 단일해석규칙이라고 설명되고 있다.

---

[35] 헌재결 1991년 7월 22일 89헌가106

2) 문맥(文脈)

제31조 제1항 '문맥'에는 조약의 체결에 관련하여 당사국 간에 행하여진 조약의 관계합의, 조약의 체결과 관련하여 당사국의 일방 혹은 둘 이상의 당사자가 작성한 문서로서 이러한 작성국 이외의 당사국이 조약의 관계문서로 인정하는 것이 포함된다.

제31조 제3항은 문맥에 해당되지 아니하는 것을 규정하고 있는데, 이에는 아래와 같은 것들이 있다. 즉,

a. 조약의 해석 혹은 적용에 관하여 당사국 간에 후에 이루어진 합의

b. 조약 체결 후에 생긴 관행으로 조약의 해석에 관하여 당사국 간에 합의된 사항

c. 당사국 간의 관계에 관하여 적용되는 국제법의 관련 규칙이다.

그러나 이러한 것들이 비록 문맥에는 포함되지 아니하나, 문맥과 함께 조약 해석에 있어서 고려요소가 된다. 조세조약의 경우 이 조항과 관련하여 상호합의(Mutual Agreement Procedure)가 중요한 의미를 갖는다.

상호합의 내지 상호협의는 ① 조세조약의 규정에 적합하지 아니한 과세에 관하여 납세자의 신청에 의하여 행하여지는 개별사안 협의,[36] ② 조세조약의 해석 혹은 적용에 관하여 행하여지는 해석적용 협의,[37] ③ 조세조약에 정함이 없는 경우에 이중과세를 제거하기 위하여 행하여지는 입법적 해결 협의[38]로 구분된다.[39]

---

36 OECD 모델조세협약 제25조 제1항, 제2항
37 위 협약 같은 조 제3항 전단
38 위 동항 후단
39 谷口勢津夫, 租税條約論, 清文社, p.12

해석적 합의(Interpretative mutual agreement)는 조약법협약 제31조 3항 'a'에 해당된다. 설령 이에 해당되지 않는다고 하더라도 그 합의는 적어도 위 항 'b'에 해당될 수 있을 것이다.

개별사안 합의(Specific case mutual agreement)에 관하여도, 그것이 조세조약의 해석 혹은 적용에 관한 한 해석적 합의와 마찬가지로 취급될 수 있다고 한다.

또한 입법적 해결 협의에 기한 합의, 즉 입법적 해결 합의(Legislative mutual agreement)에 관하여도 기본적으로는 동일하다. 다만, 이와 관련하여 그것은 조세조약의 단순한 해석에 그치지 아니하고 조세조약을 보충하는 것이므로 이 같은 해석의 전제로서 입법적 합의의 허용성 및 유효성에 관한 검토가 필요하다고 한다.[40]

조약 체결과 관련하여 당사국의 일방 혹은 둘 이상의 국가가 작성한 문서라도 다른 당사국에 의하여 수락되지 아니한 준비문서 등의 일방적 문서는 문맥에는 포함되지 아니한다. 이는 조약법 협약 제31조의 적용 결과 얻어진 의미를 확인하는 경우 또는 의문이 있는 경우에 할 수 있는 '해석의 보조적 수단'에 불과하다.[41]

미국 재무성이 조약문과 더불어 공표하는 Technical Explanations나 독일에 있어서 연방정부가 조세조약에 관한 동의법률의 초안과 더불어 의회에 제출하는 각서 등이 해석의 보조적 수단이 될 수 있는지 문제가 될 수 있다.

---

40 우리 헌법에 의하면 조약이 국내법적 효력을 갖기 위하여는 중요한 조약의 경우 국내법상 국회의 동의를 받아야 하는데(헌법 제60조 제1항), 설령 국회 동의 없이 비준한 경우에도 그 비준은 국제법상으로는 합법으로 간주되고, 다만 국내법상 효력에 문제가 생기는 데 불과하다. 허영, 앞 책 p.181

41 조약법협약 제32조

3) 실효성 원칙과 판단조화

조약법협약 제31조 제1항에서는 "…목적과 취지에 비추어서…" 결정한다고 되어 있어 목적론적 해석을 규정하고 있다. 그렇지만 문맥에 더하여 '취지·목적에 비추어' 결정한다고 하는 의미는 목적·취지에 비추어 가장 적절하고도 실효적인 해석을 해야 한다는 의미로, 이른바 실효성의 원칙(principle of effectiveness)을 규정한 것으로 이해된다고 한다.

조세조약의 분야에서는 조약법협약에서의 실효성 원칙에서 판단조화(判斷調和) 혹은 공통해석(共通解釋)의 원칙을 이끌어 내는 견해가 있다.

조세조약은 과세권을 체약국 간에 평등하게 배분하는 것을 목적으로 하는데, 이를 달성하기 위하여는 상대방 체약국의 과세당국이나 법원에 의하여서도 동일하게 적용되어야 하므로, 양 체약국에 의하여 가장 수용 가능성이 높도록 해석하여야 한다. 즉 양 체약국 간에 판단조화 혹은 공통해석을 하여야만 한다는 견해이다.[42]

조세조약이 체약국 간에 달리 해석되면 이중과세 혹은 이중면세가 생기게 된다. 이 원칙은 조약법협약의 실효성 원칙에서 도출할 수 있다.

이러한 견해에 대하여, 이는 조약법협약의 일반적 해석원칙에서 도출한 것으로 조약상의 명문규정으로부터의 해방을 의미하는 편의주의적 사고방식이라는 비판도 있다. 그러나 실제상 조세조약에 관한 외국의 판례 등에 관한 정보를 입수할 가능성은 대부분의 국가에서는 기대하기 곤란한 것이므로 판단조화의 요청은 실제상 오히려 예외적으로만 타당할 것이라는 견해도 있다.[43]

---

[42] 谷口勢津夫, 租稅條約論, 淸文社, p.14, 재인용 S.K.Vogel(N.4), Einl. Rz.74

4) OECD 모델조세조약과 주석(commentary)의 구속력

조세조약에는 다른 조약 분야와 달리 모델조세조약이 존재한다는 점이 특징이다. 이 중에서도 OECD 모델이 널리 이용되고 그 주석도 일반적으로 승인된 지침으로서 중요하다.

이 모델조세조약과 주석의 법적 의미에 관하여, 가입국에 대하여는 조세조약의 체결·개정에 관하여 모델조세조약과 그 주석이 권고로서의 성격을 가질 뿐, 당해 조세조약의 구성 부분은 아니다. 조세조약의 해석 및 적용에 관한 일반적으로 승인된 지침이기는 하나, 국제관습법으로까지 승화된 것은 아니므로 법적 구속력은 없다.

그러나 모델조세조약 및 그 주석을 조약법협약상의 일반적 해석규칙 안에 녹여 낼 수 있다면 그것은 조세조약 해석기준으로서 법적 구속력을 부여받게 된다. 이를 위한 방안으로 용어의 "통상의 의미"(조약법협약 제31조 제1항) 또는 "특별의 의미"(같은 조 4항)로 파악하여야 한다.[44]

3. 조세조약해석에 있어서의 국내법 참조

1) 국내법 참조의 유형

국내법 참조의 유형으로는 일방 체약국의 국내법 참조와 당해 조약 적용국의 국내법 참조로 구분된다.

전자의 예로 부동산소득에 있어서 "부동산"이라는 용어의 의미를 당해

---

43 위 책, p.15
44 위 책 참조

재산이 소재하는 체약국의 국내법에 의할 것으로 규정한 경우가 이에 해당된다. 그러나 묵시적으로 참조가 된 경우도 있다. 전자의 경우 일방 체약국 국내법 참조가 행하여지면 타방 체약국도 당해 일방 체약국의 국내법상의 의미에 구속되므로 양국 간의 해석상 차이는 생기지 않는다.

후자의 경우, 조약상 동일한 용어가 체약국 간에 달리 해석될 수 있다. 이 경우 판단조화 혹은 공통해석 요청에 반하게 되고, 궁극적으로는 이중과세 혹은 이중면제가 될 수 있다.

2) 법정지법 조항과 법성결정 문제

OECD 모델조세조약 제3조 제2항은 법정지법(法廷地法, lex fori) 조항을 두고 있다. 즉 "…일방 체약국에 의한 어느 시점에서 이 조약의 적용에 관하여 이 조약에서 정의되지 아니한 용어는 문맥상 별단의 해석이 요구되는 경우를 제외하고는, 이 조약의 적용대상 조세에 관한 당해 일방 체약국의 법에서… 갖는 의미를 갖는 것으로 하고…"라고 규정하여 조세조약 적용국의 국내법을 참조하도록 하였다.

준거법결정(governing law) 문제 혹은 독일에서와 같이 국제사법 분야의 용어를 참고하여 법성결정(Qualification) 문제는 크게 법정지법주의, 소득원천지국주의, 조세조약의 의미 관련에 근거한 자율적 결정주의로 나누어진다. 소득원천지국주의는 부동산소득 혹은 배당소득에 관한 규정에서 채택되고 있다.

법정지법 조항이 최초 등장한 것은 1945년의 미·영 간의 조세조약이었다고 하며, OECD는 1963년 초안에 편입한 이래 추가수정을 거치면서 오늘날에 이르렀다고 한다.

3) 법정지법 조항의 해석

(1) 참조되는 국내법의 범위

국내법의 법정신 내지 법리까지 조세조약에 원용 가능한가. 즉 조세
조약 내의 흠결(예를 들어 남용규제조항이 조세조약에 없는 경우 국내법에
따른 남용규제)을 국내법의 원용에 의하여 보충할 수 있는가 하는 점이
다. 그러나 조세조약이 사용하는 "용어"의 해석에만 국한하여 규정하였
다고 보아야 한다는 견해가 지배적이다. "…이 조약에서 정의되지 아니
한 용어…"라는 규정에서 이렇게 보아야 한다고 한다. 물론 조세조약에
서 명시적으로 국내법의 적용을 직접 지명한 경우에는 당연히 법정지법
조항의 적용은 문제되지 아니한다.

그러나 우리 대법원은 "국세기본법(2007년 12월 31일 법률 제8830호로 개
정되기 전의 것) 제14조 제1항에서 규정하는 실질과세의 원칙은 소득이
나 수익, 재산, 거래 등의 과세대상에 관하여 그 귀속 명의와 달리 실
질적으로 귀속되는 자가 따로 있는 경우에는 형식이나 외관을 이유로
그 귀속 명의자를 납세의무자로 삼을 것이 아니라 실질적으로 귀속되는
자를 납세의무자로 삼겠다는 것이므로, 재산의 귀속 명의자는 이를 지
배·관리할 능력이 없고, 그 명의자에 대한 지배권 등을 통하여 실질적
으로 이를 지배·관리하는 자가 따로 있으며, 그와 같은 명의와 실질의
괴리가 조세를 회피할 목적에서 비롯된 경우에는 그 재산에 관한 소득
은 그 재산을 실질적으로 지배·관리하는 자에게 귀속된 것으로 보아
그를 납세의무자로 삼아야 할 것이고(대법원 2012년 1월 19일 선고 2008두
8499 전원합의체 판결 참조), 이러한 원칙은 법률과 같은 효력을 가지는 조
세조약의 해석과 적용에 있어서도 이를 배제하는 특별한 규정이 없는 한
그대로 적용된다고 할 것이다"라고 하여 조세조약은 국내법과 동일하므

로 용어에 국한되지 아니하고 국내법상의 법정신이나 법리까지도 조세조약에서 원용 가능하다고 판시한 바 있다.[45]

그러나 "조세조약에서 이를 배제하는 특별한 규정이 없는 한…"이라는 근거를 제시하고 있는데, 개별 조세조약마다 다를 수 있겠지만, 만약 위 모델조세조약의 법정지법 조항이 들어 있는 조세조약이라면, "용어"에 국한하여 국내법이 적용되어야 하는 것은 아닌지에 대한 고려도 필요할 것이다.

참조되는 국내법은 체결 시의 국내법인가 적용 시의 국내법인가 하는 문제도 있다. 이른바 정태적(靜態的) 해석(Static interpretation)을 취할 것인가 아니면 동태적(動態的) 해석(Ambulatory interpretation)을 취할 것인가의 문제이다. 정태적 입장을 취한 유명한 사건으로는 캐나다 대법원의 판결이 있다.[46] 참조되는 국내법은 세법인가 그 이외 다른 법인가는 묻지 아니하나 조세조약상 정의되지 아니한 용어가 조세법령과 타 법령이 서로 상이한 경우 조세법령에 따라 해석된다.

(2) 조세조약의 "적용"의 의미

조세조약의 적용을 과세 제한에 국한하는 견해와 조세조약이 원용되거나 원용되어야 할 조세문제에 관한 세무당국 혹은 법원의 모든 판단에 미치는 것으로 보아야 한다고 하여 이러한 과세권의 제한에 반대하는 견해가 병존한다.

---

45 대법원 2012년 4월 26일 선고 2010두11948 판결, 대법원 2012년 10월 25일 선고 2010두25466 판결도 실질귀속자원칙을 조세조약에 적용하고 있다.

46 The Queen v. Melford Developments Inc (1982) 2 S.C.R. 504. 사건, 이 사건에서는 조세조약 체결 당시에 이자소득에 포함되지 아니하였던 지급보증수수료가 조세조약의 적용 시에 이자소득에 포함된다고 하는 일방 체약국의 국내법상 조항이 만들어진 사안에 관한 것이다.

(3) "문맥"의 유보

OECD 모델조세조약 제3조 제2항은 "…문맥상 달리 해석되는 경우를 제외하고…"라고 규정하고 있다. 위 규정 해석과 관련하여 자율적 해석 우위설과 국내법 참조 우위설이 대립한다.

전자는 조세조약상 정의되지 아니한 용어는 먼저 조약의 문맥에 의하여 그 의미를 명확히 하여야 하고, 그래도 되지 아니하는 경우에 한하여 최후 수단으로서 국내법을 참조하여야 한다는 견해이다. 그 근거는 제3조 제2항의 문언보다는 이중과세의 배제라는 조세조약의 목적에서 찾는다.

후자는 국내법상 의미가 제1차적 기준으로 되지만 조약의 문맥이 별도의 해석을 요구하는 경우는 이에 따른다는 입장으로 제3조 제2항의 문언을 중시하는 입장이다. 이 문제는 조세조약과 국내법과의 효력순위와는 차원을 달리하여 논의하는 문제로, 조세조약의 해석 규칙에 관한 문제이다.

이 논의에 대하여 정도의 차이는 있지만 자율적 해석의 여지도 국내법 참조의 여지도 있으므로 결국은 "문맥"이라는 용어 해석을 어떻게 하느냐에 따라 달라질 것이라는 견해도 있다.

4. 조세조약의 국내적 효력과 적용

앞서 본 바와 같이 우리나라는 조약을 그 형태 그대로 국내법으로 수용하는 방식, 즉 일반적 수용방식을 채택하고 있다. 또한 헌법이 국제협조주의, 국제법(조약 포함) 준수주의를 천명하고 있다는 점도 이미 본 바와 같다. 이러한 점에서 조세법률주의의 헌법상 허용된 예외가 조세조약이라고 할 수 있다.

조세조약에 관하여 국내 적용 가능성을 부정하는 견해와 긍정하는 견해가 있다. 특히 조약상 특수관련기업 조항의 국내 적용 가능성에 관하여 조세법률주의, 특히 과세요건 명확주의 관점에서 이러한 견해가 대립된다.[47]

조세조약이 그 자체로 국내법적 효력을 갖는다고 하여도, 바로 그 이유로 납세자의 권리의무에 대하여 영향이 생기는 것은 아니다. 그러나 조세조약이 과세당국이나 법원에 의하여 적용되는 경우에는 납세자의 권리의무는 직ㆍ간접적으로 조세조약에 의하여 규율된다.

헌법상 국제법 준수주의나 국제협조주의의 요청과 국내 유일의 입법기관인 국회의 지위와 책임이 교차하는 상황이 바로 조세조약의 적용 문제이다. 전자에 근거하여 조세조약의 국내적 효력이 인정된다 하더라도, 국회의 입법권과의 저촉ㆍ경합이 생겨 후자의 문제는 다른 각도에서의 검토, 즉 조세법률주의와의 관계에서 조정이 필요하다고 생각된다.

이 양자가 분리되는 상황은 조세조약의 규정이 불명확한 경우이다. 주로 과세요건 법정주의의 관점에서 논의된다.

또한 조세조약과 국내법이 충돌하는 경우 어느 것을 우선할 것인가에 관하여도 나라마다 상이하다. 우리는 조약이 국내법에 대한 특별규정이라고 보아 특별법우선원칙에 따라 해결하려 하고 있다.[48]

한편, 미국의 경우에는 신법우선원칙에 따라 조세조약을 개정하려는 의도에서 입법화된 국내법이 당해 조세조약에 우선하여 적용된다.[49]

---

47 谷口勢津夫, 위 책 30쪽에서 이 조항의 불명확성을 이유로 과세요건 명확주의 관점에서 부정하는 견해를 소개하고 있다.

48 구 국제조세조정에 관한 법률 제28조에 의하면 "국내 원천소득 구분에 관하여는 …조세조약이 우선하여 적용된다"라고 규정하고 있었다(2018년 12월 31일 삭제). 조세조약 우선원칙을 규정한 법률이다. 대법원 2014년 11월 27일 선고, 2012두18356 판결, 위 관련 사건으로는 대법원 1992년 5월 12일 선고, 91누6887 판결 참조.

VI. 조세조약의 남용과 규제

1. 조세조약을 이용한 조세회피

조세조약의 일방 체약국 거주자나 체약국에서 경제활동을 하는 제3국의 기업은 조약상 원천지국감면청구권(국내 원천소득 범위의 제한, 사업소득에 관하여 "항구적 시설 없으면 과세 없다"라는 원칙의 적용에 의한 세액 감면, 배당·이자·사용료소득의 원천징수세의 감면 등)과 거주지국감면청구권(외국납부세액공제나 외국소득면제방식을 적용받아 세액을 줄이는 것)을 이용하여 국제 간의 조세를 회피할 수 있다.

이들이 조세감면청구권을 국제적 이중과세의 배제라고 하는 본래의 목적을 위하여 행사하는 것이 아니라, 단지 자기의 조세부담을 경감 혹은 배제하기 위한 수단으로서 이용하는 것을 조세조약의 이용에 의한 국제적 조세회피라고 부른다.[50]

2. 조세조약에 의한 남용규제

1) 조세조약의 남용

조세조약의 남용이란 국제적 조세회피의 한 유형으로서, 특정 국가

---

49 Lindsey v. Commissioner, 98 T.C.672(1992)
50 독일에서는 1964년 연방정부가 연방의회에 제출한 Tax haven 보고서에 조세조약에 의한 국제적 조세회피에 관한 문제를 언급하였다.

사이의 조세조약의 적용을 받을 자격이 없는 납세자가 조세조약상의 혜택을 적용받기 위하여 거주지나 소득의 형태를 바꾸는 등 부적절한 방법으로 조세조약의 혜택을 받는 것을 말하는 것으로 조약 쇼핑이 대표적인 조세조약남용의 형태이다.

조세조약남용행위는 조세조약이 의도하지 않은 상황에서 조세회피 또는 조세부담 경감을 위하여 인위적으로 조세조약상의 혜택을 취함으로써 관련 국가의 조세주권(tax sovereignty)를 부당하게 침해하여 세수를 감소시킨다.

이에 OECD/G20 BEPS 프로젝트는 조약남용, 특히 조세회피행위(treaty shopping)를 BEPS의 가장 중요한 원천 중 하나로 보아 Action 6를 "최소기준(minimum standard)"으로 분류하여, BEPS 참여국은 반드시 이행하도록 의무를 지우고 있다.

2) BEPS 권고사항

Action 6(부적절한 상황에서의 조세조약혜택부여방지)은 다음과 같은 세 가지 사항을 담고 있다.

첫째, 조세탈루 또는 조세회피를 통한 부당한 비과세 혹은 경감세액 기회를 방지한다는 분명한 문구를 조세조약에 도입하여야 하고, 둘째, OECD 모델조세협약에 "특별남용방지규정(specific anti-abuse rule)"인 "혜택제한(limitation-on-benefit, LOB)" 규정을 도입하며, 셋째, LOB 규정이 다루지 못하는 다른 형태의 조약남용을 방지하고 포괄적으로 방지하기 위하여 "주된 목적 기준(principal purpose test, PPT)"을 토대로 한 "일반남용방지규정(general anti-abuse rule, GAAR)"을 OECD 모델조세조약에 도입할 것을 권고하고 있다.

3) 조세조약 남용규제

(1) Treaty Shopping의 정의와 메커니즘

Treaty Shopping이란 어떤 조세조약에 관하여 조약적격(조약당사자적격)을 갖지 아니하는 제3국의 거주자(당해 조세조약보다도 과세감면의 요건 및 범위에서 불리한 조세조약을 체결한 국가의 거주자를 포함)가 일방 체약국에 자기가 지배하는 법인 등의 중간개재자(中間介在者)를 두고, 이것을 통하여 타방 체약국에 투자함으로써 간접적으로 조약적격을 취득하여 당해 조세조약에 의한 과세감면의 이익을 향유하는 것을 말한다.

Treaty shopping은 다음과 같은 두 가지 방식으로 주로 기능한다.

직접도관거래(direct conduit)에서는 C국 법인이 B국에 자회사로서 도관법인 B를 설립하고 당해 B국 법인이 A국에 대하여 투자를 한다. 미국 법인이 얻은 투자이익에 관하여는 배당으로서 C국에 분배되든가 B국 법인에 내부 유보되게 된다. 이 점 C국 법인으로서는 과세상 혜택을 얻을 것을 주된 목적으로 하여 직접 도관거래를 하고 있고, 이것에 동반하여 추가적 법적·경제적 리스크를 부담하는 것은 바람직하지 않다. 따라서 B국 법인이 얻은 투자수익에 관하여 C국 법인이 배당 결의를 통하여 충분한 지배권을 행사하는 것이 C국 법인으로서는 직접도관거래를 행하는 전제조건이고 그를 위하여 B국 법인이 C국 법인의 자회사일 것이 요구된다.

일반론으로 조세조약상 혜택을 향수하기 위하여는 일방 체약국의 거주자이면 충분하므로 C국 거주자가 B국에 설립한 자회사도 B국에서의 납세의무가 있는 자로 되어 거주자에 해당하고 혜택을 향유할 자격을 갖게 된다. 그 결과 B국 법인은 A-B조세조약에 기반한 혜택을 A국으로부터 향유하고 또한 B국에서는 동 조약에 기초한 이중과세 배제조치가 취해지게 된다. C국 법인으로서는 A-B조세조약상 혜택을 향유함으로써 궁극적으로 그룹 전체 과세 부담을 경감시킬 가능성이 생기게 된다.

이에 대하여 디딤돌 도관거래(stepping-stone conduit)는 C국 법인이 B국에 소재하는 도관법인 B에 대하여, 예를 들면 대출을 하고 당해 B국 법인이 A국에 대하여 다시 실질적으로는 동등한 조건으로 대출을 행한다. 직접도관거래의 경우와 달리 B국 법인이 B국으로부터 얻은 투자수익(대출의 경우는 이자에 상당하는 금액)이 당초의 대출 계약 내용에 따라 B국 법인 주주의 의도에 상관없이 C국 법인에 대하여 지불되기 때문에 (다시 말하면 C국 법인으로서는 그 지불에 관하여 원칙적으로 지배권을 갖고 있기 때문에) B국 법인의 신용성 기타 조건에 따라 B국 법인이 C국 법인의 자회사일 필요는 없다.

당해 투자 수익은 예를 들면 B국이 전세계 소득 과세 방식을 채용하고 있는 경우 B국의 국내 세법상 일단 B국 법인의 익금에 계산되지만 B국 법인이 C국 법인에 대하여 같은 금액의 이자를 지불하고 그것이 B국 법인의 손금에 산입됨으로써 실질적으로 B국에서는 추가 세부담은 생기지 않게 된다. 이 경우도 B국 법인이 B국에 있어서 납세의무가 있는 자로서 거주자에 해당하는 한 A-B조세조약에 기초하여 A국으로부터 조세 혜택을 받을 수 있고, 직접도관거래와 마찬가지로 C국 법인으로서는 최종적인 과세부담을 경감시킬 수 있는 가능성이 생기게 된다.

(2) Treaty Shopping 규제이유

먼저 조세조약의 목적이라는 관점에서 이를 규제하여야 한다는 견해이다. Treaty Shopping은 조약적격을 가지지 않은, 즉 인적적용범위에서 조세조약이 본래 예정하고 있지 아니한 제3국 거주자가 조세조약을 이용하는 것이다. 이를 형식과 실질 측면에서 보면, Treaty Shopping에 의하여 조세조약에 의한 과세감면 이익을 향수하는 것은 형식적으로는 제3국 거주자가 지배하는 일방 체약국의 법인이지만, 실질적으로는 조약적격이 없는 제3국 거주자이다. 그러나 조세조약은 일방 체약국의 거주자가 타방 체약국에서 소득을 얻은 경우에 국제적 이중과세를 배제하는 것을 목적으로 할 뿐, 조약적격이 없는 자에 대하여 과세감면 이익을 누리게 하는 것을 목적으로 하는 것이 아니다. 이런 점에서 조세조약의 목적외 사용이라고 보아야 한다는 것이다.[51]

다음으로 세수 확보 내지는 경제적 소속원칙(Economic allegiance principle)의 관점에서 본 규제이유도 있다.

즉 일방 체약국, 이를테면 우리나라에 대한 조세조약상 감면청구권이 제3국 거주자에 의하여 이용되게 되면 우리나라는 조세피난지(Tax haven)로 이용될 것이다. 그렇게 된다면 제3국으로부터의 투자가 증대할지는 모르지만 이에 수반하여 세수 자체는 확보되지 않는다.

이러한 결과는 국제적 과세권의 배분원칙이라고 생각되는 경제적 소속원칙(수익 관계가 없는 국가는 과세할 수 없고, 또한 그 수익의 정도를 넘어서 과세하여서도 아니 된다는 원칙)에 반하게 된다. 즉 우리나라에서 수익을 얻으면서도 우리나라에서 과세당하지 아니하는 것이 되는 셈이다.[52]

마지막으로 이러한 조세조약의 이용이 가능하게 된다면, 즉 Treaty Shopping에 의하여 조세조약이 이미 체결된 나라의 거주자 지위를 이용하면 되므로 굳이 새로운 조세조약을 체결할 필요성을 느끼지 못한다. 조세조약의 체결을 저해할 우려가 있기 때문이다.[53]

---

51 S. Rosenbloom & Langbein (N.50), 396, 재인용 谷口勢津夫, 租稅條約論, 淸文社, p.279

52 Supra, p.397

53 Supra, p.396

한편 자본수입을 촉진하기 위하여 Treaty Shopping을 허용하는 것은 어떤가 하는 의문이 들 수 있다. 이 같은 목적을 위하여서는 외국 자본에 대한 우대조치가 필요한 것은 당연하다. 그러나 이 같은 과세상 우대조치는 우리나라가 체결하는 조세조약이나 국내법으로 정하여 할 것이지, 우리나라가 타국과 조세조약을 체결하면서 전혀 예상치도 않은 제3국 거주자에 의한 조세조약의 이용이라는 형태로 행하여지는 것은 바람직하지 않다.[54]

(3) BEPS 이전의 조세조약에 의한 Treaty Shopping 규제조항에 관한 논의

이러한 규제조항은 Treaty Shopping 형태의 다양성에 대응함과 동시에 납세자의 법적 안정성 및 세무행정상 실행 가능성과의 조화를 도모하여야 한다.

이러한 목적을 달성하기 위하여는 가능한 한 요건을 명확히 하되, 다양한 형태의 Treaty Shopping에 대응하기 위하여 폭넓게 적용될 수 있도록 정하여야 한다. 법적 효과면에서도 과도한 규제가 되지 아니하도록 하면서도 규제의 목적과 관련하여 최소한도의 효과만이 생길 수 있도록 유의하여야 함은 물론이다.[55]

① 법인격부인형(法人格否認型) 남용규제조항

당해 회사의 지배구조를 투시하여 그 회사가 그 거주지국의 거주자인 주주나 출자자에 의하여 소유되고 있는 범위 내에서만 조세조약의 적용을 인정하는 방식이다. 즉 일방 체약국 내에 소재하는 법인이 당해

---

54 谷口勢津夫, 租税條約論, 清文社, p.280\

55 Supra, p.282

일방 체약국 거주자가 아닌 자의 소유인 경우에는 그 범위에서 당해 법인에 대하여 타방 체약국의 원천과세 감면을 인정하지 않는다. 이는 과세 목적 범위 내에서 당해 법인 법인격을 부인하고 그 법인의 소유자에 착목하여 그 소유자의 거주지국이 어디인가에 따라 그 법인에 대한 조세조약상 원천지국 과세감면청구권을 인정하는 범위를 결정하는 것이다. OECD 모델조세조약의 제1조 주석 제13항에서 언급되고 있는 투시접근법(透視接近法, Look-Through Approach)이다.[56]

② 이중면제형(二重免除型) 남용규제조항(The Exclusion Approach)

제3국 거주자에 의한 일방 체약국 법인(중간개재법인, an Interposed Entity)에의 지배적 관여가 있고, 당해 일방 체약국, 즉 중간개재법인소재국의 국내법에 의하여 과세상 우대를 받고 있는 경우 조세조약의 목적인 이중과세 배제라는 측면에서 보아 당해 중간개재법인에 대하여 조세조약의 적용을 배제하는 조항이다.

모델조세조약 제1조 주석 제21항에 언급되어 있는 방안이다.

이와는 유사하지만 이와 같이 중간개재법인 자체의 조약 적격을 부인하는 것이 아니라, 개개의 소득을 관찰하여 그 소득이 거주지국에서 과세되지 아니한 경우 원천지국에서 조세조약상 혜택을 부여할 필요는 없을 것이므로, 즉 이중면제가 되므로 이러한 소득에 대하여서만 조약상 혜택을 부인하는 방안이 있다. 이를 거주지국과세접근법(the Subject-to-Tax approach)이라고 부른다.[57]

---

56 이태로·한만수, 조세법강의 신정6판, p.975
57 OECD 모델조세조약 (2008 개정) 제1조 주석 제15항

③ 이상거래형(異常去來型) 남용규제조항

제3국 거주자에 의한 일방 체약국의 법인에 대한 지배적 관여가 있고, 당해 중간개재법인이 제3국 거주자에게 과세감면 이익을 이전하기 위하여 이상한 거래행위를 취한 경우, 당해 중간개재법인에 대하여 타방 체약국의 원천과세 감면을 인정하지 아니하는 방안이다.[58] 이상한 거래의 판단기준으로는 제3국 거주자에게 과도한 대가를 지불하거나,[59] 과도한 이익 유보를 하는지 여부이다.

전자와 관련하여 OECD 모델은 이상한 거래의 표지로 '50% rule'을 사용하고 있다. 즉 타방 체약국의 원천에서 얻은 수익금의 50% 이상을 여러 비용의 명목으로 제3국 거주자에게 지급한 경우 이를 이상한 거래로 보아 일방 체약국에 소재하는 중간개재법인의 조세조약상 감면이익을 부정하는 것이다. 후자는 "Tax haven 회사 이용형 Treaty Shopping"이다.

④ 납세자 구제조항

위와 같은 조세조약상의 조약남용 규정이 획일적으로 적용되는 데서 생길 수 있는 부작용을 고려하여 아래와 같은 조치들을 두고 있다.

먼저 일반선의조항[60]이나 진정사업활동조항[61]이다. 즉 조세조약적용 대상이 된 법인이 정당한 사업상의 사유로 경제활동을 한 것이지 조세조약을 단지 이용하여 과세상 이익을 얻기 위한 것이 아니라고 입증된

---

58 위 주석 제17항. 수로접근법(水路接近法)으로 소개되기도 한다. 이태로 등, 위 책 p.977
59 이른바 Channel approach로 불리는 것이다.
60 위 주석 제19항 a)호.
61 위 항 b)호.

경우 이를 규제대상에서 제외시켜 주는 방안이다.[62]

다음으로 세액조항[63]이나 상장조항[64]을 두는 방안도 있을 수 있다. 전자는 조약상의 감면청구액이 거주지국 과세금액보다 큰 경우에만 위 규제조항을 적용한다는 것이고, 후자는 거주지국 증권거래소에 상장된 회사 및 그 자회사에 대하여는 위 남용규제조항을 적용하지 않는다는 것이다.

마지막으로, 일방 거주지국의 법인을 이용한 제3국 거주자가 그 제3국이 타방 체약국과의 조세조약을 별도로 맺고 있고 그것이 Treaty Shopping의 대상이 된 조세조약에 비하여 불리하지 않다면, 즉 별도로 다른 조세조약을 이용하여서도 같은 결과를 얻을 수 있다면 이를 제한하지 말자는 방안이다.[65]

(4) 국내법에 의한 규제－일반 조항의 적용 가부(피짐)

우리나라에서는 국세기본법[66] 및 국제조세조정에 관한 법률[67]상 실질과세원칙 조항이 조세조약 적용에도 효력을 갖는지에 관하여 견해가 갈린다.[68] 그러나 우리 법원은 조세조약이 국내법과 동일한 효력을 가진다는 이유로 조세조약에 국내 조세법상 일반 조항이 적용된다고 판시하고

---

62 위 두 조항이 분리되어 있으나 전자는 Bona fide business purpose를, 후자는 Business activity를 각 요건으로 하고 있다. 이를 한데 묶어 Bona fide business로 볼 수 있다.

63 위 항 c)호

64 위 항 d)호

65 위 항 e)호. 이를 별도구제방법조항(Alternative relief provision)이라고 한다.

66 국세기본법 제14조 제1항 제3항, 법인세법 제4조 제1항도 동일하다.

67 국제조세조정에 관한 법률 제2조의 2

68 이태로 외 1, 위 책 p.985

있다.[69]

독일의 경우 조세기본법에 조세회피행위 부인규정[70]이 일반 조항으로 있다. 이 조항은 "법의 형성 가능성의 남용에 의하여 납세의무를 회피할 수 없다. 남용이 있는 경우에는 경제적 사실에 적합한 법적 형성의 경우와 동일하게 과세하여야 한다"고 규정하고 있다.

이러한 국내 조세법상 일반 조항이 조세조약에 적용될 수 없다는 견해는 법형성의 가능성 남용은 조세채무 성립단계의 문제이고, 성립된 조세채무 감면청구권 행사와는 다른 것이며, 조세조약은 국내법의 특별법 지위에 있다는 이유를 들고 있다. 이에 대하여 적용 가능하다는 입장은 조세조약이 국내법 질서에 수용된 이상 국내법 규정도 적용 가능하다는 것이다.

독일 연방재정재판소는 제3국의 기업이 행한 법형성(法形成)이 독일 국내와 관련을 갖고 더 나아가 당해 제3국의 기업에 의한 독일 조약 상대국에서의 법인 설립이 조세회피 부인규정의 요건(두 가지 요건으로, 조세 목적 이외의 상당한 이유가 없을 것과 당해 법인의 고유한 사업활동이 존재하지 아니할 것)을 충족한 경우에는, 당해 법인의 설립은 법형성의 남용으로 되어 당해 법인에 대한 독일의 조세조약은 적용되지 않는다. 따라서 당해 제3국의 기업이 독일의 조세조약 상대국에 법인을 설립하여 이것을 통해 독일의 원천과세 감면 이익을 향수하려고 하는 목적은 달성될 수 없게 된다[71]고 판시하였다.

---

69 대법원 2012년 4월 26일 선고 2010두11948 판결 ; 대법원 2012년 1월 19일 선고 2008두8499 전원합의체 판결 ; 대법원 2012년 10월 25일 선고 2010두25466 판결

70 이 조항을 경제적 관찰법을 정한 규정으로 보는 견해도 있다. 어떤 경우든 우리나라의 실질과세원칙과 유사하다.

71 위 책, p.317

조약적격(條約適格)을 갖지 아니하는 제3국의 기업이 조세조약에 따라 독일 원천소득에 대한 과세 감면(減免) 이익을 향수하기 위하여 독일의 조약 상대국에 법인을 설립한다고 하는 법형성에 관하여, '조세회피부인규정의 적용을 결정하기 전에 당해 법형성이 국내와의 관련을 갖는가'라는 점을 심리하는데, 이는 국내에서의 경제활동의 수행 또는 국내와의 법적 관련을 의미한다. 이 양자 모두 국내에의 경제적 귀속, 즉 경제적 소속 원칙이라는 용어로 대체할 수 있다고 한다.[72]

미국의 경우 조세조약에 명문 규정으로 많은 남용방지규정을 두고,[73] 국내법상으로는 투시법(Look-through)을 통한 종국적 수익자(Ultimate Resident Ownership)에 관한 규정[74]을 두고 있다.

미국은 투시법(Look-through) 개념을 조세조약에도 확장하여 도관회사에게 조세조약의 혜택을 부인하는 도구로 사용하였다. Aiken Industries, Inc. v. Commissioner 사건이 전형적이다.[75]

그러나 이러한 개별사건의 판결만으로는 그 기준이 충분하지 아니하므로 U.S. 모델조세조약에 구체적 기준을 마련하였다. 이 모델조세조약의 문언에 기초한 개별국가와의 조세조약을 개정하여 조약 자체의 규정으로 문제를 해결하고 있다.

---

72 Supra, p.316

73 이중면제형 남용방지 규정(US Model 조세조약 Art. 4.1 참조) 등 많은 규정을 두고 있다. 자세한 언급은 다음 기회로 미룬다.

74 IRC7701(1), 884

75 이태로 외 공저, 위 책, 제981쪽에 소개되어 있다. 이 사건 이외에도 Northern Indiana Public Service Co. v. Commissioner 105. T.C. 341 (1995)

(5) BEPS에 따른 구체적인 이행의무사항

BEPS에 따라 각국이 구체적인 이행의무사항을 완수하면 국내법상 절차가 아닌 조세조약 자체에 의하여 조세조약남용에 관한 법규범이 완성될 것이지만 현재로서는 이행 중에 있음을 유의하여야 한다.

BEPS 참여국의 구체적인 이행의무사항은 먼저, 조세조약의 서문에 조약의 목적이 이중과세를 방지하는 동시에 조약 쇼핑 등을 통한 부당한 비과세 또는 조세경감의 기회를 제공하지 않아야 한다는 문구 도입, 그리고 본문에 다음 세 가지 방안 중 하나를 선택하여 도입하여야 한다. 즉 i) 조세조약에 LOB와 PPT 규정 동시 도입, ii) PPT 단독 도입, iii) LOB도입과 함께 도관금융약정(conduit financing arrangement)을 통한 조약남용을 방지할 수 있는 규정 보완 도입(국내법상으로 GAAR 도입 등).

위 최소한의 기준은 조세조약 당사국 간에 합의되어야 하는 사항이다. 그러나 이 최소기준 자체는 현재와 미래의 모든 조약에 적용되어야 하는 것으로 Action 15의 다자간 협약 협상 항목 중 하나이다. 그러나 이행을 담보할 수는 없으므로 이에 대한 모니터링이 필요할 것이다. Action 6 최종 보고서는 상기 최소기준 이외에 i) 배당 이전 거래를 통한 인위적인 경감세율 적용, ii) 부동산 과다 법인 주식 양도에 대한 부당한 과세 면제, iii) 이중 거주자 문제, iv) 제3국에 소재한 고정 사업장의 과세 면제 등의 문제에 대한 조약상 규정을 제시하고 있다.

(6) LOB 조항[76]

LOB 조항으로는 크게 네 가지 기준이 있다. 공개시장 기준[77], 주식 보유, 과세 베이스 침식 기준[78], 정당사업 기준[79], 권한 있는 당국에 의한 인정[80]이라는 기준이다. 보통 많이 논의되는 것은 공개시장 기준과 주식 보유, 과세 침식 기준, 정당사업 기준이다.

LOB 조항은 미국이 특히 조약 쇼핑을 방지하기 위하여 1977년에 처음으로 U.S. Model 조세조약에 도입하였다. 1996년 개정으로 현재와 가까운 모양이 되었다. 미국형 LOB 조항의 최대 장점은 세무 당국 및 납세자 쌍방에 대하여 예측 가능성을 제고하는 것이다. 그러나 공개시장 기준이나 주식 보유·과세 베이스 침식 기준도 직접도관거래나 디딤돌

76 OECD가 그동안 조세조약남용을 방지하기 위하여 취하여 온 Treaty shoppng 방지 대책의 일환이 바로 LOB 조항이다. 간단히 이에 대한 OECD의 대응조치를 보면 아래와 같다. 1977년 단순한 Treaty shopping의 대응조치로 수익자 개념을 도입하였고, 1986년 "이중과세 조약과 도관법인의 이용'이라는 보고서를 공표하고 대응조치를 제안하였으며, 1992년 도관보고서의 분석·제안을 받아 OECD Commentary 1조에 "조약의 부당한 이용'이라는 섹션을 만들어 Treaty shopping 대응조치의 조문례를 추가하였으며, 2003년 "조약 혜택의 자격 제한'이라는 보고서 제안을 받고, 수익자의 의미를 명확하게 하기 위한 조문을 추가하고 OECD Commentary 1조에 "조약에 부당한 이용" 섹션에 새로운 남용 방지 규정의 조문례를 추가했다. 여기에는 1996년 미국 모델 조세조약의 규정을 기초로 하는 "혜택제한(Limitation of Benefits: LOB 조항)"과 영국의 과세실무를 기초로 하는 거래의 주된 목적에 기초한 조세 혜택을 부정하는 남용 방지 규정이 포함되었다. 그리고, 2014년 "수익자"의 의미를 더욱 명확히 하기 위한 OECD Commentary를 개정하였다.
77 타방 체약국의 법인 거주자로서 i) 그 주된 주식이 어느 일방 체약국의 공개 유가증권시장에 상장 또는 등록되어 있을 것, 또는 ii) 그 각 종류 주식의 50% 이상이 5인 이하의 법인 거주자로 어느 일방 체약국의 공개 유가증권시장에 상장 또는 등록되어 있는 자에 직접 또는 간접적으로 소유되고 있을 것을 요건으로 하는 기준이다.
78 타방 체약국의 법인 거주자로, 1) 그 각 종류 주식의 50% 이상이 당해 타방 체약국의 개인 거주자 또는 법인 거주자로, 그 주된 주식이 어느 일방 체약국의 공개된 유가증권 시장에 상장 또는 등록되어 있는 자에 직접 또는 간접적으로 보유되어 있고, 나아가 2) 당해 법인 거주자의 총소득 중 당해 타방 체약국에 있어서 과세소득 계산상 공제 가능한 지출로 어느 체약국의 거주자에도 해당하지 아니하는 자에 대하여 직접 또는 간접적으로 지불되는 액이 차지하는 비율이 50% 미만일 것.
79 그 각각의 소득에 관하여, 타방 체약국의 법인 거주자가 당해 타방 체약국 내에 있어서 종사하는 영업 또는 사업활동에 관련 또는 부수하여 취득한 것일 것.
80 소득의 원천지국의 권한 있는 당국이 동 나라의 법령 또는 행정상 관행에 따라 타방 체약국의 법인 거주자의 설립, 취득 또는 유지 및 그 업무 수행이 그 조약의 혜택을 받는 것을 주된 목적의 하나로서 하는 것이 아니라는 것을 인정하는 것.

도관거래의 경우 모두 다 완벽한 대응이 되지 못한다.

직접도관거래의 경우, 위에서 본 미국 법인 주식의 적어도 과반수를 보유할 필요가 있다는 전제가 있기 때문에 의미가 있는 것이지만, 지불되는 배당 내용이 이미 결정되어 있는 우선 주식과 같은 경우에는 각국의 법제도에 따라서는 반드시 보통주를 소유한 주주에 의한 배당 결의를 필요로 하지 않는다. 이 같은 경우에는 거래 설계에 따라서 공개시장 기준 또는 주식 보유·과세 베이스 침식 기준을 충족하면서 우선주식을 이용한 직접도관거래를 행하는 것이 가능하다.

디딤돌 도관거래의 경우에도 B국의 국내법상 공제 가능한 지출로 제3국(C국 포함)의 거주자에게 지불되는 액수의 비율이 50% 미만인 것이 필요하지만, 이것은 거꾸로 말하면 50% 미만인 한 언제든 디딤돌 도관거래가 가능하다는 의미이다.

제2장

거주자(Residence)

Ⅰ. 개관

거주자의 개념은 국제조세 분야에 있어서 가장 중요한 개념 중의 하나이다. 거주자인가 비거주자인가에 따라 전세계 소득에 대한 납세의무를 지게 되는가 아니면 국내 원천소득에 대한 납세의무만 지게 되는 것인가가 결정된다.

이중과세 방지를 위한 조세조약도 거주자에게 적용되는 것이다. 전세계 소득에 대한 과세가 행하여지는 거주자에 대하여는 이중과세 방지를 위하여 외국납부세액 공제제도가 적용되므로 거주자는 이 외국납부세액 공제 수혜자가 될 수 있는 기준이 된다.

한편 전세계 소득에 대하여 납세의무를 지는 거주자의 경우는 국외 소득의 정확한 파악을 위하여 해외 소득을 파악할 필요가 있다. 이에 따라 해외계좌 신고의무를 지는 것도 거주자에 국한되어 있다.

이러한 거주자의 개념은 국내 조세법과 조세조약의 경우 그 용법이 상이하다는 점에 유의하여야 한다. 국내 조세법에서 거주자란 자연인 개인을 지칭한다. 따라서 개인에는 거주자 개인과 비거주자 개인이 존재하게 된다.

그러나 자연인과 대비되는 법인의 경우는 내국 법인과 외국 법인으로 구분하여 사용되고 있다.

이를 정리하면, 거주자 개인과 내국 법인은 전세계 소득에 대하여 납세의무를 지는 자이고, 비거주자 개인과 외국 법인은 국내 원천소득에 대하여서만 납세의무를 지게 된다.

그러나 조세조약에서는 거주자란 개인 거주자와 내국 법인을 함께 통칭하는 용어로 사용되고, 비거주자란 비거주자 개인과 외국 법인을 의미한다.[1] 이하에서는 개인과 법인으로 나누어 보기로 한다.

II. 개인 거주자

1. 국내법상 규정

조세법상 개인은 보통 거주자, 비거주자로 분류된다. 그러나 나라에 따라서는 단순 거주자, 통상 거주자, 비거주자로 나누는 경우도 있고,[2] 영주자, 비영주 거주자, 비거주자로 나누는 국가도 있다.[3]

미국 같은 나라에서는 시민권자는 항상 거주자로 분류되므로 일응 국적 기준으로도 거주성 여부를 정한다고도 볼 수 있다.

우리 소득세법은 국내에 주소를 두거나 일 년 이상의 거소(居所)를 둔 개인을 거주자라고 정의하고 있다.[4] 물론 비거주자란 거주자가 아닌 개인을 말한다.[5]

---

1 한미조세협약 제3조 제1항·제2항 참조. 한국의 거주자란 한국 법인과 한국에 거주하는 법인 이외의 자를 포함하고, 미국의 거주자란 미국 법인과 미국에 거주하는 법인 이외의 자를 의미한다고 규정하고 있다.

2 영국의 경우가 이에 해당된다. 졸저, 논점 조세법, p.437 참조.

3 일본이 이에 해당된다. 위 참조. 기타 다른 나라의 개인 거주자에 관한 입법례에 관하여는 위 책 p.137 참조.

4 소득세법 제1조의 2(정의) 제1항

소득세법상 거주자에 관한 규정은 크게 세 가지로 구분되어 입법화되어 있다. 원칙 규정, 정의 규정, 추정 규정으로 분류될 수 있다. 주소와 거소의 정의 규정도 실질적 의미에 관하여는 언급하지 아니하고 형식적 판단 방법만을 규정하고 있다.[6]

조세법상 주소를 정함에 있어 민법상 주소 개념과 동일하게 볼 것인가 하는 문제가 있다. 이 문제에 관하여 조세법상 사용되는 주소 개념은 민법상 개념을 차용한 것이라는 입장과 조세법 목적으로 독립적으로 해석하여야 하는 입장이 있을 수 있다.

일본의 경우는 민법상 주소와 동일하게 사용하여야 한다는 차용개념론을 채택한 판결이 있다.[7] 우리나라에서는 아직 판결로는 나타나지 아니하고 있으나 각 법률의 목적에 맞는 내용을 구체화할 필요가 있다는 입장이 있음은 주지의 사실이다.

그리하여 판례는 국세기본법상 송달 장소와 관련하여 주소라고 함은 원칙적으로 생활 근거지를 가리키지만, 민법상 가주소나 전입신고된 주민등록지도 이에 포함된다고 하고 있다.[8]

---

5 거주자에 대한 과세소득의 범위는 소득세법에서 규정하는 모든 소득에 대해서 과세한다. 다만, 해당 과세기간 종료일 10년 전부터 국내에 주소나 거소를 둔 기간의 합계가 5년 이하인 외국인 거주자에게는 과세대상 소득 중 국외에서 발생한 소득의 경우 국내에서 지급되거나 국내로 송금된 소득에 대해서만 과세한다. 소득세법 제3조 제1항. 비거주자에 대하여는 국내 원천소득에 대하여서만 과세한다.

6 "주소는 국내에서 생계를 같이 하는 가족 및 국내에 소재하는 자산의 유무 등 생활 관계의 객관적 사실에 따라 판정하여…"라고 규정하여 실질적 의미에 대하여는 규정하지 않고 있다. 이러한 규정에 관하여는 민법상 개념의 차용이라는 관점에서 논의가 된다. 위 책 p.136

7 일본 소득세법 제2조 제1항 제3호의 주소 개념과 관련하여 大阪高判昭和 61.9.25. 月報 33-5-1297

8 대법원 1998년 4월 10일 선고 98두1161 판결

주소와 주민등록지와의 관계에 관하여는 실제 거주지와 주민등록지가 다른 경우가 문제가 되는데, 이 경우 조세법상 특별규정을 고려하여 해석하되 그렇게 하고도 애매한 경우에는 원칙적으로 조세법상으로는 민법과 동일하게 해석하는 것이 바람직할 것이다. 왜냐하면 조세법률관계는 사법(私法)상 법률관계를 전제로 하여 판단하는 것이기 때문이다.

1) 민법상 주소

민법에서는 "생활의 근거가 되는 곳을 주소로 한다"고 규정하고 있다. 이를 두고 주소 결정에 관하여 정주의 객관적 사실만을 요건으로 하는 객관주의를 도입한 것이라고 보는 것이 다수설이다.[9] 또한 이 규정은 생활의 실질관계에 따라 구체적으로 주소를 결정하는 실질주의를 채택한 것으로 본다.[10]

그러나 생활 근거지라는 개념은 판례에 좀 더 구체적으로 설시되기는 하였으나[11] 여전히 불명확한 개념이다.

주민등록지와의 관계에 관하여는, 주소를 판단함에 있어 주민등록이 중요한 자료가 되지만 그것만으로 주소가 결정되는 것은 아니라고 한다.

---

9 정주(定住)의 의사를 요구하는 의사주의(意思主義) 혹은 주관주의(主觀主義)를 주장하는 견해도 있다.

10 이에 대하여 형식주의는 이러한 생활의 실질을 무시한 채 형식적 기준(즉 본적지나 주민등록지 등)에 따라 판단하는 방법이다.

11 생활 관계의 중심지를 말하고 가족 및 자산의 유무 등 생활 관계의 객관적 사실에 따라 판정한다고 하고 있다. 대법원 1984년 3월 27일 선고 83누548 판결. 이는 소득세법 시행령 제2조 제1항에 반영되어 있다.

2) 민법상 거소

우리 민법상으로는 거소에 대한 특별한 정의 규정 없이 주소의 효과에 관하여서만 규정하고 있다. 즉 주소를 알 수 없으면 거소를 주소로 본다[12]는 규정과 국내에 주소가 없는 자에 대하여는 국내에 있는 거소를 주소로 본다[13]는 규정을 두고 있다.

판례는 거소를 주소지 이외의 장소에 상당기간에 걸쳐 거주하여도 주소와 같이 밀접한 일반적 생활 관계가 발생하지 아니하는 장소[14] 또는 생활의 근거지는 아니지만 얼마 동안 임시로 거주하는 장소[15]라 하고 있다.

주소와 거소의 구별에 관하여는 주관설에 따르면 정주의 의사 유무가 되지만 객관설에 따르면 객관적으로 보아 생활의 중심을 이루는 장소인가 어떤가에 의하여 구별된다. 그러나 거소를 주소로 본다는 법률 효과를 염두에 둔다면 그 구분의 실익이 없다고 할 수 있다.

거소의 법률적 효과는 주소를 알 수 없으면 거소를 주소로 보는 데 있고, 이는 대부분 어떤 사람에게 발생한 사건의 재판 관할 기준을 부여하기 위한 것이라고 한다.[16] 따라서 이러한 목적 이외에 법률상 주소가 문제된 경우에는 바로 본 조항을 적용할 수 없다는 것이 지배적인 견해이다.[17]

---

12 민법 제19조
13 민법 제20조
14 대법원 1984년 3월 27일 선고 83누548 판결
15 서울고등법원 2004년 9월 15일 선고 2003누17490 판결
16 주석 민법 제4판, 제1권, p.379
17 위 참조

위에서 본 바와 같은 민법상 주소와 거소의 개념을 차용하더라도 조세법상 적용에는 여전히 많은 부분들이 불명확한 채로 남아 있다. 생활의 근거라는 주소나 그 정도에는 이르지 못하는 거소라는 개념은 영국의 판례에서 지적하는 바와 같이 질적 속성의 문제이고, 사실과 정도의 문제이며 개인별로 확정되어야 하는 인적 속성을 지니고 있다.[18]

즉 문제가 되는 납세자의 모든 사정(all circumstances and facts)을 종합적으로 고려하여 결정하여야 하는 문제이다. 여기에는 납세자의 자발적인 의사에 의한 사정만이 아니라 비자발적인 사정도 모두 고려된다. 예컨대 전쟁이나 질병의 발병으로 거주하는 "어쩔 수 없이 거주하는 경우"에도 거주자로 판단될 수 있다. 이러한 점에서 거주자인가 여부에 따라 달라지는 조세 탈루 문제에 있어서는 납세의무자의 세액 탈루에 관한 고의를 인정하기가 어려운 경우가 대부분일 것이다.

2. 조세조약상 규정

조세조약상 거주자에 관한 규정은 반정조항(renvoi clause) 조항에 의하여 처리되므로 국내법상의 규정에 의하여 종국적으로 처리되어 보통의 경우에는 문제가 되지 아니하나, 이중거주자의 경우에는 문제가 된다. 왜냐하면 현재의 조세조약 아래서는 어느 일방의 거주자로 정리하여야 하기 때문이다. 이를 위하여 마련된 조항이 tie-breaking rule, tie-breaker rule이다. 이는 개인 거주자에 대하여만 마련되어 있다.

한미조세조약의 경우, 항구적 주거(permanent home), 중대한 이해관

---

18 졸저, 논점 조세법 개정2판, p.438

계의 중심지(center of the vital interests), 일상적 거소(habitual abode), 국적 (citizen), 상호합의(mutual agreement)의 순서로 판단한다.[19] 우리 대법원은 항구적 주거를 "가족과 함께 거주한 항구적 주거"라고 판단하고 있다.[20]

Ⅲ. 법인 거주자

1. 내·외국 법인의 구분

법인 거주자라는 제목을 달았으나 법전상 용어나 실무상 용어로는 내국 법인이라고 부른다. 그러나 거주자인지 여부를 판단하는 기준이 자연인과 법인이 다르므로 법인 거주자라는 제목 아래 논의하는 것이 타당하여 이렇게 부른다.

법인이 거주자에 해당하면, 즉 내국 법인이라고 판단되면 개인 거주자

---

[19] 한미조세조약 제3조제2항

[20] 대법원 2018년 12월 13일 선고 2018두128 판결은 원심법원의 아래와 같은 판단을 그대로 수긍하였다. "…원고는 1999, 2000년에 한국 거주자인 동시에 미국 거주자에 해당하는데, 1992년경 미국으로 이주하여 가족과 함께 항구적 주거를 형성하여 생활하였고, 사업 목적상 한국에 체류하다가도 업무를 마치면 미국으로 돌아가 가족과 함께 거주하였으므로 원고가 가족과 함께 거주한 항구적 주거는 미국에 있었다." (참고로 원고와 가족 1997년 7월 영주권 취득, 2002년 10월 원고 제외한 가족 시민권 취득, 2000년 7월 원고의 영주권 포기, 2001년 6월 원고와 처 한국 정착. 원고의 국내 체류일수 1999년 282일, 2000년 301일)

와 마찬가지로 전세계 소득에 대하여 납세의무를 지게 된다. 이러한 점에서 내국 법인인가 혹은 외국 법인인가 하는 판단은 대단히 중요하다.

그렇다면 내·외국 법인의 구분 기준은 무엇인가?

여기에는 형식적 기준과 실질적 기준이 있을 수 있다. 전자에는 등록지 기준, 소재지 기준, 설립 근거지 기준 등이 있고, 후자에는 관리지배지 기준이 있다. 전자 중에서 많은 나라들이 본점 소재지나 등록지 기준을 채택하고 있고 우리나라도 이 기준 중의 하나인 소재지 기준을 채택하고 있으나, 최근 법개정으로 후자 기준도 병용하고 있다.[21] 설립 준거지 기준을 채택하고 있는 나라는 미국을 들 수 있다. 후자는 거의 모든 영연방 국가에서 채택하고 있다.[22]

여기서 우리 조세법이 취하고 있는 본점 혹은 주된 사무소 소재지라는 기준에 관하여 우리 대법원이 "주된 사무소의 소재지"를 실질적 관리장소를 의미하는 것으로 판시한 사례가 있다.[23]

2. '법인' 해당성

그러나 내·외국 법인의 구별에 앞서 검토되어야 할 것이 '법인' 해당 여부이다. 주식회사와 같이 법인이 명백한 경우 이 문제는 의미가 없으나, 어떤 단체가 과연 조세법상 '법인'에 해당하는지가 불명한 경우에는 이 문제가 가장 앞서 검토되어야 할 사항이다. 이러한 법인 해당성의 문제는 법인세의 납세의무자인가,[24] 조세조약상 거주자나 비거주자에 해당

---

21 이러한 입법례로는 독일을 들 수 있다.
22 이 기준에 관한 상세한 논의는 졸저, 논점 조세법, p.422 이하 참조.
23 이 판결의 평석은 국세, 2013년 10월, 11월호 참조.

하는가, 나아가서는 배당소득에 해당되는가에 관한 문제와 연결된다.

국세기본법 제13조에서는 법인세법상 법인과 그 이외에 법인이 아니지만 법인으로 보는 '법인 아닌 단체'를 모두 조세법상 법인으로 취급한다. 즉 법인세법상 내국 법인과 외국 법인이 원래 의미의 법인이고, 그 이외에 이러한 법인이 아닌 단체('법인 아닌 단체') 중 일정 요건을 갖춘 경우 이를 법인으로 보는 구조를 취하고 있다.

이 같이 '의제된 법인'에는 두 부류가 존재한다. 먼저 i) 주무관청의 허가 또는 인가를 받아 설립되거나 법령에 따라 주무관청에 등록한 사단, 재단, 그 밖의 단체로서 등기되지 아니한 것이거나, ii) 공익을 목적으로 출연(出捐)된 기본 재산이 있는 재단으로서 등기되지 아니한 것으로 수익을 구성원에게 분배하지 아니하는 것이 그 하나이고, 다른 하나는 이 외에도 단체의 계속성과 동질성이 유지되는 것으로서,[25] 대표자나 관리인이 관할 세무서장에게 신청하여 승인을 받은 것도 법인으로 본다.

국내법에 의해 설립된 단체의 경우에는 조세법상 '법인'에 해당하는지

---

24 대법원 2012년 1월 27일 선고 2010두5950 판결은 미국 델라웨어 주 법률에 따라 유한 파트너십(limited partnership)으로 설립된 甲 등을 그 일원으로 하는 '론스타펀드III'가 乙 벨기에 법인 및 丙 주식회사를 통해 국내 부동산에 투자하여 양도소득이 발생하자, 과세관청이 甲 등을 양도소득의 실질적 귀속자로 보아 구소득세법 제119조 제9호 등에 따른 양도소득세 부과처분을 한 사안에서, 甲은 구성원들과 독립된 별개의 권리·의무 주체이므로 법인세법상 외국 법인으로 보아 법인세를 과세해야 하고, 가사 외국 법인으로 볼 수 없더라도 구성원들에게 이익을 분배하는 영리단체이므로 甲 자체를 하나의 비거주자나 거주자로 보아 소득세를 과세할 수는 없다는 이유로 위 처분이 위법하다고 본 원심판단을 수긍하였다.

25 단체의 계속성과 동질성이 유지되는 것으로 보기 위한 요건으로는 i) 사단, 재단, 그 밖의 단체의 조직과 운영에 관한 규정을 가지고 대표자나 관리인을 선임하고 있을 것, ii) 사단, 재단, 그 밖의 단체 자신의 계산과 명의로 수익과 재산을 독립적으로 소유·관리할 것, iii) 사단, 재단, 그 밖의 단체의 수익을 구성원에게 분배하지 아니할 것을 요구하고 있다. 국세기본법 제1조 제2항 참조.

여부에 관한 판단이 상대적으로 외국법에 의하여 설립된 단체에 비하여 용이하다.

그렇다면 어떤 외국 단체나 사업체가 조세법상의 법인에 해당하는가를 판단하기 위한 기준은 무엇인가?

이 같은 조세법상 '법인' 해당성 판단에 관하여는 이론적으로 몇 가지 견해가 있다.[26]

즉 먼저 외국 사업체의 설립준거법의 법적 성질을 검토한 다음, 그 같은 법적 성질이 우리나라의 사법상 법인의 속성[27]을 전부 구비하고 있는가를 판단하여야 한다는 2단계 접근법(two step approach)으로, 미국에서의 이중 공정(dual process)과 캐나다에서 사용하고 있는 2단계 접근법과 궤를 같이 한다.

이에 대하여 외국 사업체의 법인 해당성 문제는 오직 외국사업체의 설립준거법상 '법인'에 해당하는지를 판단해야 한다는 견해이다. 이른바 설립준거법 approach이다.

후자의 견해는 다시 세분하면 이를 형식적으로 판단하여야 한다는

---

26 今村 隆, 미국 limited partnership과 日本 租稅法상의 '法人' 該當性, jurist, 2013년 9월 #1458, p.107

27 우리 대법원은 법인의 속성으로 일상업무의 집행, 투자목적 보유, 구성원의 재산과 구분되는 별개의 재산보유, 구성원과는 별개로 권리·의무의 주체로 될 것을 요건으로 보고 있다. 대법원 2012년 10월 25일 선고 2010두25466 판결 참조. 일본의 경우 사법상 법인의 속성으로는 i) 단체 구성원의 개인재산과는 구별되는 독자의 재산을 가지고 있을 것, ii) 그 단체의 이름으로 계약 등의 법률행위를 행하고, 그 이름으로 권리를 행사하고 의무를 부담할 것, iii) 그 단체의 이름으로 소송당사자로 될 수 있을 것으로 요구하고 있다. Supra. 미국의 경우 check the box rule 도입 이전에는 복수인으로 구성된 단체(association), 사업과 이익 공통목적의 유무, 사업의 계속성, 경영의 집중, 구성원의 유한책임, 지분의 양도성 등의 6가지 기준을 설정하여 이 중 과반수의 특성을 가지는 경우에는 법인(법인격 없는 사단 포함)으로 인정하고, 그 이하의 경우에는 조합(파트너십)으로 인정하였다.

견해(형식기준에 의한 설립준거법 approach)과 이러한 형식적 기준 이외에 실질적으로 손익의 귀속주체로서 설립되어 있는가를 판단하여야 한다는 견해(실질기준에 의한 설립준거법 approach)가 있다.

우리 대법원은 단체가 설립된 국가의 법령 내용과 단체의 실질에 비추어 우리나라의 사법(私法)상 단체의 구성원으로부터 독립된 별개의 권리·의무의 주체로 볼 수 있는지 여부에 따라 판단하여야 한다고 하여 2단계 접근법을 채택하고 있다고 할 수 있다.[28]

Ⅳ. 관련 문제

1. 조합의 거주자성

1) 조합은 무엇인가?

조합은 민법상 전형계약의 한 종류로서, 민법 제703조 제1항에서는 조합은 2인 이상이 상호 출자하여 공동사업을 경영할 것을 약정함으로써 그 효력이 생긴다고 규정하고 있다. 2인 이상이 공동사업을 영위하게 되므로 개인이 아닌 2인 이상으로 구성된 단체가 영위한 사업에서 생긴

---

28 대법원 2012년 1월 27일 선고 2010두5950 판결 ; 대법원 2013년 7월 11일 선고 2010두 20966 판결

소득을 조세법상 어떻게 취급할 것인가 하는 문제가 조세법상 관심대상이다. 다시 말하면 조합이 거주자가 된다면 납세의무를 지게 되는데, 과연 조합이 이러한 거주자가 될 수 있겠는가 하는 문제이다.

그러나 조세법에서는 조합이라는 용어에 대한 정의(定義) 규정을 두고 있지 아니하다. 다만 조합이라는 용어를 염두에 두고 조세법 목적상 필요한 범위 내의 변형을 가한 용어를 아래에서 보는 바와 같이 사용하고 있다.

소득세법에서는 조합에 관한 정의 규정 없이 공동사업에 대한 소득금액 계산의 특례[29]를 두어, 사업소득이 발생하는 사업을 공동으로 경영하고 그 손익을 분배하는 공동사업[경영에 참여하지 아니하고 출자만 하는 대통령령으로 정하는 출자공동사업자(이하 "출자공동사업자"라 한다)가 있는 공동사업을 포함한다]의 경우에는 해당 사업을 경영하는 장소(이하 "공동사업장"이라 한다)를 1거주자로 보아 공동 사업장별로 그 소득금액을 계산한다고 규정하고 있다.

따라서 소득세법상 공동사업자는 "사업을 공동으로 경영하고 그 손익을 분배하는 공동사업"을 의미하므로 민법상 조합과 사실상 같은 의미를 가지고 있다. 다만 소득세법에서 출자공동사업자는 상법상 익명조합원에 해당하는 것이지만 넓은 의미의 조합에 포함된다고 할 수 있을 것이다.

한편 조세특례제한법에서는 동업기업을 규정하고 있는데, "동업기업"이란 두 명 이상이 금전이나 그 밖의 재산 또는 노무 등을 출자하여 공동사업을 경영하면서 발생한 이익 또는 손실을 배분받기 위하여 설립한 단체를 말한다고 규정하고 있다.[30] 여기서의 동업기업 또한 본질적으로는

---

29 소득세법 제43조
30 조세특례제한법 제100조의 14(용어의 뜻)

민법상 조합과 그 내용을 같이한다. 그러나 위 법에서는 그 적용 범위를 일부 예외를 두고 있기는 하나, 민법상 조합은 물론이고 상법에 따른 합자조합 및 익명조합, 합명회사 및 합자회사까지도 확대하고 있다.[31]

그러므로 민법상 조합(partnership)은 조세법상으로는 공동사업자, 동업기업이란 이름 아래 과세 문제가 처리되고 있다고 할 수 있다.

2) 조합의 조세법상 취급

미국의 파트너십(partnership) 과세제도에서 파트너십(조합)은 그 자체로서 과세되지 아니하고, 파트너(조합원)가 그 개인의 담세력에 따라 과세된다. 여기서 파트너십은 도관(conduit)으로서 취급되고, 파트너십의 소득은 파트너에 귀속된다(pass-through)는 구조가 되는 것이다.[32]

그러나 조합원에 대한 과세라고 하여 조합에 대한 세법상 관련규정이 전혀 없는 것은 아니다. 조합과세구조는 기본적으로 두 가지 시각을 가지고 이루어져 있다. 즉 조합을 조합원의 집합으로 보는 시각(aggregate approach)과 조합원의 단순한 집합이 아니라 하나의 실체로 보는 시각(entity approach)이다. 소득 계산에 관한 회계연도나 회계방법의 선택 등에 관하여 조합원이 아닌 조합이 선택하게 함으로써 조합이 실체로서 취급된다. 즉 조합은 소득세 신고 시에 소득의 성질, 손실의 성질, 공제

---

31 이 조항에서는 인지세법 제1조 제3호의 외국 법인 또는 소득세법 제2조 제3항에 따른 비거주자로 보는 법인 아닌 단체 중 제1호부터 제4호까지의 규정에 따른 단체와 유사한 단체(위에서 적은 민법상 조합과 상법에 따른 합자조합, 익명조합, 합자회사 등)로서 대통령령으로 정하는 기준에 해당(국내 사업장 보유하고, 조세조약이 체결된 국가에서 동업기업 유사한 제도의 적용을 받아야 한다)하는 외국 단체도 적용받을 수 있게 하고 있다.

32 Internal Revenue Code § 701

항목, 세액공제항목 등을 모두 밝혀야 한다. 위와 같이 산출된 조합의 소득에 관하여 전자의 시각에서 분배 여부와 상관없이 조합원은 자기 지분에 따라 스스로의 신고 소득에 포함하여 납부하여야 한다.

우리 소득세법도 이와 유사한 제도를 채택하고 있다. 즉 공동사업자들이 행하는 공동사업장을 1거주자로 보아 그 소득금액을 계산하지만 (entity approach), 그렇게 산출된 소득금액에 대하여는 조합에 납세의무를 부과하지 아니하고 각 공동사업자별로 납세의무를 지우고 있다 (aggregate approach).[33]

왜 조합이 아닌 조합원이 납세의무를 지는 것인가?

조세는 담세력에 따른 부담이 기본원칙이다. 담세력이 없는 자에게 세금을 부담시킨다면 소득 없는 자에게 세금을 매기는 것과 다름 아니고 이는 조세라고 할 수 없다. 즉 응능부담(應能負擔) 원칙상 소득이 있는 자에게 부과하여야 한다. 그런데 조합과 같은 단체는 단체라는 외형을 가지고 있기는 하나 수익과 손실을 모두 그 구성원에게 분배하고 조합 자체로서는 유보금을 두지 아니하므로, 조합원과는 별도의 조합이라는 '단체'를 인정하기가 곤란하기 때문이다.

즉 조합이 어느 사업연도의 소득을 조합원에게 실제 분배하지 않았다고 하더라도 조합원은 조합의 소득에 대한 지분율에 해당하는 소득을 자신의 소득으로 신고하고 이에 대한 세금을 납부하여야 한다.[34] 우리 소득세법이 "분배될 금액에 따라" 소득세를 납부하여야 한다는 규정[35]

---

33 소득세법 제43조 참조. 조세특례제한법상의 동업기업에 대한 과세도 이 같은 기본구조가 유지되고 있다. 위 법 제100조의 16 이하 참조.

34 미국에서는 조합원의 납세의무에 관한 설명에서 다음의 표현을 사용하고 있다. "Partners are taxable on their 'distributive shares' and not (usually) on distribution.", Alan Gunn, Partnership Income Taxation, p.3

이나 조세특례제한법에서 "손익배분비율에 따라 배분한다"는 규정[36]도 이와 같은 취지를 반영한 것이다.

이러한 법리를 조세조약에 적용하면, 조세조약 적용대상은 조합이 아니라 조합원이 되고, 즉 조합원이 조세조약 체결국의 거주자가 되느냐가 문제가 되고, 조합이 벌어들인 소득도 조합원에게 모두 배분되어야 하므로 조합원의 사업소득이 된다.[37]

3) 법인과의 구별기준

2인 이상의 단체 중 그 성격이 조합이라고 판단되면 우리 법제하에서는 납세의무자가 아니다. 그렇다면 이러한 단체 중 납세의무자로 되는 법인과의 구별이 문제가 된다.[38]

조세법상 법인과 조합의 구별기준은 흔히 단체의 동질성 정도를 중심으로 판단한다. 즉 조합은 조합원의 개인성이 현저한데 반하여, 권리능력 없는 사단의 경우조차도 구성원의 개인성과는 별개로 권리의무의 주체가 될 수 있는 독자적 존재로서의 단체적 조직을 가지는 특성이 있다.[39]

---

35 소득세법 제43조

36 조세특례제한법 제100조의 18 제1항

37 그러나 일부 국가에서는 조합의 실체를 인정하고 조합을 법인과 같이 과세하는 국가가 있다. 이러한 경우 조세조약의 적용과 관련하여 두 가지 문제가 있다. 즉 거주자에 관한 문제와 소득의 성질에 관한 문제이다. 전자에 관하여는 조합은 법인과 마찬가지로 취급하여 조세조약을 적용하여야 한다. 조합이 벌어들인 소득도 법인세의 과세대상이 되고 조합원이 받는 돈도 배당된다. 이용섭·이동신, 국제조세 2011개정증보판, 세경사, p.166 참조.

38 국세기본법 제13조에서는 법인세법상 법인과, 그 이외에 법인이 아니지만 법인으로 보는 "법인 아닌 단체"를 모두 조세법상 법인으로 취급한다. 즉 법인세법상 내국 법인과 외국 법인이 원래 의미의 법인이고, 그 이외에 이러한 법인이 아닌 단체("법인 아닌 단체") 중 일정 요건을 갖춘 경우 이를 법인으로 보는 구조를 취하고 있다.

39 대법원 1992년 7월 10일 선고 92다2431 판결

미국의 경우 조합(partnership)이란 신디케이트(syndicate), 그룹(group), 풀(pool), 합작투자(joint venture), 기타 법인화되지 아니한 조직을 말하며, 이 조직이 사업, 금융활동, 기타 벤처를 영위하지만 법인이나 신탁 등이 아닌 것을 말한다. 여기서 사업이나 금융활동, 벤처영위 등을 하여야 한다고 하는 것은 단순히 어떤 재산의 공동소유자라고 하여 조합원이 되는 것은 아니라는 점을 나타낸다.[40]

법인과 조합의 구분 기준에 관하여는 미국 연방대법원이 Morrissey 사건에서 4가지 기준을 제시하였다. 즉 i) 집중화된 경영(centralized management), ii) 구성원 개인의 사망에도 불구한 사업의 지속성(continued existence of the venture despite the death of one of the owners), iii) 사업상 권리의 이전 가능성(transferability of ownership interests in the business), iv) 투자자의 유한책임(limited liability for the investors) 등이다.[41] 그러나 이러한 기준을 적용하여 법인과 그렇지 아니한 단체를 구분하는 것이 쉽지 아니하여 현행 미국 세법에서는 이 기준에 의해 조합의 실체를 갖는다고 하더라도 법인으로 보아 과세 받을 것을 납세자가 선택할 수 있게 하였다. 이른바 'check the box rule'이다.

일본의 경우, 권리능력 없는 사단과 조합의 구별에 관하여 단체로서의 명칭을 사용하는 것, 단체 구성의 교체의 가부, 기관 설정의 가부, 내부 규칙으로서 정관의 유무 등에 의하여 판단하고 있다.[42]

---

40 IRC Section 761, 7701(a)(2)

41 Morrissey v. Commissioner, 296 U.S. 344 (1935)

42 상세한 내용은 일본세리사회연합회 편집, 신정 민·상법과 세무판단, 채권·채무편, p.17 참조.

2. 수익적 소유자(beneficial owner)

1) 연혁

수익적 소유자 조항은 거주자 지위를 이용한 조세조약남용을 방지하기 위해 1977년 OECD 모델조세조약에 도입되었고, 조세조약상 독립된 의미를 갖는 개념으로서 국내법상 개념과는 상관이 없다.[43] 참고로 미국의 경우는 U.S. 모델조세조약상 수익적 소유자 개념은 OECD와는 달리 원천지국의 국내 세법에 의한 판단을 따른다고 하고 있다. 그 이유는 수익적 소유자라는 개념이 조세조약에서 정의되지 않고 있기 때문이라고 한다. 따라서 원천지국의 법에 의하여 소득이 귀속되는 자가 수익적 소유자가 된다는 설명이다.[44]

수익적 소유자 개념이 어떤 내용을 의미하는지는 분명하지 아니하나, 일반적으로 조세조약의 혜택이 "소득이 귀속되는 자(the person to whom the income is attributed)"에게 부여된다는 점을 고려할 때, 법적 소유권 유무에 관계없이 실질적으로 소득이 귀속되고 수익을 향유하는 자를 의미하는 개념으로 이해되고 있다.[45]

OECD 모델조세조약 제10조에서는 수익적 소유자에 해당하는 경우

---

43 2011년 OECD 모델조세조약 제10조 주석서 개정안에는 국내법상 수익적 소유자 개념은 조세조약상의 개념과 일관성 유지 범위 내에서만 효력이 있다는 취지의 표현이 있었는데, 2012년 개정안에는 국내법 해석에 대한 부분이 삭제되었다.

44 미국 모델조세조약 상세설명서 제10조

45 OECD 모델조세조약과 주석서상 수익적 소유권의 의미는 i) 대리인 또는 지명인에 대한 조세조약 적용 배제, ii) 거주지국 과세조건, iii) 목적론적 해석방법의 수용의 세 가지 기준으로 정리 가능하다고 한다. 김정아·유현영, '룩셈부르크 투자펀드에 대한 과세방법 국제비교 연구', 한국조세연구원, 2012년 12월, p.68 참조

배당(dividends) 원천세에 대해 제한세율 혜택을 부여하도록 규정하고 있다. 그러나 수익적 소유자라는 용어를 조세조약에서 명시적으로 사용하고 있지 않은 경우에도 "지급된(paid to)"이라는 표현에 이미 이 개념이 함축되어 있다고 보아야 한다는 주장도 있다. 2003년 개정된 모델조세조약에서 "수익적 소유자 요건이 조문 제1절에서 사용된 'paid…to a resident' 표현의 의미를 명확히 하기 위해 도입되었다. 따라서 좁은 기술적 의미로 사용되어서는 안 되고, 그 맥락은 물론 이중과세 회피 및 탈세 방지라는 협약의 목적과 취지를 고려하여 이해되어야 한다"고 명시[46]하고 있는 것도 이와 동일한 취지로 여겨진다.

수익적 소유자 요건은 배당뿐만 아니라 제11조 이자(interest), 제12조 사용료(royalties) 소득에 대해서도 적용된다. 다만 같은 투자소득인 주식 양도소득(capital gains from the alienation of shares)에는 수익적 소유자 규정이 존재하지 아니하는데,[47] 이와 관련하여 수익적 소유자 개념을 이자, 배당, 사용료소득 이외에 주식 양도소득에 대해서도 확장하여 적용할 수 있는가에 대해 찬반양론이 있어 왔다. 즉 주식 양도소득을 지급받는 자본수출국(거주지국)은 조세조약에 명문이 없는 경우에는 수익적 소유자 개념이나 국내법상 실질과세원칙을 적용할 수 없다는 입장인 반면, 자본수입국(원천지국)은 위 개념들을 적극적으로 원용하여 국내에서 과세 가능한 원천소득의 범위를 확장하려는 입장을 취하고 있다.

이에 대해 OECD는 2003년 모델조세조약 제1조(persons covered)에 대한 주석서 개정을 통해 각국의 국내법상 실질과세원칙 등 조세회피

---

46 OECD 모델조세협약 주석 제10조 제12절

47 OECD 모델조세조약 제13조 제5절에서는 주식 양도소득에 대해서는 "양도자가 거주자인 체약국에서만(only in the Contracting State of which the alienator is a resident) 과세할 수 있다"고 규정하고 있다.

방지규정(domestic anti-avoidance rules)이 조세조약에도 적용될 수 있다는 입장을 명확히 함으로써,[48] 결과적으로 주식 양도소득에도 수익적 소유자 개념이 원용되는 것과 동일한 효과를 가져왔다는 평가를 받고 있다. 즉 OECD 모델조세조약 제13조 제5절에서 사용하는 "양도인(the alienator)"의 범위를 해석함에 있어 단순히 대리인(agent) 또는 명의인(nominee)이 아닌 자산 소유자 또는 소득의 실질 귀속자만을 의미한다고 해석하는 경우 수익적 소유자 조항을 원용하는 것과 동일한 결과를 가져올 수 있다는 것이다.[49]

2) 판단기준

모델조세조약은 "체약국의 거주자가 관련 소득의 공식적 소유자라고 하더라도 단순히 타인을 위한 도관(conduit)으로 활동하는 경우에는 수익적 소유자라고 볼 수 없다"[50]고 규정하고 있으므로, 수익적 소유자

---

48 조세조약의 남용을 방지하기 위한 규제방법에 대해서는 국가별로 다양한 시각과 접근을 사용하고 있다는 점은 앞서 언급한 바 있다. 예컨대, 미국의 경우 국내법상 조세조약남용방지 규정을 두고 있다(IRC § 7701(1)). 한편, OECD의 입장은 (회원국이 특정 조항의 해석에 대해 유보 또는 관찰 의견을 제시하지 않은 경우에는) 개별 조세조약의 개정 없이 조약법에 대한 해석을 통해서 국내법상 조세회피 방지규정을 직접 원용할 수 있다는 것이다.

49 우리나라 법원은 "…한·벨 조세조약 제13조 제3항의 '양도인'의 의미를 정함에 있어서 이중과세 방지 또는 조세회피 방지의 취지에 부합하고 조약의 문언에 배치되지 않는 범위 내에서 실질과세의 원칙에 따른 해석상의 제한이 따라야 할 것인바, …실질적인 거래 주체는 원투자자이고 그 법인의 벨기에 거주자로서의 지위는 오로지 원투자자의 조세회피만을 목적으로 한 것임이 인정되는 경우에는 그 법인은 한·벨 조세조약상의 양도인에 해당한다고 볼 수 없고, …" (서울고등법원 2010년 2월 12일 선고 2009누8016 판결)라고 함으로써 이러한 입장을 지지하고 있다.

50 OECD 모델조세협약 주석 제10조 제12.1절

판단기준은 도관에의 해당 여부와 동전의 양면이라 할 수 있다.

또한 2012년 공개된 모델조세조약 주석서 개정안을 보면, 수익적 소유자에 해당하기 위해서는 "다른 사람에게 이전할 계약상 또는 법률상 의무에 제약됨이 없이 지급받은 소득을 사용 및 향유할 권한"[51]을 가지고 있어야 한다고 하고 있다.

OECD 모델조약에서 수익적 소유자 개념을 채택하기 이전부터 미국 판례[52]에서는 자금에 대한 완전한 지배 · 통제권(complete dominion and control over the funds)이 없다는 이유로 이자소득 수령자에 대한 조세조약의 혜택을 부인하였고, 우리나라 법원도 "당해 소득을 지급받은 자가 타인에게 이를 다시 이전할 법적 또는 계약상의 의무 등이 없는 사용수익권을 갖는 경우"를 뜻한다[53]고 하고 있다. 부연하면, "이자소득을 수령함에 있어…수익적 소유자가 되려면 원천지국의 소득을 수령하는 자가 타방 체약국의 거주자라는 것으로는 부족하고, 그 해당 거래의 법률상 · 계약상의 명의나 형식에 불구하고 실질적 · 경제적으로 당해 이자소득을 지배 · 관리 · 처분하는 자이어야 한다"[54]는 입장이다.

참고로 조세조약상 수익적 소유자 해당 여부에 대한 입증 책임은 원칙적으로 조세조약의 혜택을 주장하는 납세자에게 있고,[55] 국내법상 실질과세원칙을 적용하여 조세조약의 남용에 해당한다고 주장하기 위해

---

[51] Where the recipient of a dividend does have the right to use and enjoy the dividend unconstrained by a contractual or legal obligation to pass on the payment received to another person, the recipient is the "beneficial owner" of that dividend.

[52] Aiken Industries, Inc. v. Commissioner, 56 T.C 925(1971)

[53] 대법원 2018년 11월 29일 선고 2018두38376 판결, 대법원 2018년 11월 15일 선고 2017두3308 판결 등 다수.

[54] 서울행정법원 2012년 11월 23일 선고 2011구합31734 판결

서는 과세관청 측에서 명확한 증거(clear evidence)를 제시해야 한다.[56]

이상과 같이 OECD 기준과 국내외 판례 등을 종합해 볼 때 수익적 소유자 또는 도관회사 판정은 단순한 거주자 적격 여부보다는 모든 관련 사실과 정황(all facts and circumstances)[57]을 고려하여 다음 두 가지 기준에 의해 판단되어야 할 것이다.

(1) 정당한 사업목적(bona-fide business purposes) 여부

체약국 중 거주지국의 기업이 유리한 조세 지위를 획득하여 조세 혜택을 받는 등 조세회피를 주된 목적(main purpose)으로 설립된 경우에는 조세회피 또는 탈세방지라는 조세조약의 목적에 비추어 면세 또는 감면 혜택이 부여되지 아니한다.[58]

우리나라 법원은 "당해 자금의 원천, 투자 여부 및 투자 방법의 실질적 결정자, 당해 자금투자에 관한 사업상 제반 위험의 부담자, 지급된 이자소득이 동일성을 유지한 채로 계약상 혹은 법률상 의무에 의하여 수취자로부터 상위투자자 등에게 전달되는지 여부… 등을 종합적으로 고려하여 판단하여야 하며, 소득의 수취자가 아닌 그 상위 투자자 등에게

---

55 "…입증의 난이도가 수월한 납세자 측에게 그러한 조세상의 혜택을 주장하는 근거와 관련된 증명 책임을 부담하는 것이 합리적이고…, 원고들이 한·아일랜드 조세조약상의 이자소득 비과세 혜택을 누리기 위하여는 …가 이 사건 이자소득의 수익적 소유자라는 사실을 적극적으로 입증하여야 한다." (서울행정법원 2012년 11월 23일 선고 2011구합31734 판결)

56 OECD 모델조세협약 주석 제1조 제22절·제22.1절 및 제22.2절

57 관련 회사의 설립 경위와 사업활동 내역, 주식 취득과 관련한 의사결정 과정과 비용 부담 및 취득자금의 원천, 주주활동 경과, 배당소득의 지급 및 사용 내역 등 사실을 종합하여 판단한다(대법원 2016년 7월 14일 선고 2015두2451 판결). 해당 소득에 관련된 사업활동의 내용과 현황, 소득의 실제 사용과 운용 내역 등 제반사정을 종합하여 판단(대법원 2018년 11월 29일 선고 20018두38376 판결).

58 OECD 모델조세조약 제1조 주석 9.5

실질적으로 당해 이자소득이 귀속되고 그러한 거래구조에서 얻을 수 있는 이익이 조세상의 혜택뿐이라고 여겨질 경우에는 조세회피 목적 또한 추단된다"[59]라고 하거나 "투자자들의 실제 거주지국과는 무관한 벨기에에 SH를 설립하고 여러 단계의 지주회사를 개입시켜 투자지배구조를 수시로 변경한 것은 투자의 효율적인 관리·운용을 위해서라기보다는 ○○펀드가 설정 당시부터 주도면밀하게 계획한 조세회피 방안에 따른 것이라고 할 것이어서… 투자지주회사의 필요성에도 불구하고 SH를 조세회피를 위하여 사용된 명목상의 회사라고 볼 수밖에 없다"[60]고 하는 등 거주지국에 기업을 설립한 것이 조세상 혜택 이외에 실제로 정당한 사업 목적 때문이었는지를 파악하기 위해 설립 시점만이 아니라 투자 준비단계부터 설립, 계약, 관리, 매각, 청산 등 투자 전 과정을 종합적으로 고려하는 입장을 취하고 있는 것으로 판단된다.

(2) 실질적 사업활동(substantive business activity) 여부

최근 금융시장의 국제화, 투자지역의 글로벌화 심화 추세에 따라 조세특혜제도(Tax preferential regimes)를 운영하고 있는 제3국에 투자관리회사 또는 지주회사 등을 설립하여 투자 경유지로 활용하는 일이 빈번해지고 이와 관련한 조세조약 분쟁이 늘고 있는 실정이다. 단순히 서류상 회사(paper company)가 아니고 투자자산 및 종업원을 보유하고 있는 경우가 많은데, 실무상 이들 회사의 도관 여부 판단 기준이 문제된다.

이 경우 정당한 사업목적 존재 여부와 함께 당해 기업활동의 실질(substance)이 있는지를 종합적으로 검토해야 한다. 종업원이나 자산의

---

59 서울행정법원 2012년 11월 23일 선고 2011구합31734 판결
60 서울고등법원 2010년 2월 12일 선고 2009누8016 판결

보유 여부, 자산 및 손익의 구성 항목, 이사들의 활동, 투자에 대한 의사결정, 투자수익의 처분 등 전반적인 기업활동을 검토함으로써 당해 기업이 투자수익의 관리·처분 등에서 독자적이고 실질적인 역할을 수행했는지 여부가 중요하다.

단순히 종업원을 보유하는 등 기업의 실체가 있다는 사실이 중요한 것이 아니고, 이들 직원들이 실질적으로 투자 및 수익 활동에 적극 관여하였음이 입증되어야 한다. 우리나라 판례[61]는 거주지국(벨기에)의 기업에 다수의 직원이 존재하고 소득세를 납부하는 등 일정한 실체를 갖추고 있었음에도 불구하고 투자계약, 대금지급, 투자자산 관리 및 매각 등 투자활동 전 과정에 사실상 본사 및 원천지국(한국) 자회사의 임원 등이 주도적으로 관여한 사안에서 당해 기업을 도관으로 인정하였으며, 한 프랑스 판례[62]에서는 룩셈부르크 지주회사가 종업원이나 자산을 보유하고 있었음에도 자산관리에 대한 설계를 완전히 프랑스 은행(모회사)에 의존하고 자산관리의 전문성도 입증하지 못한 사안에서 당해 지주회사의 실질이 없다고 보아 조세조약 혜택을 부인한 바 있다.

3. 법인 거주국 변경(Corporate Inversion)

미국 재무성 예비보고서에 의하면 미국에 모회사를 두는 다국적 기업그룹의 기업형태가 법인소득에 대한 세부담이 극단적으로 적은 혹은 제로인 국가(tax haven이라고 한다)에 신설된 외국 회사가 당해 기업그룹의 모회사로서 미국의 모회사를 대체하게 되는 거래를 말한다.[63] 다른

---

61 서울고등법원 2010년 2월 12일 선고 2009누8016 판결
62 Luxembourg Holding Company Case(2005)

말로 표현하면 법인 거주자의 경우 그 거주지국을 고과세국에서 저과세국으로 변경하는 거래를 말한다.[64] 이 같은 움직임은 최초 미국에서 일어났는데, 그 배경은 미국에 모회사를 두는 다국적 기업에 보다 무거운 세금을 피하기 위한 조치로 법인 거주자, 즉 내국 법인에 대한 전세계 소득과세주의, CFC세제(tax haven 대책세제), 그리고 높은 법인세율이 초래하는 무거운 법인세 부담이라고 한다.

이러한 법인 거주국 변경에 대응하기 위하여 미국은 1982년부터 꾸준히 이에 대한 대응책을 정비해 나가고 있다. 피지배 외국 법인의 비과세 이익에 대한 배당소득과세, 과세이연요건의 엄격화, 내국 법인의 주주가 새로운 외국 모회사 주식의 80% 이상 주식 보유를 하면 외국 모회사를 내국 법인으로 취급하는 등이 그것이다.[65]

최근에는 이러한 대응에 다국적 기업은 신외국 모회사가 사업활동을 하는 형태(이는 IRC 7874조의 실질적 사업활동 룰을 회피하기 위한 것이다), 자기보다 규모가 큰 외국 회사에 매수되는 형태, 자기보다 규모가 작은 외국 회사를 매수하여 모회사를 외국에 신설하는 형태 등으로 IRC 규정을 회피하면서 진행되고 있다.[66]

---

63 Corporate Inversion Transactions; Tax Policy Implications, Office of Tax Policy, Department of Treasury(May, 2002). Corporate inversion transaction은 주식거래, 자산거래, drop-down transaction으로 이루어진다.

64 2002년 5월 보고서. 이를 '법인도치'라고도 번역하나, 구체적으로는 법인의 거주지국을 변경하는 거래를 말하므로, 법인 거주국 변경으로 번역하는게 의미를 명확히 할 수 있다.

65 이와 관련된 규정으로는 IRC 1248(i), 367에 관한 규칙, 7874 등이 있다.

4. 신탁의 거주성

1) 신탁의 본질

신탁은 조합과 마찬가지로 권리능력 주체(entity)라기보다는 채권채무 관계(relationship)이다.[67]

우리 대법원은 "신탁법상의 신탁은 위탁자가 수탁자에게 특정의 재산권을 이전하거나 기타의 처분을 하여 수탁자로 하여금 신탁 목적을 위하여 그 재산권을 관리·처분하게 하는 것"[68]이라고 판시하여 채권설에 입각하고 있다.

---

66 참고로 영국의 경우, 2007년부터 2010년까지 22개사가 모회사를 국외에 이전하여 본사 기능도 이전되었다고 한다. 일본도 2007년에 법인 거주국 변경에 대응하기 위한 조치를 입법화하였다. 그러나 기업이 국제경쟁에서 생존하기 위하여 몸부림치는 점을 감안하면, 오히려 기업의 생태계를 좋은 방향으로 정비하여 고용창출과 경제적 이익이 우리나라에서 발생되도록 하는 것이 바람직함은 말할 나위가 없을 것이다. 최근에는 반도체 제조장치회사로 세계적 기업인 미국의 Applied Material사가 일본의 동경 일렉트론사와 경영통합을 한다는 보도가 있었다. 이는 대등한 경영통합으로 2014년까지 이를 완료하고, 네덜란드에 통합지주회사를 설립하고 이 양사의 주주에게는 통합지주회사의 주식을 교부하며, 주식 교부 후의 주식 보유비율은 Applied Material사의 주주가 68%, 동경일렉트론 주주가 32%를 보유하게 될 예정이라고 하며, 통합지주회사의 보통주식은 동경증권거래소와 NASDAQ에 상장 예정이라고 한다.

67 졸저, 조세법상 관리지배주의, 논점 조세법 개정2판, p.434 참조. 신탁에 관한 미국에서의 설명도 이와 대동소이하다. A trust is an arrangement by which legal ownership or title to property is held by the trustee or fiduciary for the benefit of another who may or may not exist. Steven D. Oppenheim, The taxation of trusts in the United States. 일본에서는 신탁의 본질에 관하여 위와 같이 채권설이 통설적 입장이나, 신탁이 실질적으로 독립한 법주체를 가지고 있다고 보는 실질적 법주체설도 유력하다. 永石一郎, 信託의 實務 Q&A, p.7

68 대법원 2011년 2월 10일 선고 2010다84246 판결; 대법원 2002년 4월 12일 선고 2000다 70460 판결

2) 과세상 신탁의 취급

그러나 세법에서는 이러한 신탁의 본질을 채권관계로 보고 원칙적으로 이에 입각한 과세체계를 유지하고 있다. 다만 자본시장과 금융투자업에 관한 법률에 따른 투자신탁재산에 귀속되는 시점에는 해당 소득 금액이 어느 누구에게도 지급된 것으로 보지 아니하면서 수익자에게 분배 시에 집합투자기구에 원천징수 의무를 부담시켜[69] 마치 신탁이 실체가 있는 것을 전제로 이러한 의무를 부담시킨 것과 같이 보이므로 이러한 한도에서 법주체설적 입장을 미미하게나마 반영하고 있다고 할 수 있다.

소득세법이나 법인세법에서는 신탁에 관한 아무런 정의 규정을 두지 아니한 채로 수익자과세원칙(신탁재산에 귀속되는 소득은 그 신탁의 수익자에게 귀속되는 것으로 본다)을 천명하고, 예외적으로 위탁자 과세(수익자가 특별히 정해지지 아니하거나 존재하지 아니하는 경우)를 규정하고 있다.[70]

수익자 과세원칙에 관련하여 수익자 이외의 자로서 신탁 내용을 변경할 수 있는 권한을 가진 자의 경우도 수익자에 포함하여 과세하여야 할 것이다.[71]

수익자 과세원칙은 수익 발생시에 신탁을 이른바 도관으로 간주하여 수익자에게 소득세 혹은 법인세를 과세하는 것이다.

법인세법에서 규정하는 자본시장과 금융투자업에 관한 법률의 적용을 받는 법인의 신탁재산에 귀속되는 수입과 지출은 그 법인에 귀속되

---

69 소득세법 제127조 제4항, 법인세법 제73조
70 소득세법 제2조의 2(납세의무의 범위) 제6항, 법인세법 제5조(신탁소득) 제1항
71 일본의 경우 이러한 자를 간주수익자라고 하여 수익자와 동일하게 과세한다.

는 수입과 지출로 보지 아니한다는 의미는 수익자 단계에서의 과세를 하는 것이나 그 과세시기는 앞에서와는 달리 수익 발생시가 아니라 수익자의 수익 수령시에 과세한다는 의미이다.[72] 즉 집합투자기구로부터의 이익을 지급받은 날, 원본에 전입되는 경우에는 원본 전입일이다.[73]

3) 신탁의 거주성 문제

이하에서 보는 바와 같이 실질적 법주체설의 입장에서 법인과세신탁제도를 도입하지 아니한 우리 조세체계 아래서 신탁의 거주성 문제는 이론상 의미가 없을 것이다. 신탁법인과세제도를 도입하기 전 구 일본 조세법 아래서도 현행 우리 조세법과 마찬가지로 도관이론(導管理論)을 관철하여 입법화된 경우 "외국 신탁"이라는 개념을 굳이 만들 필요가 없다는 주장이 있는데, 이는 전적으로 옳은 견해이다.[74]

그러나 이러한 현행 신탁에 대한 과세체계가 다른 원칙에 입각하여 입법화된 외국의 신탁과세와 충돌할 가능성은 상당히 크고, 또한 미해결의 문제이다. 또한 증여세, 상속세 분야에 있어서도 신탁을 이용한 조세회피 가능성도 상존하고 있다고 할 수 있다.

---

72 법인세법 제46조(배당소득의 수입 시기) 제7호에서 집합투자기구로부터의 이익은 집합투자기구로부터의 이익을 지급받은 날에 배당소득으로 수입 인식할 것을 규정하고 있다. 일본의 집단투자신탁의 경우 수익자 단계 과세가 행하여지나 그 수익발생시가 아닌 수익자가 그 수익을 실제로 수령한 때에 과세된다는 구조와 동일한 것이다. 일본 소득세법 제13조 단서, 법인세법 제12조 제1항 단서·제3항.

73 소득세법 시행령 제46조 제7호. 그러나 집합투자기구의 정의 규정에서 이 기구는 설정일부터 매년 1회 이상 결산·분배할 것을 요건으로 하고 있으므로(소득세법 시행령 제26조의 2(집합투자기구의 범위 등) 제1호) 결국 결산·분배일이 될 것이다.

74 佐藤英明, 外國信託과 課稅, 國際課稅의 理論과 實務, p.346

우리나라에는 아직 이에 관한 규정이 없으나 외국의 경우 신탁이 법인과 마찬가지로 과세되는 경우가 있다. 이른바 법인과세신탁이라고 불리는 것으로,[75] 수익자가 존재하지 아니하는 신탁, 법인이 위탁자로 되는 일정한 경우의 신탁 등은 신탁 단계에서 위탁자에게 과세가 행하여지게 되므로 법인과세가 행하여지는 것과 같은 결과가 된다.

미국의 경우는 1979년에 내국세입법전을 개정하여 외국 신탁의 판단 기준을 변경하였다. 물론 이 시기 이전에 법인과세신탁이 가능하므로 이 같은 기준을 변경한 것이다.

신탁수익과세는 원래 신탁이 얻은 수익이 최종적으로 수익자의 것으로 된다는 측면과 경우에 따라서는 그 수익이 일단은 신탁재산에 유보되므로 신탁재산 자체를 소득의 계산단위로 하여 잠정적이나마 과세를 행할 필요성이 있다는 측면이 공존하는 상황에서 생기는 문제이다.[76]

신탁수익의 분배 시에 수익자에게 과세한다는 원칙 아래서는 신탁의 거주지를 문제로 삼는다는 의미는 신탁 자체에 대한 과세에 관하여서만 존재한다고 할 수 있다.[77]

이 경우 신탁 거주지의 판단에 관하여는 위탁자나 수익자 등과는 절연된 납세 주체로서의 '신탁' 자체에 관련되는 요소가 중요하다.[78]

미국의 현행 기준은 내국 신탁 이외의 모든 신탁은 외국 신탁으로 정의하고 있다. 이 경우 내국 신탁이란 미국 법원이 신탁에 대하여 주된 감독권을 행사하고, 한 사람 이상의 미국인이 그 신탁의 실질적 의사

---

75 일본 소득세법 제6조의 2 제1항, 일본 법인세법 제4조의 6 제1항
76 위 책 p.332
77 위 책 p.332
78 미국 판결에 나타난 이러한 요소로서는 수탁자의 주거지(소재지), 업무집행지(신탁관리지), 신탁재산의 소재지 등이 있다. 위 책 참조.

결정을 통제할 수 있는 권한을 가지기만 하면 된다고 보고 있다.[79]

영국도 신탁에 관하여 어떤 과세 목적상으로는 법적 실체로 취급하고 있다. 이 경우 신탁의 거주성이 문제가 되고 "이중 거주 신탁"이라는 문제로 분쟁이 번질 가능성이 있다.[80]

---

79 미국은 외국 신탁의 미국 소유자, 미국 수익자, 외국 신탁 자체에 대한 과세를 행하고 있다. 이를 위하여 외국 신탁의 위탁자 혹은 외국 신탁에 재산을 이전한 자, 외국 신탁으로부터 분배를 받은 자, 외국 신탁의 소유자로 간주되는 자가 미국인일 경우 정보보고 의무를 부과하고 있다. Internal Revenue Code Section 671~679

80 상세한 논의는 졸저, 조세법상 관리지배지주의, 위 책 참조.

국내 원천소득 일반론

I. 개관

국내 원천소득에 해당하는지를 결정하는 기준을 원천판별기준(Source Rule)이라고 한다. Source Rule은 국외 비거주자에게 매우 중요하다. 왜냐하면 그들은 오직 국내 원천소득에 대해서만 납세의무를 지기 때문이다.

위 기준은 두 가지 기능을 가지고 있는데, 하나는 원천지국이 비거주자나 외국 법인에 대하여 과세할 수 있는 범위를 확정하는 것이고, 다른 하나는 외국납부세액공제 한도를 정하는 것이라는 점은 이미 기술한 바와 같다. 후자의 기능에 대하여는 나중에 검토하기로 하고 여기서는 전자의 기능, 즉 국내 원천소득의 범위에 대하여 알아본다.

1. 우리나라 Source Rule과 조세조약

우리나라 법인세법 제93조, 소득세법 제119조에서 Source Rule에 관하여 규정하고 있다. 우리나라 법인세법은 국내 원천소득을 이자소득, 배당소득, 부동산소득, 자산임대소득, 사업소득, 인적용역소득, 양도소득, 사용료소득, 유가증권양도소득, 기타 소득 등 10가지 유형으로 나누고 있다. 소득세법 또한 이 법인세법 유형 이외에 근로소득과 퇴직소득을 더하여 12가지 유형으로 나누어 원천소득을 정하고 있다.

그러나 조세조약에서는 이 규정과는 상이한 규정을 두는 경우가 있고, 이에 따라 해석상 다툼이 종종 생긴다. 물론 조세조약에서 국내에 원천이 있는 것으로 보지 아니하기로 규정한 경우에는 조세조약의 우선적용으로 당해 소득은 국내법상 규정에도 불구하고 국내 원천소득에 해당하지 아니한다.

외국 법인의 국내 원천소득 금액을 산출함에 있어 준거할 법령 등에 관하여 조약이나 국내법에 별도 규정이 없는 경우에는 국내법이 적용된다.[1]

2. 소득세법과 법인세법의 적용범위

1) 원천징수

이와 같이 소득세법과 법인세법에서 별도로 Source Rule을 정한 의미는 무엇일까? 비거주자인 개인사업자는 소득세법, 외국 법인인 법인사업자는 법인세법의 적용을 받기 때문이다. 이 정도를 넘어서는 의미는 없는 것일까? 위 양 조문의 적용경합이 있을 수 있다. 즉 소득세법도 적용되고 법인세법도 적용되는 경우이다. 원천징수에 관한 부분이 바로 이에 해당된다.

2) 소득세법 제119조의 적용범위

위 조문은 개인과 법인 양자에 대하여 적용된다.

먼저 비거주자 개인에 대하여 우리나라에서 소득세를 부과하는 범위를 정한다. 과세방식으로는 두 가지 유형을 두고 있는데, 신고납부하는 경우[2]와 지불받는 단계에서 원천징수되는 경우[3]이다.

---

1 대법원 2002년 2월 22일 선고 97누3903 판결
2 예를 들면 비거주자가 국내에서 지점을 가지고 사업을 영위하는 경우, 거주자에 준하여 사업소득금액을 계산하여 신고·납부한다.
3 예를 들면 비거주자가 우리나라의 국채이자를 지불받는 경우

다음으로 외국 법인에 대하여 원천징수분 소득세가 과세되는 범위를 정한다. 외국 법인이 비거주자에게 국내 원천소득을 지급하면 소득세법 규정에 따라 원천징수를 하여야 하므로 그 외국 법인은 소득세 납세의 무를 진다.[4] 따라서 Source Rule도 소득세법에 정하고 있다.

3) 법인세법 제93조의 적용범위

외국 법인이 한국에서 법인세를 부담하는 범위를 정하고 있다. 외국 법인도 우리나라의 법인세 납세의무자이기 때문에[5] 외국 법인이 한국에서 법인세를 납부하는 범위가 법인세법에 규정되어 있다. 한편 외국 법인도 원천징수세를 납부할 의무가 있다.[6]

II. 사업소득[7]

1. 행위유형별 국내 원천사업소득 해당 여부

법인세법은 외국 법인이 영위하는 "사업"에서 발생하는 소득으로서 대통령령이 정하는 것…이라고 규정하고,[8] 동법 시행령 제132조에서

---

4 소득세법 제2조 제2항 제4호
5 법인세법 제2조 제1항 제2호
6 법인세법 제2조 제5항
7 법인세법 제93조의 사업소득에 관한 규정은 소득세법 제119조와 거의 동일하므로, 이하 법인세법에 관한 규정을 중심으로 서술한다.

"국내에서 영위하는 사업에서 발생하는 소득"이라고 구체화하였다. 결국 외국 법인이 국내에서 영위하는 사업에서 발생하는 소득이 원천소득이 되는 것이다. 아래에서는 사업활동의 유형별로 이로 인하여 발생한 소득의 국내 원천소득 해당 여부를 알아본다.

1) 국외매입＋국내판매[9]

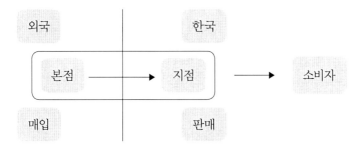

외국 법인 F가 본점에서 생화를 사들여 한국지점에 이를 항공기로 운반하고, 한국지점이 생화를 한국의 소비자에게 판매한 경우,[10] 이 F사는 외국과 한국에서 모두 사업을 영위하고 있다고 할 수 있다.

시행령 제1호에서는 국외에서 양수한 재고자산(동산)을 국외에서 제조 등을 하지 아니하고 국내에서 양도하는 경우, 그 국내 양도에서 생긴 소득의 전부를 국내에서 영위하는 사업에서 발생하는 소득으로 규정하

---

8 법인세법 제93조 제5호
9 법인세법 시행령 제132조 제2항 제1호
10 위 예시는 增井良啓 등, 위 책, p.53

고 있다. 따라서 F사의 생화 판매이익은 전부 우리나라 국내 원천소득이 된다.

이 경우 국내에서 양도가 이루어진 것인지의 여부를 판단하는 기준으로는 다음의 세 가지가 있다.[11] 즉 i) 인도 직전에 그 재고자산이 국내에 소재하고 있든가, ii) 양도에 관한 계약이 국내에서 체결되거나, iii) 양도에 관한 계약 체결을 위한 행위 중 중요한 부분이 국내에서 이루어져야 한다.

동산 판매소득의 원천지를 판단하는 기준으로 우리 법인세법은 국내에서 양도하는 경우라고 규정하여 기본적으로 양도가 어디서 이루어진 것인지를 본다. 이른바 소유권 이전지 기준(Passage of title rule)이다. 이 기준은 국제무역에 있어 확실성과 편의성을 증진시킬 수 있다.[12]

그러나 우리나라는 위 소유권 이전지를 판단함에 있어 계약 체결지나 계약 체결을 위한 중요 행위지 등 다른 기준에서 사용되고 있는 요소들을 참작함으로써 엄밀한 의미에서의 소유권 이전지 기준을 채택하였다고 보기는 어렵다.

소유권이전지기준(passage of title)을 적용함에 있어서 일시적 소유권(momentary title)을 보유하고 있는 경우에도 이 기준이 적용된다.[13]

---

11 법인세법 시행령 제132조 제5항
12 United States v. BALANOVSKI, 236 F.2d 298 (1956)
13 Liggett Group, Inc. Commissioner, TC. Memo 1990-18. 미국 회사에서 영국산 위스키를 구입할 때 미국 회사의 고객들이 미리 위스키에 관한 운임, 보험료 등을 지불하고, 영국 보세창고로부터 위 물품을 반출하는 데에 따른 세금과 관세를 책임지는 방식으로 물품이 인도된 사안이다. 이러한 방식은 미국 고객이 미국 회사의 취급에 따른 수수료 부담을 줄이고 자신들이 재판매를 할 때까지 세금과 관세의 지불을 조절할 수 있다는 장점이 있어 이용되고 있었다. 이 같은 결론은 Epic Metals Corp. and Subsidiaries v. Commissioner, T.C. memo 1984-322에서도 언급되어 있다.

동산 판매소득의 원천지를 판단하기 위하여 소유권 이전지 기준 이외에 거래실질기준(substance of transaction), 종착지 기준(place of destination), 계약 기준 등이 있다.[14] 그러나 다른 기준들이 불명확하거나 지나치게 거래당사자 중 일방을 유리하게 할 가능성이 있다.[15]

2) 국내매입+국외양도

선례와는 조금 다르게 국내에서 양수받은 재고자산(동산)을 국내에서 제조 등을 행하지 아니하고 국외에서 양도하는 경우에는 "국내에서 영위하는 사업에서 생긴 소득"에 해당되지 아니한다. 소유권 이전지 기준을 취하고 있으므로 국외에서 양도가 이루어지면 당연히 국외 원천소득이 될 것이다.

3) 예비적 · 보조적 행위

또한 예비적 · 보조적 기능을 갖는 행위로부터는 법인세법상 사업소득이 생기지 아니한다.[16] 보조적 기능을 갖는 행위로서는 광고, 선전, 정보의 수집과 제공, 시장조사, 기초적 연구가 포함된다.

---

14   위 판결 참조
15   종착지 기준에 의하면 수출업자에게 일방적으로 유리하다고 할 수 있다. 각 기준들에 대한 평가는 위 판례 참조.
16   법인세법 시행령 제132조 제4항

4) 국외제조＋국내판매[17]

위 경우에는 독립기업 원칙을 적용하여 국내 원천소득을 계산한다. 독립기업 원칙이란 지점이나 본점이 마치 독립된 기업인 것같이 간주하여 소득을 계산하는 사고방식을 말한다.

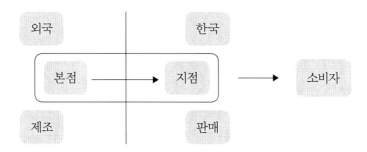

외국 법인 F가 본점에서 컴퓨터를 제조하여 한국지점에 수송하고 한국지점이 한국 소비자에게 판매하였다.[18]

이 경우 시행령에서는 국내 원천소득을 계산함에 있어 F사가 행하는 업무를 국외 업무와 국내 업무로 구분하여 제3자가 국외 업무를 영위하고 또한 당해 제3자가 F사와의 사이에 통상의 거래조건에 따라 양도를 하였다고 가정할 경우에 그 국내 업무에 관하여 생길 소득을 "국내에서 영위하는 사업에서 생긴 것"으로 하고 있다.

즉 본점과 지점이 마치 독립된 기업인 것처럼 거래를 행하였다고 가정한 경우에 지점에 생길 소득이 바로 국내 원천사업소득이 된다. 이 경우

---

17 동 시행령 제132조 제2항
18 위 設例는 增井良啓 등, 위 책, p.54 참조

에는 국내 원천소득의 범위를 결정함에 있어 독립기업 원칙을 적용하고 있다.

5) Catch-All Clause

사업소득의 원천지를 결정할 때 각각의 사업장소에서 행한 사업활동이 소득 발생에 기여한 정도를 비교형량하여 특정 사업활동을 영위한 사업장소의 소재지국에 그 사업활동의 결과 실현된 소득의 전부 혹은 일부의 원천이 있다고 하는 방식을 말한다.

이러한 기본적 관점에서 현행법은 예시된 업종마다 기준을 정하고 있고,[19] 열거되어 있지 아니한 업종에 관하여는 독립기업 원칙 혹은 이익분할법(profit split method)을 적용하고 있다.[20] 이익분할법은 수입금액이나 경비, 고정자산의 가액, 기타 국내 업무가 사업에 관계된 소득 발생에 기여한 정도를 추측할 수 있는 요인을 감안하여, 그 국내 업무에 관하여 생긴 소득을 결정하는 방법이다.[21] 현행법은 이익분할법을 적용하기 위한 고려요소로서 수입금액, 경비를 명시적으로 열거하고, 기타 소득 등을 측정하는 데 합리적이라고 판단되는 요인을 들고 있다. 따라서 폭넓게 합리성만 보장되면 여러 가지 요소를 감안할 수 있다고 생각된다.[22]

---

[19] 동 시행령 제132조 제1호에서 제8호
[20] 위 같은 조 제9호
[21] 이 경우 이익분할법은 이전가격세제에 나오는 이익분할법과 개념상 유사하다.
[22] 위 같은 조 제9호 후단

2. 법인세법상 외국 법인의 사업소득

1) 외국 법인의 소득 구분 필요성

법인세법은 원래 법인의 소득을 종류별로 구분하여 개념을 규정하지 아니하고 있다.[23] 내국 법인의 각 사업연도의 소득은 익금 총액에서 손금총액을 공제한 금액이다.

그러나 외국 법인의 각 사업연도의 소득은 소득세법에서 소득의 발생원인이나 담세력에 따라 구분하여 각 소득금액의 계산방법을 달리하는 것과 유사하게, 소득을 종류별로 구분하여 계산하도록 하고 있다.[24] 소득세법과 마찬가지로 종합소득세가 아닌 분류소득세를 채택하고 있다고 할 수 있다.

왜 내국 법인과 달리 외국 법인만 종합소득세가 아닌 분류소득세를 채택하고 있는가?

우선 어느 나라든 내국 법인은 모두 종합소득세방식을 취하고 있다. 그리고 내국 법인에 관하여는 전세계 소득에 대하여 과세하고 있다.[25] 이에 반해 외국 법인에 대하여는 국내 원천소득에만 과세를 하고 있는데, 그 국내 원천소득인지 여부를 판단하기 위하여는 소득의 종류에 따라

---

23 법인세법 제14조 참조

24 위 같은 법 제93조. 외국 법인의 국내 원천소득에 대한 과세방법(조세조약이 없는 경우)을 10개 소득으로 구분하고 있다.

25 국외 원천소득 면제방식을 취하는 국가의 경우는 예외이다. 또한, 내국 법인에 대하여는 전세계 소득에 과세하게 되고 이 경우 이중과세 방지를 위하여 외국납부세액공제 등의 제도를 취하고 있다. 이 경우 이러한 목적으로 공제한도액의 계산과 관련하여 외국 원천소득을 구분할 필요가 있음은 물론이다. 후술 외국납부세액공제 한도 참조.

분류하여야만 원천지 판단이 합리적으로 이루어지기 때문이다.[26]

이하 법인세법상 외국 법인의 국내 원천사업소득에 관하여 논의한다.

2) 사업소득의 범위

우선 법인세법에서는 일정한 인적용역을 사업소득의 외연(外延)에서 제외하고 있다. 공중연예인, 직업운동가, 자유직업자의 인적용역, 과학기술·경영관리에 관한 인적용역은 사업소득에서 제외된다.[27] 그렇지만 이를 제외한 대부분의 인적용역은 사업소득에 포함됨은 물론이다. 참고로 미국에서도 미국 내 원천소득이 되는 사업소득에는 일반적으로 인적용역 수행도 포함한다고 규정하고 있다.[28]

우리 법원은 일본국 법인이 대한민국 내에서 6개월을 초과하지 아니하는 기간 동안 건설 관련 용역을 제공하고 얻은 소득이 한일조세협약 제6조 소정의 사업소득으로 되는지에 관한 사안에서 당해 조세조약에서 건설, 건축, 설비 또는 조립공사와 관련된 감독·기술 등의 인적용역 제공을 항구적 시설 또는 고정사업장과 결부시켜 규정하고 있으므로 인적용역 소득이 아닌 사업소득으로 보아야 한다고 판시하고 있다.[29]

다음으로 사업소득에 해당하는 유형을 시행령에 열거하고 있다. 즉 소득세법 제19조에 규정된 사업이다.

이를 그림으로 표시하면 다음과 같다.[30]

---

26 같은 은행이 취급하는 신용장 관련 업무라도 이와 관련된 수수료 수입은 그 성격이 다를 수 있다(즉 이자, 인적용역 등으로). Bank of America v. U.S. 680.F.2d.1239.

27 법인세법 제93조 제5호, 시행령 제132조 제6항

28 IRC 882(a)(1)

29 대법원 1995년 8월 25일 선고 94누7843 판결. 위 사안에서 과세관청이 인적용역 소득으로 보아 사업소득에 관한 규정을 적용하지 아니하였었다.

| 법인세법상 사업소득 | ⊇ | 소득세법상 사업 (e.g. 인적용역) |

이 경우 사업에 해당되는지 여부는 사업활동으로 볼 수 있을 정도의 계속성과 반복성이 있는지를 고려하여 사회통념에 따라 결정한다.[31]

3) 사업소득의 원천지 결정기준

앞에서 본 바와 같이 외국 법인이 국내에서 영위하는 사업에서 발생하는 소득이 사업소득이므로 사업 영위지 혹은 사업 수행지[32]라고 할 수 있다.[33] 마치 후술하는 인적용역의 경우 원천지 판단기준과 유사하다. 즉 용역의 수행지 기준을 적용하는 듯하다.

그러나 위 열거된 사업소득의 종류를 보면, 국내에서 영위한 사업에 생긴 소득뿐만 아니라, 국내에 있는 자산의 운용·보유에 의하여 생기는 소득[34]과 국내에 있는 자산의 양도에 의하여 생기는 소득[35]도 포함

---

30 소득세법상 사업 개념이 법인세법상 사업 개념과 동일하거나 법인세법상 사업 개념이 더 넓을 수 있다는 점을 표시한 것이다.

31 대법원 1994년 9월 23일 선고 94누6352 판결, 대법원 1991년 2월 26일 선고 90누6217 판결 등 다수 판결

32 이태로·한만수, 조세법 강의, 신정6판, p.917

33 이 점에서 법인세법 시행령 제132조 제2항도 그와 같은 취지로 규정하고 있다.

34 법인세법 시행령 제132조 제2항 제5호 ; 구법인세법 시행령(1992년 12월 31일 대통령령 제13803호로 개정되기 전의 것) 제122조 제7항 제1호 혹은 제7호가 정하는 "국내에 있는 자산"에는 외국 법인이 내국 법인으로부터 손해배상금 등을 지급받은 경우는 이에 해당되지 않는다고 판시한 바 있다. 대법원 1997년 12월 29일 선고 97누966 판결

하고 있어 결국 사업 영위지 및 자산 소재지를 아울러 고려하고 있다.[36]

4) 국내 원천사업소득의 범위

(1) 일반론

이에는 대별하여 귀속주의와 총괄주의가 있다.[37] 귀속주의(Attribution Principle)는 외국 법인이 국내에 가지고 있는 항구적 시설(Permanent Establishment, PE)에 실질적으로 관련이 있는 소득에 한하여 PE 소재지 국인 국내에서 과세하는 원칙을 말하며, 총괄주의("전소득주의"라고도 한다. Entire Principle)는 외국 기업이 국내에 PE를 가지고 있는 경우 PE에의 귀속 여부를 묻지 아니하고 당해 외국 법인의 국내에서 발생된 모든 소득을 과세하는 방법이다.

전소득주의(혹은 총괄주의)와 귀속주의에 대한 연혁, 의의 등에 대한 상세한 검토는 다른 문헌에 언급되어 생략한다.[38]

---

35 위 시행령 같은 항 제11호, 양도소득을 면제하는 조항을 둔 경우, 자산 양도가 "사업소득"에 해당되는지가 종종 문제시 된다. Ching Hsiao Liang, V. Commissioner 23 T.C. 1040(1955)

36 이 점에 관하여는 일본의 입법례가 참고가 된다. 일본 법인세법 시행령 제177조 참조.

37 이외에도 절충주의라고 할 수 있는 "Force of Attraction" Rule이 있다. 이는 귀속주의에서 말하는 귀속소득에 더하여 PE를 통한 판매재화 및 사업활동과 동일하다. 유사한 재화 및 활동에 귀속되는 소득도 PE 소재지국에서 과세하는 주의이다. 이용섭, 국제조세, 2005년 개정판, p.179 그러나 Force of Attraction이 위와 같은 분명한 개념을 가지고 있는지에 대하여는 좀 더 연구가 필요하다. 淺妻章如, 課稅原則 のあり方－總合主義・歸屬主義, ZEIKEN税研, 2014년 1월

38 졸저, 논점 조세법 개정2판, p.460 이하 참조

(2) 국내 원천소득

외국 법인의 국내 원천소득이라고 함은 법인세법상 열거된 소득으로서 그 소득의 발생 원천지가 국내인 것을 말한다. 급부의 이행이나 소득 실현 등이 국내에서 이루어질 필요는 없다(대법원 1992년 6월 23일 선고 91누8852 판결).

법인세법 시행령에서는 제조업, 건설 · 설치 · 조립작업, 보험사업, 출판 · 방송사업, 국제운수사업, 유가증권투자사업, 산업상 · 상업상 · 과학상의 기계 · 장치 · 운반구 · 공구 등 양도사업 등으로 분류하여 소득 범위를 정하고 있다.[39] 법인세법 시행령은 국내 원천사업소득을 "국내 양도에 의하여 발생한 소득", "국내에서 행한 제조에 의하여 발생한 소득", "국내에서 행하는 광고에 의하여 발생한 소득", "국내 업무에서 발생한 소득" 등의 문구를 사용하여 규정하고 있는데, 이 같은 태도는 우리 법인세법이 이른바 귀속주의를 채택한 결과이다.

국내에 사업장이 없거나 선박 구매와는 무관한 국내 사업장을 가진 해외 선주들이 국내 조선회사에 발주한 선박에 대하여 국내 법인의 페인트가 사용되도록 지정한 결과, 위 지정된 국내 법인이 국내 조선회사에게 페인트를 납품하고 그에 따른 수수료를 해외 선주들에게 지급한 경우 그 수수료는 국내 원천소득에 해당하지 않는다.[40]

외국 법인이 사업 참여권을 포기한 대가로 국내 법인으로부터 받은 금전은 국내 원천소득에 해당한다.[41]

---

39 본서 '제3장 국내 원천소득 일반론 II. 사업소득 1. 행위유형별 국내 원천사업소득 해당 여부' 참조
40 대법원 2005년 4월 29일 선고 2004두2059 판결
41 대법원 2010년 4월 29일 2007두19447 판결

(3) 국외 원천소득

그런데 이와 같은 국내 원천소득 이외에 국외에서 발생한 소득 중에도 국내 사업장에 귀속되는 소득은 사업소득으로서 과세대상이 된다.[42] i) 국외 유가증권에의 투자, 국외에 있는 자에 대한 금전대부 등 행위로 발생한 소득, ii) 국외에서 자산·권리 등 임대, 양도 또는 교환으로 발생하는 소득, iii) 국외에서 주식·채권 등 자산을 발행·취득·양도·교환으로 발생하는 소득이 그것이다.

국외 원천소득 중 일부 소득이 국내에서 사업소득으로서 과세대상이 되는 셈이다. 이 세 가지 종류 외에 국외 원천소득이 과세되는 경우는 없고, 따라서 위 조항은 열거적 규정이다.

비교법적으로는 미국의 규정도 국외 원천소득이기는 하지만 사업소득으로 과세되는 경우를 규정하고 있다는 점에서 우리와 유사하다.[43] 즉 임대사업에서 생기는 임대료 및 사용료, 은행 등 금융사업에서 생기는 배당, 이자 혹은 주식, 채권 등의 양도소득, 미국 내 판매사무소에 귀속되는 특정 판매소득의 세 가지를 열거하고 있다.

---

42 법인세법 시행령 제132조 제3항

43 IRC 864 (c) (4)(A), (B) 864(c)(5) 참조. 이 조항의 입법 배경은 미국 내 외국 법인이 설립 근거지인 본국에서도 국외 원천소득으로 분류되어 과세되지 아니하고, 다른 외국에서도 과세되지 아니할 수 있다는 점에 착안하여 규정된 것이다. 만약 외국 법인이 미국 내에 판매사무실을 이용하여 본국 및 미국 외의 다른 나라에 제품을 판매하면 소유권이전지 기준에 따라 미국에서도 과세되지 아니하게 된다. 그렇다고 하여 제품이 팔린 다른 나라에서도 과세되지 아니한다. 거기에는 항구적 시설(PE)이 그 나라에는 없기 때문이다. 또한, 그 사업은 법인의 설립준거지국에서도 수행되지 아니하였기 때문에 그 설립 준거지국에서도 과세되지 아니한다. 더욱이 그와 유사한 사업 모델로 미국에서 상품판매가 주선되어 미국 내 사용을 전제로 이동된 재화의 경우에 미국 내 과세도 회피할 수 있다. 나아가 licensing business의 경우 사용료 등이나, 미국에서 수행되는 banking, financing, investment company business의 소득도 미국 내 과세를 피할 수 있게 된다. 1962 U.S. Senate Report 참조.

이상을 정리하면 사업소득의 경우는 국내 원천소득뿐만 아니라 제한된 범위에서의 국외 원천소득도 과세대상에 포함된다.

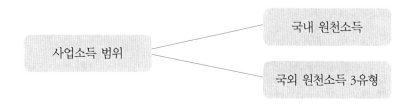

3. 조세조약상 사업소득

1) 사업소득의 범위

조세조약에서는 국내 법인세법과는 달리 범위를 구체적으로 열거하지 아니하고 기업의 이윤 또는 기업의 산업상·상업상 이윤 등과 같이 포괄적으로 규정하고 있다. 이는 사업소득에 대한 각국의 국내법상 개념이 다양하며 그 범위 또한 광범위하므로 구체적으로 사업소득의 개념을 정의하지 않고 기업의 사업활동으로부터 발생되는 모든 소득을 포함하는 광의의 의미로 사용하기 위한 것이다.[44]

그렇지만 조세조약상 사업소득 조항 이외의 조항에서 별도로 취급하고 있는 소득은 사업소득에 우선하여 과세된다.

즉 이자, 배당, 사용료, 부동산소득, 양도소득, 인적용역소득, 국제운수소득 등은 사업소득과는 별도의 조항에 규정되어 있어 그것이 기업의 사업활동에 의하여 발생된 경우에도 사업소득으로 취급되지 아니한다.

---

44 이용섭, 국제조세 2005 개정증보판, p.174

결국 조세조약상 사업소득은 기업의 사업활동에서 발생되는 모든 소득에서 조세조약상 별도의 조항에서 취급되고 있는 소득(다만 고정사업장에 귀속되는 소득 제외)을 공제한 것이 된다.

조세조약상 사업소득	=	기업의 사업활동에서 발생되는 모든 소득	−	조약상 별도 조항에서 취급 되는 소득(다만, 고정사업 장에 귀속되는 소득 제외)

2) 과세원칙

(1) 국내 사업장 없으면 비과세

비거주자 등이 국내에 항구적 시설(PE)을 가지고 있지 아니하면 사업소득을 과세하지 않는다. 즉 조세조약에서는 "고정사업장 없으면 사업소득 과세 없다"라는 원칙이 적용되고 있다. 이 원칙은 한 기업이 외국에 PE를 설립할 때까지는 외국에서 그 기업의 소득에 대해 과세권을 가져야 할 정도로 다른 국가의 경제생활에 참여하는 것으로 간주되어서는 안 된다는 국제적 합의를 표현하고 있다.

(2) 과세소득의 범위 : 귀속주의(attribution principle)[45]

현재 국제적으로 수용되는 원칙은 귀속주의에 입각하여 거주지국의 기업이 원천지국에서 PE를 통해서 사업을 수행하는 경우에도 PE에 귀속되는 소득에만 과세를 할 수 있게 된다.[46] 즉 원천지국의 과세권이 PE에

---

45 귀속주의와 총괄주의에 대한 자세한 논의는 졸저, 논점 조세법, 개정2판, p.458 이하 참조

귀속되지 않는 소득에까지 확대되지 않는다는 것이다.

이에 따르면 원천지국에서 발생한 소득의 각각의 원천들을 대상으로 각각 PE test를 실시해야 한다. 왜냐하면, 한 기업이 다른 국가에 PE를 세워 제조활동을 영위하는 한편 동일 기업의 다른 사업부문은 독립대리인을 통해 그 국가에서 다른 상품을 판매할 수도 있기 때문이다.

(3) 독립기업의 원칙(arm's length principle)[47]

① PE 귀속소득의 결정원칙

OECD 모델조세조약 제7조 제2항은 PE에 귀속되는 소득을 "PE를 별개의 독립된(separate and independent) 기업이라고 가정할 때, 특히 기업의 다른 부문들(본점 또는 다른 PE)과의 거래에서, 기업이 당해 PE와 기업의 다른 부문들을 통해 수행한 기능, 사용한 자산 및 부담한 위험을 고려하여, 당해 PE가 동일·유사한 상황에서 동일·유사한 활동에 종사했다면 얻었을 것으로 기대되는 소득"으로 규정하고 있다.

이는 PE를 기능적으로 별개의 기업(a separate enterprise)으로 보고, 당해 PE와 본점 또는 다른 PE(지점)들 간의 내부거래(internal dealings)까지도 독립기업 간 비교가능한 상황을 가정하고 이전가격(TP) 가이드라인을 유추 적용하여 PE의 소득(수익 및 비용)을 계산해야 한다는 원칙이다. 수익인식, 비용공제 등 구체적인 과세방법에 대해서는 각 체약국의 국내법에서 규정할 사항이지만, 모델조세조약은 PE를 위해서 실제 발생

---

46 OECD 모델조세조약 제7조 제1항 후반부 참조

47 '정상가격 원칙'으로도 불리는데, 기업의 한 부문에 불과한 PE(지점)를 하나의 독립기업으로 가정하여 귀속소득을 결정해야 한다는 것이다. 여기서는 독자들의 이해를 돕기 위해 관련 기업 간 거래에 적용되는 이전가격 가이드라인의 내용이 PE 소득 결정에 어떻게 보완·적용될 수 있는지를 간략히 살펴본다. 독립기업 원칙과 관련한 자세한 내용은 본서 '제5장 이전가격세제 II. 정상가격 3. 비교가능 제3자 가격방법' 참조.

된 비용뿐만 아니라, 비교가능한 상황에서 PE에게 간접적인 혜택을 주는 비용의 배분, 즉 명목상 비용(notional charge)의 공제까지도 허용하고 있다.[48]

그러나 이러한 "별개의 독립된 기업" 가정은 다른 조문(제6조, 제10조, 제11조, 제12조 등)에서 별도로 다루고 있는 소득의 성격을 변경하지는 못한다. 예를 들어 PE 귀속소득 결정시 명목상 이자가 공제될 수 있다는 사실이 제11조 목적상 이자가 지급된 것으로 간주할 수는 없다는 것이다.

한편, 종전 모델조약 제7조 제4항에서는 PE 소득의 귀속을 결정함에 있어서 정상가격 원칙에 부합되는 한 기업 전체의 소득을 기업 각 부문들 간에 관례적(customary)으로 배분하는 방법도 배제하지 않고 있었는데, 이러한 방식이 정상가격 원칙과 일치하도록 보장하기 어렵다는 우려들 때문에 2010년 개정 모델조약에서는 삭제되었다.

일방 체약국에서 제7조 제2항에 따라 기업의 PE 귀속소득을 조정한 경우 타방 체약국에서는 이중과세가 발생하지 않도록 적절한 조정(소위 대응조정)을 해야 하고, 필요한 경우 권한 있는 당국간에 상호협의(consult each other)를 해야 한다.[49]

---

48 아직 우리나라 세법에서는 PE 소득을 결정함에 있어 내부거래의 인식, 명목상 비용의 공제 등을 인정하지 않고 있는데, 이는 모델조약 제7조 제2항과 상충되는 문제가 발생한다.

49 OECD 모델조세조약 제3항 참조. 이 조문에서 제25조에서 규정하는 상호합의절차(MAP)와는 별도로 권한 있는 당국 간 상호협의를 언급하고 있는 이유는, 예컨대 어느 체약국이 자기자본(free capital)의 귀속 등 OECD가 승인하고 있는 여러 방법 중 하나를 적용하여 이중과세가 발생한 경우에는 제7조 제2항에 부합하지 않는다고 결론짓는 것이 어려운 상황이 드물게 있을 수 있는데, 이 경우에도 이중과세는 반드시 구제되어야 한다는 점을 보장하기 위함이다. 대응조정에 대한 자세한 논의는 본서 '제5장 이전가격세제 III. 대응조정' 참조.

② PE 귀속소득의 결정방법[50]

PE 귀속소득 결정을 위해서는 1단계로 "별개의 독립된 기업" 가정의 활동들과 조건들을 결정한 후 2단계로 TP 가이드라인의 비교가능성 분석을 유추 적용[51]하여, PE와 기업 부문들 간의 거래(dealings)와 독립 기업들 간의 거래(transactions)를 비교하게 된다.

PE와 연관된 모든 경제적 특성들(소위 conditions)의 기능과 사실관계를 분석해야 한다. 수행기능, 사용자산 및 부담위험의 관점에서 PE의 자체 활동만이 아니라 PE를 위해서 기업의 다른 부문들(본점 및 각 지점들)이 행한 활동, 그리고 PE가 기업의 다른 부문들을 위해 행한 모든 활동을 대상으로 기업의 소득 창출에 중요성을 갖는 인적 기능들(significant people functions)을 평가해야 한다.

■ **자산**(assets)

자산의 귀속은 경제적 소유권의 소재에 따라 결정되는데, 자산이 어디에서 사용되는지(place of use)가 중요한 기준이 된다. PE가 유형자산(tangible property)의 경제적 소유자인 경우 상각자산은 감가상각 공제, 부채로 조달된 자산은 이자비용 공제를 받을 수 있고, 유형자산을 임차한 경우에는 임차료(rent) 공제[52]를 받을 수 있다.

---

50 자세한 내용은 OECD, "고정사업장에의 소득 귀속에 관한 보고서(Report on the Attribution of Profits to Permanent Establishments"(2008년 6월) 참조.

51 TP 가이드라인에서 제시한 비교가능성 요소들 중 계약조건을 제외한 모든 요소들(자산 또는 용역의 특성, 기능분석, 경제적 상황 및 사업전략)이 거래를 평가하기 위해 직접 적용될 수 있다. 비교가능성 분석에 대한 자세한 논의는 본서 '제5장 이전가격세제 II. 정상가격 3. 비교가능 제3자 가격방법' 참조.

52 이 경우 독립기업 간 비교가능한 임대차 상황에서의 정상수수료(arm's length charge)를 공제하는 것을 토대로 PE에 소득이 배분될 것이다.

무형자산(intangible property)에 대해서도 적절한 고려가 필요한데, 이를 위해 기업의 어느 부문이 무형자산의 창출 기능을 수행했는지(즉 경제적 소유자가 누구인지)를 결정해야 한다. TP 가이드라인의 사업 무형자산(trade intangible)과 마케팅 무형자산(marketing intangible)의 구분[53] 등은 PE 맥락에서도 유추·적용할 수 있는데, 무형자산을 직접 개발하거나 사용허여(licensing) 계약을 통해 취득한 경우 및 회사의 로고, 브랜드와 같은 마케팅 무형자산의 경우에도 마찬가지로 의사결정, 위험부담 등 중요한 인적 기능의 수행 여부에 따라 경제적 소유권이 결정된다.

이 경우 사용료 개념은 기업의 부문들 간에 실제 지급 또는 공식적인 라이센스 약정을 의미하는 것이 아니라, 무형자산의 공급자가 별개의 독립기업이라면 그 이용에 대해 지불했어야 하는 정상대가(arm's length compensation), 즉 명목상 사용료(notional royalty)를 의미한다.

- **위험**(risks)

PE는 위험[54]을 부담할 수 있고, 위험을 관리하기 위해 기업의 다른 부문 서비스를 이용할 수 있는 것으로 간주된다. 금융기업(은행)의 경우 노출된 위험에 대비하여 최소 수준의 자본을 갖추도록 의무화되어 있듯이, 비금융기업의 경우에도 중요한 추가 위험을 부담하는 경우에는 자본도 동일하게 증가시킬 필요가 있다. 이 경우 자본은 위험이 실제 손실로 구체화되는 것을 방지하기 위한 완충(cushion) 역할을 제공한다.

---

[53] OECD 이전가격 가이드라인 제6장 Special Consideration for Intangible Property 참조.

[54] 일반적으로 기업은 재고위험, 신용위험, 통화위험, 이자율위험, 시장위험, 제품하자위험, 규제위험 등 다양한 위험에 노출되어 있다.

■ **자본**(capital) **및 자금조달비용**(funding cost)

PE는 수행기능, 사용자산, 부담위험을 뒷받침하기 위해 적절한 양의 자본을 가진 것으로 간주된다. PE는 당해 기업과 동일한 신용도를 누리기 때문에[55] "별개의 독립된 기업"의 가정은 조세 목적상 기업의 자기자본(free capital)[56]의 적절한 비율이 PE에 귀속될 것을 요구한다. 즉 PE에 정상 자기자본(arm's length amount of free capital)이 귀속되어야 한다. 그러나 PE에 자기자본을 귀속시키는 것이 매우 어렵고 복잡한 문제이기 때문에[57] 현실적으로 이중과세의 발생이 불가피하며, 이와 관련한 분쟁은 MAP 등을 통해 구제될 필요가 있다.

기업에 의해 배분된 PE의 자기자본 금액이 정상 자기자본 금액보다 작은 경우에는 PE의 활동을 뒷받침하기 위해 실제 필요한 자기자본 금액을 반영하기 위해 이자비용 금액을 적절히 축소 조정할 필요가 있다. 또한 국내 세법상 의무조항에 의해 PE가 정상 자기자본 범위를 초과하여 자본을 할당하는 경우, 이러한 국내법상 의무는 제7조에서 규정한 정상가격 범위 한도로 제한된다.[58]

---

55 따라서 PE와 본점 간 또는 PE와 다른 PE 간 보증수수료(guarantee fees)에 관한 거래를 인식하지 않는다.

56 자기자본이란 "PE 소재지국의 규정에 따라 세금공제가 가능한 이자수익을 발생시키지 않는 투자금"을 말한다.

57 OECD는 자기자본을 PE에 귀속시키는 단일의 접근방법을 개발하는 것이 불가능하다는 인식하에
   i) 자본배부(capital allocation) 접근법 : 기능분석에 의해 PE에 귀속된 자산과 위험의 비율에 따라 자기자본을 배분하는 방법
   ii) 경제적 자본배부(economic capital allocation) 접근법 : 은행의 경우 규제상 자본이 아닌 경제적 자본에 근거하여 자기자본을 배분하는 방법
   iii) 간주자본(thin capitalization) 접근법 : PE에게 비교상황의 독립기업이 가질 것으로 요구되는 자본을 배분하는 방법 등을 OECD가 승인한 접근방법으로 인정하고 있다.

PE의 자금조달비용 결정과 관련하여 모델조약은 PE가 일정 금액의 자금(자기자본과 부채로 구성)을 필요로 한다고 간주한다. PE에 부채 및 그 부채로부터 발생하는 이자비용을 귀속[59]시키는, 즉 내부이자거래(internal interest dealing)를 인식한다.[60] 또한 기업 내부의 자금조달 기능(treasury dealing)에 대해서도 보상할 필요가 있다. 이 경우 PE가 자금조달센터(treasury center)로서 중요한 인적 기능을 수행하는 경우에는 경제적 소유자라고 할 수 있지만, 단순히 도관(자금조달의 통로) 기능만을 수행하는 경우에는 소유자가 아니라 용역 제공자로서 발생된 비용을 보상(cost plus basis)함이 적절할 것이다.

■ **내부거래**(internal dealings)

PE와 기업의 다른 부문들 간의 귀속소득 결정시 내부거래도 비교가능한 독립기업 간에 재화와 용역을 공급(판매, 사용허여 또는 임대 등)하는 경우와 동일하게 인식한다. 예컨대 PE가 본점 또는 다른 PE에게 재화를 공급하거나 용역을 제공하는 경우 PE는 정상대가(arm's length compensation)를 소득으로 거래 상대방인 본점 또는 다른 PE는 동일한 금액을 비용으로 인식해야 한다.

---

58 그렇지 않으면 기업이 낮은 세율로 과세하는 국가의 PE에 초과 자기자본을 배분하고 고율 과세를 받는 국가에서 이자비용 공제를 최대화하고자 할 것이다.

59 기업의 외부 이자비용을 PE에 귀속시키는 방법에는

　i) 추적접근법(tracing approach) : PE에 제공된 어떤 내부자금거래도 추적하여 당해 기업이 외부의 제3자에게 실제 지급한 이자율을 PE에 귀속되는 이자율로 결정하는 방법

　ii) 대체가능접근법(fungibility approach) : 기업의 PE가 빌린 자금은 기업 전체의 자금 수요에 기여한 것으로 간주하고, 각 PE는 전체 기업이 실제로 제3자에게 지급한 이자비용의 일정비율을 사전에 정해진 기준에 의해 배분받는 방법 등이 있다.

60 종전에는 오직 금융기관의 경우에만 내부이자거래를 인식할 수 있었지만 2010년 개정 모델조약에서는 비금융기관의 경우에도 내부이자거래의 인식을 허용하고 있다.

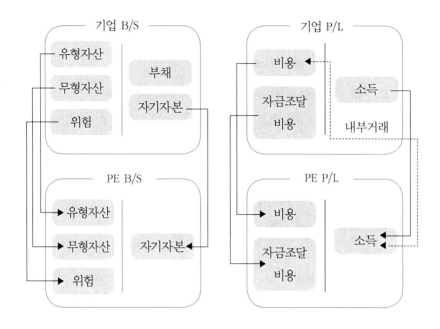

③ 종속대리인 PE

종속대리인은 한편으로는 종속대리인 기업(자회사)으로서 외국 기업에게 제공한 용역에 대한 보상을 받을 것이고, 다른 한편으로는 외국 기업을 대신하여 종속대리인 PE가 수행한 용역과 관련하여 외국 기업의 자산과 위험 그리고 자기자본을 배분받을 것이다.

종속대리인 PE의 귀속소득 결정에는 종속대리인이 수행한 기능들의 성격, 특히 위험 부담과 관리 또는 자산의 경제적 소유권과 관련된 중요한 인적 기능을 담당하는가 여부가 중요하다.

예컨대 단순한 판매대리인(sales agent)의 활동은 무형자산의 개발을 가져오는 중요한 인적 기능을 수행한다고 볼 수 없으므로 종속대리인 PE가 일반적으로 무형자산의 경제적 소유자로서 소득을 귀속받지는 않을 것이다.

(4) 관련 경비 배부원칙

비용은 국내 원천소득에 합리적으로 배부되어야 한다는 의미이다. 이는 국내 원천소득에 관련된 실액은 반영할 수 있는 것으로 일반적으로 시인된 방법에 따라서 산출한 금액을 의미한다.[61]

고정사업장의 이윤을 결정함에 있어 동 고정사업장과 관련하여 발생된 경영비 및 일반관리비를 포함하는 모든 경비는 동 고정사업장이 소재하는 체약국에서 발생하였는가 또는 다른 곳에서 발생하였는가에 관계없이 비용공제가 허용된다.[62] 다른 말로 표현하면 고정사업장의 사업소득 과세는 수입금액 기준이 아닌 순소득금액을 기준으로 과세한다는 의미이다.

외국 법인의 국내 지점에 대한 관련 경비 배부방법에 관하여 국세청 고시로 이를 정하는 것이 합리성만 보장된다면 위법하다고 할 수 없다고 한다.[63] 외국 법인이 국내에서 리스업을 영위하는 경우 리스료 수입금액을 익금산입하는 경우, 그 리스료 수입금액 중 원금상환액에 해당하는 금액은 손금공제하여야 한다고 한 판례가 있다.[64] 외국 은행이 당초 과세표준 신고시에 본점 경비 배부방법을 채용하였다가 그 후 항목별 배부방법에 따른 과세표준 수정신고는 효력이 없다고 판시한 바 있다.[65]

---

[61] 대법원 2009년 6월 11일 선고 2006두5175 판결. 이 판결에서는 외화환산손익 및 외환차손익은 화폐성 외화부채가 아니라는 이유로 경비 배부 대상이 아니라고 한다.

[62] 이는 종전 모델조세조약 제7조 제3항에 규정되었던 내용인데 2010년 개정 모델조약 제7조 제2항에서 PE를 위해 기업의 여러 부문들이 각자 기능들을 수행하는 데 소요된 정상비용(arm's length charge)의 공제를 요구하는 원칙을 채택함에 따라 이 규정이 실제 비용금액만으로 공제를 제한하는 것으로 오해될 우려가 있어 삭제하였다. 그러나 대부분의 조세조약이 아직 이 조항을 포함하고 있는데 개정이 이루어지기 전까지는 여전히 유효하다고 할 수 있다.

[63] 대법원 1990년 3월 23일 선고 89누6750 판결

[64] 대법원 2000년 1월 21일 선고 97누16862 판결

(5) 단순구입 비과세 원칙

어떠한 이윤도 고정사업장이 당해 기업을 위하여 재화 또는 상품을 단순히 구입하는 이유만으로는 동 고정사업장에 귀속되지 아니한다는 원칙이다.[66] 재화나 상품의 구매단계만으로는 어떠한 이익도 실현되지 아니하므로, 즉 판매가 되어야 실현되므로 고정사업장의 이윤으로 계상할 수 없고, 또한 판매 이전단계에서 이익을 추정하는 것도 실무상 곤란하므로 조세조약에서 일반적으로 채택되고 있다.[67]

3) 국내 세법과 조세조약의 충돌

앞서 본 국내 세법상 원천지 관련규정과 조세조약상 원천지 결정기준이 상이한 경우 어느 조항이 우선할 것인가에 관하여 이론상 여러 가지 학설이 있으나, 입법적으로 정리되어 조세조약이 국내 세법에 우선하여 적용된다. 즉 비거주자 또는 외국 법인의 국내 원천소득의 구분에 관하여는 소득세법 제119조 및 법인세법 제93조에도 불구하고 조세조약이 우선 적용된다.[68]

비교법상으로는 국제조세에 관한 법률을 따로 두고 있지 아니하는 일본의 경우 소득세법 및 법인세법에서 "조약에서 국내 원천소득에 관하

---

65 대법원 1993년 1월 15일 선고 92누1650 판결

66 종전 모델조세조약 제7조 제5항에 규정되었던 내용인데 정상가격 원칙에 부합하지 않는다고 보아 2010년 개정 모델조약에서는 삭제되었다. 왜냐하면 만약 구매활동이 독립기업에 의해 수행된다면 구매자는 동 서비스에 대해 정상가격 원칙에 따라서 보상을 받을 것이기 때문이다.

67 그러나 구매활동도 소득 창출에 기여하는 바가 있으므로 소득 중 일부를 고정사업장에 배부하여야 한다는 의견에 따라 UN 모델협약에서는 이를 규정하지 아니하고 있다.

68 국제조세조정에 관한 법률 제28조

여 …다른 규정을 두고 있는 경우에 …국내 원천소득은 그 다른 규정이 있는 한도 내에서 그 조약에 정하는 바에 의한다"라고 하고 있다.[69]

조세조약이 국내 세법상 원천지 결정 기준에 우선하는 근거에 관하여 조세조약과 국내 세법과의 특별법 관계로 설명하는 견해가 있다. 조세조약의 경우 일반 국내 세법과 달리 일방 또는 양 체약국 거주자에 국한하여 적용되고, 특정 소득에 대한 과세 문제를 특별히 규정하고 있기 때문에 국내 세법에 대하여 특별법 관계에 있는 것이다. 따라서 특별법 우선의 원칙에 따라 조세조약이 우선 적용된다고 한다.[70]

그러나 이러한 입법적 장치로 모든 문제가 해결될 것 같지는 않다. 이 조세조약 우선적용은 오직 원천지 결정기준, 이른바 source rule 에 국한되기 때문이다. 그러나 후술하는 바와 같이 조세조약은 이와 같은 source rule 이외에도 많은 내용을 담고 있어 여전히 해석상 의문이 생길 수 있는 여지가 있다. 특히 조세조약이 체결된 이후 국내 세법이 source rule 이외의 부분을 개정하여 조세조약과 충돌이 생기는 경우 어떻게 해석할 것인가 하는 문제는 여전히 남아 있다.[71]

---

69 일본 소득세법 제162조 제1文, 법인세법 제139조 제1文

70 이용섭, 앞 책, p.127

71 이에 관하여는 ambulatory approach와 static approach 입장이 있을 수 있다. 전자는 동태(動態)적 접근법이라고 할 수 있는 것으로 국내 세법의 변경으로 조세조약이 그 한도에서 변경된다는 입장이고, 후자는 정태(靜態)적 접근법이라고 할 수 있는 것으로 조세조약 체결 후 국내 세법의 변경은 조세조약에 영향이 없다는 입장이다.

Ⅲ. 투자소득

투자소득이란 이자, 배당, 사용료 등이 그 전형인 것으로 그 경제적 성질은 포트폴리오투자에 수반하여 생기는 소득이다. 이러한 투자소득을 Passive income(소극적·수동적 소득)이라고도 부른다.[72] 이러한 투자소득에 대한 과세는 원천징수에 의하여 이루어지므로 투자소득에 대한 과세체계는 원천징수체계가 되는 셈이다. 이하에서는 원천징수체계를 살펴보고, 국내법과 조세조약이 어떻게 적용되는지를 살펴본다.

1. 원천징수[73]의 구조

1) 원천징수의무자와 본래의 납세의무자

소득을 지급할 때 일정액을 미리 떼어 국가에 소득세를 납부하는 자를 원천징수의무자, 원천지국과의 관계에서 원래 납세의무를 지는 자를 "본래의 납세의무자", "원천납세의무자",[74] "원천징수대상자"[75]라고도 한다.

---

[72] 이에 대하여 사업소득의 경우는 Active income(적극적·능동적 소득)이라고 부른다.

[73] 완납적 원천징수와 예납적 원천징수, 원천징수에는 완납적 성질을 갖는 것과 예납적 성질을 갖는 것이 있다. 전자는 원천징수에 의하여 과세관계가 종료되는 것인데 반하여, 후자는 사후에 정산을 하여야 한다는 의미에서 예납적으로 불린다. 여기서는 주로 우리나라가 소득의 원천지국으로서 비거주자나 외국 법인에 과세하는 경우를 다루고 있으므로, 한국과의 관계에서 원천소득세가 완납적인 경우이다. 한편, 후에 논하겠지만 비거주자나 외국 법인이 한국 내에 PE를 가지고 있는 경우에는 예납적 원천징수가 이루어진다.

[74] 이태로·한만수, 조세법강의, 신정6판, p.112

원천징수의무자와 본래의 납세의무자[76]

납부

지급자
(원천징수의무자)

지급

지급받는 비거주자·외국 법인
(본래의 납세의무자)

2) 원천징수의 근거규정

외국 법인의 경우는 법인세법 제98조 제1항, 비거주자 개인의 경우에는 소득세법 제127조 제1항과 제156조가 각 원천징수를 규정하고 있다.[77]
이 조항 모두 국내에서 소득세법 혹은 법인세법상 열거된 국내 원천소득을 지급하는 자는 원천징수하도록 규정하고 있다.

(1) "국내에서"

원천징수 대상이 되는 소득의 지급이 국내에서 행하여져야 한다.[78]
국외에서 지급되는 경우라도 지급자가 국내에 주소, 거소, 본점, 주사무소 또는 국내 사업장을 둔 경우에는 국내에서 지급한 것으로 본다.[79]

---

75 국세기본법 제45조의 2 제4항

76 增井良啓 등, 앞 책 p.71

77 1994년 소득세법 전면개정시에 원천징수에 관한 규정을 비거주자 개인과 외국 법인을 따로 구분하여 전자는 소득세법, 후자는 법인세법에 규정하게 되었다. 그 이유로는 원천징수 대상자가 개인과 법인이므로 양자를 구분하자는데 있었던 것으로 이해된다. 일본의 경우는 소득세법 제212조에서 위 양자를 모두 규정하고 있다. 위 조항 제1항에 의하면, 비거주자 또는 외국 법인에 국내에서 소득세법 소정의 국내 원천소득을 지불하는 자에게 지불시에 소득세를 징수하여 익월 10일까지 납부하도록 하고 있다.

이 조항은 국내 원천의 이자·배당 등에 관하여 계약상 지급대행기관이 국외에 있어서 그 대행기관을 통하여 당해 이자·배당 등의 지급이 일반적으로 행하여지는 경우를 상정한 것이다.[80]

(2) (소득세법 혹은 법인세법) 소정의 국내 원천소득

외국 법인의 국내 원천소득은 법인세법 제93조에 제1호부터 제10호까지 열거되어 있다. 이 중 제3호의 부동산소득을 제외하고 모든 소득이 원천징수 대상이다.

그러나 원천징수되기 위하여는 그 소득이 "국내 사업장과 실질적으로 관련되지 아니하거나 그 국내 사업장에 귀속되지 아니하는 소득의 금액(국내 사업장이 없는 외국 법인에 지급하는 금액을 포함)"이어야 한다.[81] 이른바 Effectively Connected Income(ECI)의 경우는 원천징수되지 아니하고 종합과세로 신고·납부하여야 함이 원칙이다. 물론 위 제3호의 부동산소득은 종합과세로 신고·납부하여야 한다.

비거주자의 국내 원천소득은 소득세법 제119조에 열거되어 있다. 퇴직소득과 양도소득은 거주자와 동일하게 과세하고 나머지는 모두 분리과

---

78 소득세법 제127조 제1항에서는 "국내에서"라는 요건을 명기하고 있으나, 위 원천징수 관련 조문 중 위 법인세법 조항과 소득세법 조항은 국내라는 요건을 명기하고 있지 아니하다. 그러나 소득세법 제156조 제2항에서 "제1항에서 규정하는 국내 원천소득이 국외에서 지급되는 경우에 … (중략) … 경우에는 국내에서 지급되는 것으로 보고 제1항을 적용한다" 라고 하고 있다. 그런데 위 156조 제1항은 국내에서 지급되는 것을 요건으로 하고 있지도 아니하다. 그러나 원천징수에 관한 기본조문인 소득세법 제127조 제1항에서 국내에서 지급되는 것을 요건으로 명기하고 있고, 위 제156조 제1항과 제2항의 관계를 미루어 보면 나머지 원천징수 관련 조항에서 "국내에서" 라는 요건을 입법상 실수로 명기하지 못한 것으로 보인다.

79 소득세법 제156조 제2항

80 增井良啓 등, 앞 책, p.71

81 법인세법 제98조 제1항

세로 원천징수한다. 그러나 원천징수 대상 소득이라고 하여 모두 원천징수되는 것이 아니고 위에서 본 바와 같이 국내 사업장과 실질적으로 관련되지 아니하거나 그 국내 사업장에 귀속되지 아니하는 소득의 금액이어야 한다. 위 소득이 ECI인 경우에는 외국 법인과 마찬가지로 종합과세되므로 신고 · 납부하여야 함이 원칙이다.

원천징수 대상 소득에 세율을 곱하여 세액을 계산한다. 여기에서 소득은 순소득(Net income)이 아닌 원칙적으로 조정 이전의 총소득(gross income)을 의미한다.[82]

(3) 지급

현실적인 금전급부 이외에 원본에 편입하는 것 또는 예금계좌로 대체하는 것도 지급에 해당된다고 폭넓게 해석되고 있다.[83]

여기서 "지급"은 간접적인 통제권을 가지고 있는 자도 포함된다고 보는 것이 타당할 것이다.[84]

---

[82] Fernando Barba. v. United States 2cl.ct.674 (1983)에서는 도박소득을 계산할 때 per -year approach를 배척하여 도박 손실을 충분히 공제받을 수 없다는 점을 인정하고 있다. 원천징수되면 소득 내지 이득(gain)의 계산 시 손실을 어느 범위에서 감안할 것인가에 관하여 Sang J. Park&Won Kyung O. v. Commissioner. 미국 국세청은 카지노나 슬롯머신의 경우 매회의 이익이나 손실만을 의미한다고 보아 과세하였으나, 법원은 "per session", 즉 그 게임을 하는 동안에 생긴 손실도 공제가능하다고 판시하였다. Sang J. Park&Won Kyung O. v. Commissioner. U.S. App. (2013).

[83] 增井良啓 등, 앞 책, p.73 (재인용 일본 소득세법 기본통달 181-223 共-1)

[84] Casa De La Jolla Park. v. Commissioner 94. T.C. 384(1990) cf. Tonopah LT.R. Co. v. Commissioner 112&970(1940)

3) 비거주자의 납세의무와 과세방식

비거주자에 대하여 원천징수를 행한다는 의미는 비거주자가 납세의무를 진다는 것을 전제로 한다. 소득세법에서 "국내 원천소득을 얻는 비거주자는 소득세 납세의무를 진다"[85]고 하여 이를 반영하고 있다.

비거주자의 과세소득 범위는 국내에 사업장을 갖는가에 따라 다음과 같이 나누어진다.

먼저, 비거주자가 국내에 사업장을 가지고 있지 아니하는 경우 그 비거주자에 대하여 과세하는 소득세액은 양도소득과 퇴직소득을 제외하고[86] 모두 분리과세 방식에 의하여 산정된다. 분리과세란 각 호에 정한 국내 원천소득에 대하여 다른 소득과 구분하여 소득세액을 산정하는 방식으로 그 경우의 과세표준은 지급받을 국내 원천소득 금액이 된다.

그러나 국내에 사업장을 가지고 있는 경우에는 원천징수만으로 과세관계가 종료하는 것이 아니라 모든 국내 원천소득에 대하여 거주자에 준하여 소득 및 세액을 산정하여 비거주자 본인이 신고납부하여야 한다. 이러한 방식을 종합과세방식이라고 한다. 이를 표로 정리하면 다음과 같다.[87]

분리과세	종합과세
다른 소득과 구분→ 필요경비 공제, 소득공제 등이 인정되지 아니함	다른 소득과 종합→ 필요경비 공제, 소득공제 등 이용 가능
비례세율	누진세율
원천징수에 적합	신고납부에 적합

4) 외국 법인의 원천징수소득세에 관한 납세의무

비거주자에서 본 바와 마찬가지로 외국 법인에 대하여 원천징수한다는 것은 외국 법인이 국내 원천소득에 대하여 납세의무를 진다는 것을 전제로 한다.[88]

비거주자 개인의 경우와 유사하게 국내에 부동산 소득이 있거나 사업장을 가지고 있는 경우에는 종합과세하고, 그렇지 아니하는 경우에는 분리과세하여 완납적 원천징수로 과세관계가 종결된다.[89]

5) 원천징수의 법률관계에 관한 적용상의 문제

원천징수에는 국가, 원천징수 의무자, 원천징수 대상자 3인이 관여하고 있으므로 위 3인 간의 법률관계를 둘러싸고 복잡한 문제가 생겨난다. 이 문제는 비거주자나 외국 법인에게만 국한되는 문제가 아니라, 원천징수제도 일반에 관한 문제이므로 이에 관한 논의는 다음 기회로 미룬다.

2. 원천징수의 역할과 한계

비거주자나 외국 법인에 대하여 지급 단계에서 원천징수하는 입법기술은 국내에 거점을 갖고 있지 아니하는 상대로부터 세금을 징수하는

---

85 소득세법 제2조 제1항 제2호.
86 분리과세란 종합소득에 포함되는 소득을 분리하여 과세하는 것이다. 양도소득과 퇴직소득은 거주자와 동일하게 분류과세되므로 분리과세대상에서 제외된다.
87 앞 책 참조
88 법인세법 제2조 제1항 제2호.
89 법인세법 제98조

데는 대단히 효과적인 제도임을 부인할 수 없다.

그러나 투자소득은 썰물처럼 빠져나가는 경향도 있다. 원천지국에서 아무리 과세하려고 하여도 세후소득이 적어 국내에 투자하지 않는다면 무슨 소용이 있겠는가? 투자가들은 세금 부담이 없거나 낮은 국가로 투자처를 옮길 것이기 때문이다.[90]

3. 투자소득 지급을 둘러싼 국내법과 조세조약의 적용

1) 사용료소득

K사는 제조업을 하고 있는 내국 법인이다. I사는 중국에 특허권을 등록하고 있다. K사는 중국에서 제조·판매하기 위하여 외국 법인 I사로부터 특허권을 허여받아 사용하고 있다. I사는 국내에 PE를 가지고 있지 아니하다.

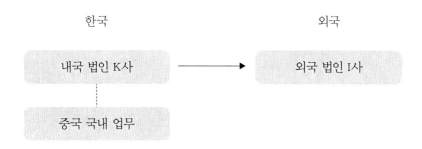

---

90 이러한 경향을 반영하여 미국은 1984년 포트폴리오 이자에 대하여 국내법상 원천징수를 면제하고 투자를 유인하는 정책을 시행하였다. 일본도 조세특별조치법에 의하여 비거주자나 외국 법인에 대하여 많은 종류의 이자를 원천징수대상에서 제외하고 있다. 앞 책 참조.

(1) 국내법상 규정

법인세법상으로는 사용료소득에 관하여는 사용지주의와 채무자주의를 병용하고 있다. 그러나 조세조약에서 사용지주의를 채택한 경우에는 채무자주의를 적용하지 아니한다고 하고 있다.[91]

위 예에서 내국 법인이 외국 법인 I사에 지급한 사용료는 국내법상만으로는 지급자가 내국 법인이므로 국내 원천소득이 된다. 다만 위 조항의 단서가 적용될 것인지 여부는 조세조약을 검토한 후에야 알 수 있을 것이다.

(2) 조세조약의 적용

한국과 위 예에서의 외국과의 사이에 조세조약이 체결되어 있고 그 조약에서 사용지주의를 규정한 경우에는 사용지가 한국이 아닌 중국이므로, 위 법인세법의 단서에 의해서나 조세조약에 의해서나 한국 내 원천소득이 되지 아니한다.

그러나 조세조약에서 채무자주의를 규정한 경우에는 지급자가 한국의 내국 법인이므로 한국 내 원천소득이 된다.

2) 이자소득

외국 법인 U는 미국에서 설립된 회사이고, 국내에는 PE를 가지고 있지 아니하다. U사는 i) 한국의 내국 법인 K에 대하여 국내 업무용 자금을 5년간으로 빌려주고 이자를 받고 있고, ii) K사가 발행한 사채이자를

---

91 법인세법 제93조 제8호. 이러한 점에서 사용지우선주의라고 부를 수 있을 것이다.

지급받았다. U사는 또한 iii) 한국의 개인 거주자인 P에 대하여 비업무용 자금을 빌려주고 이자 지급을 받았다.

이 경우 한미조세조약의 적용을 받을 수 있는 조건은 모두 충족되었으며, 위 세 경우 이자에 관한 국내법상 면세규정은 없는 것으로 가정한다. 한미조세조약에서는 이자의 원천지를 채무자주의로 판정한다고 가정한다.[92]

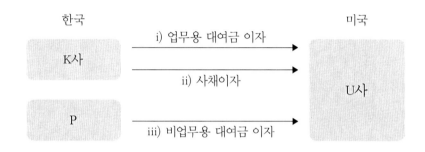

(1) 국내법상 규정

위 i)의 이자는 법인세법 제93조 제1호 가목에 해당되는 국내 원천소득이고 원천징수 대상이 된다.[93] U사는 한국 내 PE가 없기 때문에 한국과의 과세 관계는 원천징수만으로 종료된다. 이 경우 K사는 U사에 대하여 이자를 지급할 때 20%로 원천징수한다.[94]

---

92 한미조세조약에서 이자의 원천지 판정은 "체약국이 거주자에 의하여 지급되는 경우에만 동 체약국 내 원천을 둔 소득으로 취급된다"라고 하여 채무자주의를 원칙으로 하고 있다. 제6조 제2항 참조. 미국 회사가 한국 내에 PE를 둔 경우는 고정사업장 소재지 국가의 원천으로 한다. 같은 조 같은 항 단서 규정 참조.
93 법인세법 제98조 제1항
94 위 같은 조 제3항

마찬가지로 ii)의 사채이자(社債利子)는 법인세법 제93조 제1호 가목에 해당되는 국내 원천소득이고[95] 원천징수 대상소득이 된다. 이 경우 K사는 U사로부터 14%의 이자소득세를 원천징수한다.[96]

iii)의 비업무용 이자는 위 i)과 마찬가지로 20%로 원천징수된다.[97]

(2) 조세조약의 적용

소득세법 및 법인세법상 이자소득의 형태에 따라 비영업 대금, 채권이자 등에 대한 근거조항이 다르지만, 조세조약에서는 이러한 구분 없이 모두 동일한 조항에 의하여 이자소득으로 규율된다.

---

95 소득세법 제16조 제1항 제2호 참조

96 법인세법 제98조 제1항 제3호 단서와 같은 법 제98조의 3 제1항의 "외국 법인에게 원천징수 대상 채권 등의 이자 등을 지급하는 자"라고 하는 부분은 모두 원천징수에 관한 근거조문이다. 전자는 14%로 원천징수한다는 이야기이고, 후자는 채권보유기간을 고려하여 원천징수한다는 내용이다.

97 법인세법 제98조 제1항 제3호.

제4장

국내 원천소득별
과세방법

Ⅰ. 사업소득

1. 과세체계

비거주자나 외국 법인이 한국 내에서 사업을 영위하는 경우의 과세방식을 보기로 한다. 국내 사업장[1]의 존재 여하에 따라 사업소득의 과세방법이 달라지므로 국내 사업장의 존부는 아주 중요한 지표가 된다. 국내 사업장에 상응하는 조세조약상 용어는 Permanent Establishment(PE, 恒久的 施設)로서 아래에서는 PE를 중심으로 설명하겠다.

1) 사업 진출 형태

비거주자나 외국 법인이 우리나라에서 직접 투자를 행하는 경우를 보면 대략 다음과 같이 세 단계로 나누어 볼 수 있다.[2]

(1) PE에 이르지 못하는 단계
이 단계에서는 등기를 하지 아니한 채로 시장조사, 광고선전 등의

---

1 법인세법 제94조 제1항에서 국내에 사업의 전부 또는 일부를 수행하는 '고정된 장소'로 정의하고 있다. PE를 고정사업장이라고 번역하게 되면, 위의 '고정된 장소'나 법문 제목상의 '국내' 고정사업장과도 혼동될 염려가 있고 직역하더라도 다소 거리감이 있으며, 그렇다고 대리인을 포섭하지 못하는 문제가 있다. 따라서 항구적 시설로 번역하는 것이 타당하다고 생각되어 이하에서는 항구적 시설 혹은 단지 PE로 사용한다.
2 增井良啓, 앞 책, p.92

활동을 하는 단계라고 할 수 있다. 이 같은 단계를 주재원 사무소 (Liaison office, Representative office) 등을 두는 단계라고 할 수 있다. 다만 등기의 존부가 PE의 기준이 되는 것은 아니다.

(2) PE로 인정되는 단계

국내에 PE의 존재가 인정되면 신고납부의 가능성이 생긴다.

PE는 i) 지점 등, ii) 건설공사, iii) 대리인의 세 가지로 나뉜다.

(3) 자회사 설립 등의 단계

국내 진출 형태로서 한국의 회사법에 의하여 자회사를 설립하는 경우도 있다. 이 경우에는 한국에 본점을 갖는 내국 법인이 되고, 전세계 소득에 대하여 과세된다.

2) PE의 의의와 한계

외국 법인의 한국 진출 형태와 과세 관계

PE에 이르지 못하는 단계 →	원칙적으로 원천징수로 과세관계 종료
PE를 갖는 단계 →	국내 원천소득에 대해 법인세 신고납부
국내 자회사 설립 →	내국 법인인 자회사의 전세계 소득 과세

(1) 사업소득에 대한 원천지국의 과세범위 확정

이에는 두 가지 내용이 포함되어 있다.[3]

---

3 增井良啓, 앞 책, p.93

하나는 소극적 측면에서, "PE 없으면 과세 없다"라는 원칙에서 보듯이 기업 진출 형태의 최소한도(threshold)를 정하는 의미를 갖는다. 즉 PE가 없다면 외국 법인의 활동에 대하여 사업소득으로 과세할 수 없다.

다른 하나는 적극적인 측면으로서, PE가 있으면 원천지국이 외국 법인의 사업소득에 과세하는 근거를 제공한다. 이 두 가지 의미는 자본 수입국이냐 자본 수출국이냐에 따라 강조하는 측면이 달라진다.[4]

(2) 투자환경의 변화에 따른 한계

PE 개념을 기초로 한 국제 과세체계는 기업의 물리적 거점의 소재를 기준으로 하고 있는 것이다. 그러나 최근에 들어 경제의 중심이 제조업에서 금융업, 서비스업으로 이행되고, 이에 더하여 정보기술의 혁신으로 인터넷을 통한 현지 소비자와의 직접 접촉, 일부 공정의 아웃소싱이 빈번하게 일어나고 있다. 이런 환경에서 물리적 거점만을 고집하게 되면 원천지국의 과세권은 급격하게 축소될 수밖에 없게 된다.[5]

2. 항구적 시설(PE)의 판단기준 및 종류

1) PE의 판단기준

우리 법인세법은 "외국 법인이 국내에 사업의 전부 또는 일부를 수행하는 고정된 장소를 가지고 있는 경우에는 국내 사업장이 있는 것으로

---

4 자본 수입국에서는 후자 측면을 강조하고, 자본 수출국에서는 PE의 범위를 제한하여 원천지국의 사업소득 과세권을 제한하려 하므로 전자의 측면을 강조하는 경향이 강하다.
5 전자상거래에 관하여는 OECD 모델조세조약 주석 개정에 이러한 점이 반영되어 있다. http://www.oecd.org 참고

본다"라고 규정하고 있다. 한편 OECD 모델조세조약에서는 PE를 "사업의 전부 또는 일부가 영위되는 고정된 장소(a fixed place of business)"라고 하고 있다. 이 양자 간에 큰 차이가 존재하지 아니함을 알 수 있다.

"사업수행" 여부의 판단은 쉽지 아니하며 분쟁이 많이 발생한다. 이에 관한 판단은 여러 가지 상황을 종합적으로 고려하여 판단할 수밖에 없을 것이다(all circumstances and facts). 이에 대한 판단기준으로는 "실질적(substantial), 정규적(regular), 계속적(continuous), 통상적(ordinary)" 사업활동을 들고 있다.[6] 이를 조금 분해하여 보면, i) 물적 시설의 지속적 존재(physical presence) + ii) 사업장을 통하여(through) + iii) 사업활동의 영위(business activity)로 구성된다.[7]

먼저 i) 요건과 관련하여서는 사업장소(place of business)의 존재와 고정성(fixed)이라는 특성을 띠어야 한다. 먼저 사업장소는 법적으로 당해 기업의 소유여야 하는 것은 아니고 다른 기업에 속한 장소라도 사용 허락을 받고 일정 기간 계속하여 사용하는 것, 즉 기업의 지배 또는 처분권한 내에 속한 것(at the disposal of the enterprise)이면 된다. 예컨대 계약제조업자(contract-manufacturer)의 공장은 위탁기업의 지배 · 처분 권한 내에 있지 않기 때문에 위탁기업의 사업장소라고 할 수 없다. 반면 기업이 사업의 전부를 다른 기업에게 하청을 준(subcontract) 경우에도 하청

---

6 Commissioner v. Supermacet Whaling & Shipping co. 281 F.2d646 (1960). 이 판결은 포경(고래잡이) 사업을 수행하는 외국 법인이 당해 외국 법인의 대주주가 미국에 설립한 회사를 통해 미국 내에서 향유고래 오일을 판매한 것이 미국 원천 사업활동으로 볼 수 있는지가 문제된 사안이다.

7 위의 i) 요건을 PE 구성의 객관적 요건(Objectivity of PE), 위 ii) 요건을 PE의 주관적 요건(Subjectivity of PE), 위 iii) 요건을 PE의 기능적 요건(Functionality of PE)라고 부른다. Arvid Skaar, Permanent Establishment, Kuuwer Law and Taxation Publishers (1991) p.111 이하 참조

업자의 사업장소에 대한 실질적 사용권한을 보유[8]한 경우에는 당해 기업의 지배 · 처분 권한 내에 있다고 할 수 있다.[9]

고정성이 있다고 하기 위해서는 지리적 특성과 어느 정도의 항구성(a certain degree of permanency)을 가져야 한다.[10] 국제적으로 운항하는 선박은 통상 고정성 요건을 충족하지 못하지만 선박 운항이 상업적 · 지리적 일관성을 갖는 특정 지역으로 제한된다면 선박 내 상점들도 간주 PE(deemed PE)가 될 수 있다. 얼마나 오랜 기간 존속해야 항구성을 가진 것으로 볼 수 있는지는 국가 또는 사안별로 다를 수 있지만 통상 6개월 기준이 제시된다. 그러나 6개월 미만 존속하더라도 사업 성격상 매년 반복적으로 사업활동을 하거나 사업의 일부가 아닌 전부가 수행되는 경우에는 원천지국과 강한 연관성을 가진다고 보아 PE의 존재를 인정할 수도 있다.[11]

ii) 요건과 관련하여, 체약 상대국의 거주자가 국내 사업장을 통하지 않고 우리나라 거주자에게 금전 · 시설 · 특허 등을 대여한 경우에는 그 관련 소득에 관한 한 우리나라에 PE를 가지고 있다고 할 수 없다. 대여한 시설을 차주의 지휘 · 책임 및 관리 하에 두는 것은 국내 사업장을 통한 거래로 보지 아니한다.[12]

---

8 장소에 대한 실질적 사용권한(effective power to use the site)이라 함은 특정 장소에 대해 법적 소유권을 가지고 접근 및 사용을 통제할 수 있으며, 당해 장소에서 발생한 결과에 대해 전반적인 책임을 지는 경우를 말한다.

9 OECD, "OECD Model Tax Convention : Revised Proposals Concerning The Interpretation And Application Of Article 5 (Permanent Establishment)" (2012년 10월) pp.17~19 참조

10 이태로 · 한만수, 앞 책, p.953

11 OECD 모델조세조약 주석 제5조 5.5 및 6. 참조

12 앞 책, 같은 쪽. 이러한 측면에서 국내 사업장을 "통하여"라는 요건을 "사용권한(right of use test) 요건" 또는 "처분권(right of disposal test) 요건"이라고도 부른다.

iii) 요건과 관련하여, 국내 사업장을 통한 사업은 예비적이거나 보조적인 것이 아닌, 핵심적인 것(core)이어야 한다. 예비적·보조적인지 여부는 국내 사업장의 활동이 전체 기업활동의 본질적이고 중요한 부분(an essential and significant part)에 해당하는지에 따라 판단한다. 제품을 판매하는 다국적 기업의 국내 사업장이 계약체결권을 행사하지는 않지만 상품의 종류, 품질, 수량 등 계약의 중요부분에 관한 구매자와의 협상에 적극 참여하는 경우에는 당해 사업활동의 본질적 부분을 수행한다고 볼 수 있다.

그러나 자산의 구매, 저장·보관, 타인에 의한 가공, 광고, 선전, 정보 수집 및 제공, 시장조사 등의 목적으로만 사용되는 장소는 예비적·보조적인 사업으로 보아 PE에서 제외된다.[13] 여기서 "자산(goods or merchandise)"의 범위에 CD/DVD와 같은 디지털 상품(digital product)은 포함되지만 부동산 및 데이터는 포함되지 않는다.[14]

대법원은 금융정보를 수집·가공하여 판매하는 외국 법인의 국내 사업활동과 관련하여 정보 전달수단인 노드장비, 정보수신기, 영업직원들의 판촉 및 교육활동 등을 모두 결합한다고 하더라도 이를 "본질적이고 중요한 사업활동"에 해당한다고 할 수 없기 때문에 외국 기업의 국내 고정사업장이 존재한다고 볼 수 없다고 판시한 바 있다.[15]

---

13 법인세법 제94조 제4항
14 OECD, "OECD Model Tax Convention:Revised Proposals Concerning The Interpretation And Application Of Article 5 (Permanent Establishment)" (2012년 10월) pp.28~29 참조
15 대법원 2011년 4월 28일 선고 2009두19229, 19236 판결

2) PE의 종류[16]

(1) Facilities PE

지점, 공장 등 사업을 행하는 일정한 장소를 가리킨다. 우리 법은 포괄적인 문언을 사용하지 아니하고 열거적으로 규정하고 있으나 열거된 것과 유사한 장소라면 이에 해당된다고 보아야 할 것이다. 이에는 지점, 사무소 또는 영업소, 상점 그 밖의 고정된 판매장소, 작업장, 공장 또는 창고가 포함되고, 광산, 채석장 등도 이 같은 범주에 포함된다.[17]

"관리장소(a place of management)"도 PE를 구성하는 사업장소가 될 수 있지만 다국적 기업 그룹의 관리기능(회계 · 법무 · 인사관리 등)이 집중화되어 예컨대 본사가 여러 자회사들을 위해 이러한 관리서비스(management service)를 제공하는 경우에는 본사에 자회사의 PE가 존재한다고 할 수는 없다. 왜냐하면 본사는 자기 직원들을 통해 자체 사업을 영위하는 것이고, 사업장소가 자회사의 지배 · 처분 권한 하에 있지 않기 때문이다.[18]

기업이 원천지국에서의 사업활동을 단순히 예비적 · 보조적 활동으로 보이게 하기 위해 결합된 하나의 사업(a cohesive business)을 여러 기업(사업장)에서 분산 수행하는 경우가 있다. 예를 들어 한 곳에서는 제품

---

16 우리나라의 경우에는 국내법상 외국 법인의 국내 사업장이라는 개념을 만들어 "국내 사업장 없으면 과세 없다"라는 원칙을 세우고 있다. 이러한 법제는 일본, 독일과 같다. 한편 미국에서는 국내법상 사업(trade or business)이라는 요건을 설정하여 이를 충족하면 과세하는 것으로 하고, 이와는 별도로 조세조약상으로는 PE 개념을 사용하고 있다. 어떤 경우든 국내법상 PE의 범위와 조세조약상 PE의 범위에는 차이가 있을 수 있다.
17 법인세법 제94조 제2항 제1호·제2호·제3호 및 제6호.
18 OECD 모델조세조약 주석 제5조 12. 및 42. 참조

을 인수·보관하고 다른 곳에서 유통시키는 경우를 들 수 있는데, 이 경우 각 사업장들이 상호 보완적인 기능을 수행한다면 조직적으로 별개의(organizationally separated) 사업장이라 할 수 없기 때문에[19] 국내법상 남용방지 규정(anti-abuse rules)을 적용할 수 있는 경우에는 하나의 PE가 존재하는 것으로 판정할 수도 있다.[20]

(2) Construction PE

외국 법인은 사업장을 한국 내에 두지 아니하고도 예를 들면 해외 본점에서 하청계약을 체결하고 그 계약에 기하여 인부를 파견하여 한국 내에서 건설공사를 할 수 있다. 그래서 건설·조립·설치공사의 현장, 기타 그 같은 작업의 지휘감독 업무 제공을 6개월을 초과한 경우에도 PE로 보고 있다.[21]

공사 등의 기간 산정시 시험운영 기간은 포함되지만 공사 등이 완료되어 고객에게 인계된 이후에 하자보증(guarantee)의 일환으로 행해진 후속 작업기간은 포함되지 않는다.[22] 또한 파트너십(partnership)의 경우에는 개별 파트너들이 아닌 파트너십 단계에서 6개월 기간의 초과 여부를 판단하게 되며, 전체 공사기간이 6개월을 초과하는 경우 각각의 파트너가 PE를 가진 것으로 간주된다.[23]

---

19 OECD 모델조세조약 주석 제5조 27.1 참조
20 이 경우 실무상으로는 고정사업장 판정보다 각 개별 기업들이 각자의 활동에 대해 정상대가(arm's length consideration)를 수취했는지를 검토하는 것이 더 좋은 접근일 수 있다.
21 같은 항 제4호. 참고로 OECD 모델조약 제5조 제3항에서는 12개월 이상 존속하는 경우에 한하여 PE의 존재를 인정하고 있다.
22 OECD, "OECD Model Tax Convention:Revised Proposals Concerning The Interpretation And Application Of Article 5 (Permanent Establishment)" (2012년 10월) pp.23~24 참조
23 OECD 모델조세조약 주석 제5조 19.1 참조

(3) Agent PE

외국 법인이 한국 내에 사무소 등 물리적 거점을 가지지 않고도 대리인을 통하여 국내에 사무소를 보유한 것과 동일한 효과를 거둘 수 있다.[24] 그리하여 일정한 요건을 갖춘 대리인의 경우 이를 PE로 인정하는 보충적인 PE 규정을 두고 있다.[25] 대리인도 여러 가지 형태가 있는데 국내법상 염두에 두고 있는 대리인은 크게 세 종류이다.

① 종속대리인

외국 법인을 위하여 계약을 체결할 권한을 가지고, 또한 이를 반복적으로 행사하는 대리인을 말한다.[26] 계약에는 판매계약만이 아니라 임대계약, 용역계약 등도 포함된다. 또한, "계약을 체결할 권한"에는 실제 기업 명의로(in the name of the enterprise) 계약을 체결하지 않았더라도 당해 기업을 구속하는(binding) 것이라면 동일하게 포함된다고 해석된다. 예를 들어 국내 대리인이 주문을 유인·취득한 후 창고에 배송을 의뢰하고, 외국 기업은 기계적으로 거래를 승인하는 경우에도 실제 계약체결권을 가진 것으로 간주된다.[27]

한편, 대리인이 외국 법인과는 독립하여 통상의 방법에 따라 그 사업에 관한 업무를 행하는 경우 이를 독립대리인이라고 하는데, 이 같은 독립대리인은 종속대리인에 해당하지 아니한다. 독립대리인(independent

---

24　계약 형식상은 "우편엽서(postal card)의 매매" 라고 되어 있으나 실질상 종속대리인으로 보아 과세한 사례로서 Frank Handfield v. Commissioner Case 참조
25　대리인 PE는 위 Facilities PE가 없는 경우에만 적용되는 규정이므로 보충적인 규정이라고 할 수 있다. 위 법인세법 같은 조 제3항 참조
26　위 제94조 제3항 전단 참조
27　OECD 모델조세조약 주석 제5조 32.1 참조

agent)이라 함은 일반적인 주선인, 브로커 혹은 다른 독립적인 지위에서 자신의 통상적인 업무를 수행하는 자를 말한다. 대리인의 활동이 외국 기업의 세부적인 지시 또는 포괄적인 통제에 따르거나(즉 legally dependent) 대리인이 예컨대, 계약상 손실 보호조항의 적용을 받는 등 사업상 위험을 부담하지 않는 경우(즉 economically dependent)에는 독립적이라 할 수 없다. 또한 전적으로 혹은 거의 전적으로 한 사람의 거주자 혹은 하나의 외국 법인을 위하여 행위를 하는 경우에도 독립대리인으로 볼 여지는 줄어든다.[28]

대리인이 독립적인 지위를 가지고 있는 것인가 종속적인 지위를 가지고 있는 것인가에 관한 판단은 법률적(legal) 그리고 경제적(economic) 양면에서 모두 독립적인 특성을 지녀야 한다. 4개 일본 보험회사들이 2~3개의 미국 대리인(미국 법인)을 통해 재보험을 인수하고 이와 관련된 업무를 수행하게 한 사안에서 미국 대리인을 조세조약상 "기타 독립적 지위의 대리인(any other agent of independent status)"으로 보아 PE가 존재한다고 볼 수 없다고 한 판결에서도 판단기준으로 legal/economic independence를 모두 채택한 바 있다.[29]

A법인은 B법인에 제품을 판매하고 B법인은 시장에서 팔지 못한 제품은 A법인에게 언제든지 반환이 가능하고, B법인은 외국에서 A법인을

---

28 InverWorld Inc., et.al. v. Commissioner, 3441-93, 3442-93, 3443-93 T.C. Memo. 1996-301

29 Taisei Fire & Marine Ins. Co., Ltd., et al v. Commissioner, 104 T.C. 535 (1995). 한편, 이 판결에서는 "미국-일본 조세조약상에 보험 또는 재보험 대리인에 대한 규정이 없는 한 독립적 지위에서 자신의 통상적 사업을 수행한 미국 대리인을 일본 보험회사들의 PE라고 볼 수 없다고 판단하는 것이 OECD 모델조세조약의 접근과도 일치하는 것"이라고 판시한 바 있다.

위한 독점적 판매사업을 한 사안에는 종속대리인임이 쉽게 인정된다.[30]

종속대리인이라고 하여도 계약체결 권한이 외국 법인의 자산구매를 위한 것이라면 여기에서 PE로 인정되는 종속대리인에 해당되지 않는다. 자산구매만을 위한 Facilities PE가 인정되지 않는 것과의 균형상 그렇게 해석된다.[31]

② 재고보유 대리인

외국 법인을 위하여 계약체결권을 가지고 있지는 아니하지만 외국 법인을 위하여 고객의 통상의 요구에 응하기 위한 정도의 자산을 보관하고, 그 자산을 고객의 요구에 응하여 인도하는 일을 하는 경우가 있을 수 있다. 이러한 경우가 바로 재고보유 대리인에 해당한다. 이러한 재고보유 대리인도 Agent PE로 인정된다.[32]

③ 주문취득 대리인

외국 법인을 위하여 계약체결권을 가지고 있지는 아니하지만[33] 오직 또는 주로 외국 법인을 위하여 상시적으로 그 사업상의 계약을 체결하기 위한 주문의 취득, 협의, 기타 중요한 부분의 행위를 하는 자를 말한다.[34] 비록 독립적 대리인으로서 지위를 가지고 있기는 하지만, 종속대리인의 성격을 띠고 있기 때문에 Agent PE로 보는 것이다.

조세조약에서는 종속대리인의 경우에는 예외 없이 PE로 보고 있지만

---

30 Frank Handfield v. Commissioner 23 T.C. 633(1955)
31 增井良啓, 앞 책 p.98
32 법인세법 시행령 제133조 제1항 제1호
33 이 점에서 종속대리인과는 다른 지위에 있다.
34 위 시행령 같은 항 제2호

재고보유 대리인이나 주문취득 대리인의 경우는 PE에서 제외하고 있는 조세조약도 있다.

3) BEPS Action 7(PE 지위의 인위적 회피 방지)에 따른 권고

(1) 위탁 판매업자 구조와 유사한 방법을 통한 고정사업장 지위의 인위적 회피를 방지하기 위하여 대리행위의 범위를 확대 :

대리인 명의의 계약이 체결되더라도 해당 계약에 의하여 외국기업 소유의 자산이 판매되는 경우에는 PE로 인정하도록 조약상 명시하고, 대리인 행위의 범위를 명확하게 하고 독립대리인 요건을 강화하도록 권고하고 있다.

대리인 형식적 계약체결 행위 자체가 아닌 계약체결에 있어서 항상 중요한 역할(대리인의 업무수행이 직접적으로 계약체결을 유도)을 반복적으로 수행하는 경우도 포함하고, 대리인이 특수관계에 있는 기업을 대신하여 전적으로 또는 거의 전적으로 활동하는 경우는 독립대리인으로 인정하지 않고 항구적 시설에 해당된다.

(2) OECD 모델조세조약(2014년) 제5조 제4항에 있는 PE장 정의에 대한 특정 예외사항의 부당 사용을 방지하기 위해 예비적 또는 보조적 성격을 갖는 경우에 한하여, 고정사업장에서 배제됨을 조약상 명시하고, 현재는 외국 기업을 예비적 또는 보조적 성격의 활동만 수행하는 장소 고정사업장에 해당하지 않는 문제가 발생하므로, 권고사항은 자동적으로 고정사업장에서 배제되는 예외 조항을 보다 주관적인 예비적·보조적 요건의 대상으로 함으로써 과세 당국의 권한이 강화되도록 권고하고 있다. 여기서 예비적·보조적 활동이란 다음과 같은 의미로 해석한다.

예비적 활동 : 기업활동의 핵심적이고 중요한 부분을 구성하는 활동을 영위하기 전에 사전적으로 고려되는 과정에서 수행하는 활동

보조적 활동 : 기업활동의 핵심적이고 중요한 부분의 일부는 아니지만 이를 지원하기 위해 수행하는 활동

(3) 반분할 규정(anti-fragmentation)에 따라 기업 또는 특수관계 기업 집단이 결합되어 운영되는 사업을 여러 개의 작은 운영 단위로 분할하여 각 장소가 단순히 예비적 · 보조적 활동에 종사한다고 주장하는 것을 방지한다.

3. 사업소득의 범위

1) 항구적 시설(Permanent Establishment)에 귀속되는 소득

외국 법인의 국내 사업장이 있는 경우,[35] 모든 국내 원천소득이 법인세 대상으로 된다. 우리 법인세법은 다른 입법례[36]와 달리 이 같은 규정을 두고 있지 않으나 "국외에서 발생하는 소득으로서 국내 사업장에 귀속되는 것은 법 제93조 제5호(사업소득)에 포함되는 것으로 한다"[37]라는 규정을 두고 있다. 위 조문은 국내 사업장이 있는 경우, 국내 원천소득

---

[35] 항구적 시설, 즉 PE와 국내 사업장과의 관계는 앞에서 설명한 바와 같다. 국내 사업장이 있거나, 국내 사업장이 없더라도 국내 소재 부동산 및 부동산 관련 권리, 부동산 유사 권리의 양도, 임대 또는 운영으로부터 발생하는 소득은 신고납부 대상임은 이전에 설명한 바와 같다.

[36] 일본 법인세법 제141조 제1호

[37] 법인세법 시행령 제132조 제3항

은 국내 사업장 귀속 여부에 상관없이 당연히 모두 사업소득에 포함되고, 국외 원천소득인 경우에는 국내 사업장 귀속분만 사업소득에 포함된다는 취지로 해석된다.

국내 사업장을 두고 있는 외국 법인이나 비거주자인 경우, 모든 국내 원천소득을 법인세 혹은 소득세 과세대상으로 하고 있는 것을 전소득주의(entire income principle)[38]라고 한다. 이에 대하여 우리나라가 체결한 조세조약에서는 원천지국이 외국 법인의 사업소득(즉 기업이득, Profits of an enterprise)에 과세할 수 있는 범위를 PE에 귀속하는 이득으로 한정하고 있다. 이를 귀속소득주의(Attributable income principle)라고 한다.

전소득주의에서는 예를 들면 동일한 원천지국 내 투자소득(passive income이 생기게 되는 투자)임에도 PE 유무에 따라 세율을 달리 적용하는 것은 형평에 맞지도 아니하고 논리적이지도 않다. 전소득주의는 원천지국 내에서 이미 사업을 영위하고 있는 사업가들로 하여금 원천지국 내 추가투자를 방해하고, 이미 원천지국 내에서 투자를 하고 있는 외국인들로 하여금 원천지국 내에서 사업을 영위할 생각을 하지 못하게 한다.[39]

여기서 PE 귀속소득을 어떻게 파악할 것인가 하는 문제가 남는다. 귀속 여부는 사업과 실질적으로 관련이 된 소득인가의 문제이다.[40]

2) 실질적 관련소득(Effectively Connected Income)

법인세법상 국내 사업장 또는 조세조약상 PE를 둔 외국 법인이 우리나라에서 소득을 얻은 경우, 모든 국내 원천소득이 사업소득으로 되어 법인

---

38 이를 총액주의로 부르기도 한다. 이태로·한만수, 앞 책, p.957

세법상 내국 법인에게 적용되는 일반세율에 따라 과세되는 것이 아니고, 국내 사업장 혹은 PE에 귀속되는 소득만이 사업소득으로서 일반세율을 적용받아 과세된다.[41] 이는 귀속소득주의에서의 당연한 결과이다.

그런데 이 경우 귀속 여부는 국내 사업장 혹은 PE와의 실질적 관련성으로 판단하므로 귀속소득=실질적 관련소득이 된다.

외국 법인의 국내 원천소득 중 정기적 소득(periodical income, 예를 들면 이자, 배당, 임금, 임대료 등)과 양도소득(capital gains)을 제외한 나머지 모든 소득은 국내 사업활동과 실질적 관련성이 있는 소득으로 취급된다. 그렇다면 정기적 소득과 양도소득은 어떻게 국내 사업활동과 관련하여 벌어들인 소득인가를 판단하는가?

위 두 가지 소득의 실질적 관련소득 판단 기준으로 다음 두 가지를 들 수 있다.[42]

---

39 SENATE REPORT ON THE FOREIGN INVESTORS TAX ACT OF 1966. 참조 : 미국에서 외국 법인과 비거주자가 얻는 모든 미국 내 원천소득에 대하여 이들이 미국 내에서 사업을 하면(if they are engaged in trade or business) 이들에 대하여 일반세율에 따라 과세하고, 미국 내에서 사업을 영위하지 아니하면(if not so engaged) 30%의 단일세율 (혹은 조세조약상 제한세율)을 적용하는 제도, 이른바 전소득주의를 운영하다가 1966년 외국인 투자 과세법(The Foreign Investors Tax Act)을 제정하여 과세방법을 귀속소득주의로 변경하였다. 이 법에 의하면, 미국 내 사업과 실질적으로 관련되지 아니한 소득(income of a nonresident alien or foreign corporation…if it is not effectively connected with the conduct of a trade or business within the United States)을 얻는 비거주자 혹은 외국 법인은 30%의 단일세율을 적용하고, 미국 내 사업과 실질적으로 관련되는 소득은 일반세율에 따라 과세한다는 내용이다.

40 위에서 본 바와 같이 귀속 여부는 "실질적으로 미국 내 사업과 관련되어 있는가"로 결정된다(effectively connected with the conduct of a trade or business within the United States).

41 미국 세법상 trade or business는 우리나라의 국내 사업장과 유사한 개념이고 조세조약상 PE 개념과 거의 일치한다.

42 Charles I. Kingson, Cynthia A. Blum, INTERNATIONAL TAXATION, AspenLawBusiness, p.265

하나는 국내 사업상 보유한 자산으로부터 생긴 소득이다. 이 경우는 당해 자산과 사업상 필요성과의 관계에 주목할 필요성이 있다.

다른 하나는 사업활동이 당해 소득 실현에 중요한 요소로 된 경우이다. 즉 문제로 되는 당해 소득과 외국 법인의 국내에서의 사업활동과의 직접적 연관성(Immediate relationship)이 있느냐로 판단된다. 전자를 자산사용기준(Asset-use test), 후자를 사업활동기준(Business-activity test)이라 부른다.[43]

법인세법 시행령은 국외 원천소득 중 일부를 국내 원천사업소득에 포함되는 것으로 의제하고 있다.[44] 이에는 국외에서 행하는 i) 유가증권투자나 금전대부로 인한 소득, ii) 자산, 권리 등 임대 혹은 양도, 교환으로 인한 소득, iii) 주식, 채권 등 자산의 발행, 취득, 양도, 교환으로 인한 소득이 해당된다. 위 소득은 모두 정기적 소득 혹은 양도소득으로서 PE와 실질적 관련 소득인지 여부를 판단하여 PE 귀속소득인지를 결정하게 된다. 시행령에서는 이와 같은 자산사용 기준이나 사업활동 기준을 적용하여 위 경우를 사업소득에 포함시킨 것으로 이해할 수 있을 것이다.

4. 비용의 배부

국내에 사업소득을 갖는 외국 법인의 소득 산정은 내국 법인에 준하도록 되어 있다. 즉 익금에서 손금을 공제하여 순소득금액을 산정하는데 이를 과세표준이라 한다.

과세표준은 국내 원천소득에 관계되는 소득의 금액이므로 공제할 수

---

43 Inverworld v. Commissioner, 71 T.C. M.3231 (1996)

44 법인세법 시행령 제132조 제3항

있는 손금항목의 지리적인 배부 규정이 필요하다. 이와 같이 비용을 국내분과 외국분으로 나누어 국내 원천소득에 대응하는 부분을 계산하는 것을 비용의 배부(Allocation of expenses)라고 한다. 예를 들면 금융컨설팅 영업을 하는 외국 법인 F가 한국지점의 사업으로 고객에게 조언을 하여 국내 매출액 100을 얻고 국외 매출 200을 얻었다고 하자. F가 전세계의 사업활동을 위하여 지출한 판매비가 30인 경우, 위 30은 모두 국내 지점의 비용으로 배부되어서는 아니되고, 30 중 100/300에 해당되는 10만이 손금에 산입된다. 일본의 경우는 통달(通達)로써, 매출총이익의 내외비율을 기준으로 하는 안분계산을 인정하고 있다.[45]

1) 외국 법인의 국내 지점에 배부된 본점 경비의 손금 요건

외국 법인의 국내 지점의 경우, 손금 배부의 실제 적용과정을 보기로 한다.[46]

"항구적 시설(혹은 고정사업장)의 이윤을 결정함에 있어서 경영비와 일반관리비를 포함하여 동 PE의 목적을 위하여 발생된 경비는 동 고정사업장이 소재하는 국내에서 또는 다른 곳에서 발생되는가에 관계없이 비용공제가 허용된다."[47]

"외국 법인의 각 사업연도의 국내 원천소득의 총합계금액 계산에 관하여 법 제9조에서 규정하는 손금은 법 제55조에 규정하는 국내 원천

소득에 관련되는 수입금액·자산가액과 국내 원천소득에 합리적으로 배분되는 것에 한한다."[48]

위 각 규정의 취지는 국내에 지점을 둔 외국 법인이 각 지점의 통할기능과 지점관리 기능을 수행하기 위하여 지출한 비용으로서 특정된 사업장 등에게 전속시킬 수 없는 본점 경비 중 국내 지점의 업무에 대응하는 부분을 적정하게 국내 원천소득에 배부하여 외국 법인의 국내 원천소득 총합계금액을 계산함에 있어서 이를 손금으로 인정하여 주려는 데 그 목적이 있다(대법원 1990년 3월 23일 선고 89누7320 판결 등 참조)고 하여 적정 소득 산출을 하기 위한 것이라는 점을 분명히 하고 있다.

국내 원천소득에 합리적으로 배부된 금액은 외국 법인의 국내 지점에 배부된 본점 경비 배부액이 국내 원천소득에 합리적으로 배부된 것이라면 당해 지점이 외국 법인의 본점에 실제로 이를 송금하였는지 여부에 관계없이 손금으로 인정된다고 할 것인데, 여기에서 말하는 국내 원천소득에 합리적으로 배부된 금액이라 함은 국내 원천소득에 관련된 실액을 반영할 수 있는 것으로 일반적으로 시인된 방법에 따라서 산출한 금액을 의미한다(대법원 1989년 1월 31일 선고 85누883 판결 등 참조). 즉 실체적으로는 실액을 반영할 수 있는 금액이어야 하며, 절차적으로는 일반적으로 시인된 방법에 따라야 함을 분명히 하고 있다.

2) 비용 배부방법-기본통칙(현행 국세청 고시)

우리 대법원 판결[49]은 비용 배부 시 일반적으로 시인된 방법에 의하여

---

48 법인세법 시행령 제129조 제1항 제1호
49 대법원 2009년 6월 11일 선고 2006두5175 판결

야 한다고 하였는데, 구법인세법상 통칙 규정이 일반적으로 시인된 방법이므로 반드시 위 규정에 따라 비용 배부를 해야 한다는 의미로 이해된다.[50]

구법인세법상 기본통칙 6-1-33…54(외국은행의 본점 경비 배부방법)은 배부액의 계산방법과 외화의 원화환산 방법 두 가지를 담고 있다. 전자에 관하여는 항목별 배부방법과 일괄배부방법을 규정하고, 후자에 관하여는 공통경비 배부 시 외화의 원화 환산을 매매기준율의 연평균율을 적용하여 원화로 환산하도록 규정하고 있다.[51]

(1) 배부경비액의 계산

기본통칙 중 배부경비액의 계산부분은 항목별 배부와 일괄배부방법을 규정하고 있다. 항목별 배부는 수입금액, 매출총이익, 자산가액, 인건비, 기타 당해 경비항목의 성격에 따라 합리적이라고 인정되는 기준을 정하여 비용을 배부하는 방법이고, 일괄배부는 배부 대상 공통경비 총액에 국내 사업자의 수입금액이 본점 및 그 국내 사업장을 관할하는 지역통할점의 총수입금액에서 차지하는 비율을 곱하여 계산하는 방법이다.

이러한 배부경비액 계산규정이 합리적이라고 생각된다. 따라서 이 기준에 따라 경비가 배부되지 않았을 경우, 이 통칙을 적용하여 과세당국이 배부액을 조정할 수 있다고 보아도 문제가 없을 것이다. 왜냐하면 이 경우 독립된 당사자 간의 거래가 아니라 사실상 동일 인격체 내에서

---

50 졸저, 본점 경비 배부액의 손금 요건, 국세, 2010년 8월

51 현행 국세청 고시로 되어 있는 "외국 기업 본점 등의 공통경비 배분방법 및 제출서류에 관한 고시"(국세청고시 제2009-90호, 2009년 9월 1일)도 종전의 기본통칙과 대체로 유사하다. 다만 배부라는 용어 대신 배분이라는 용어를 사용하고 있다.

이루어진 거래이기 때문이다.

기존의 대법원 판례도 이러한 배부기준이 합리적이라면 그것이 항목별 배부든 일괄배부든 모두 인정된다고 하고 있다.[52]

(2) 외화의 원화환산방법

위와 같이 배부된 경비가 외화인 경우, 이를 일률적으로 외국환거래규정에 의한 매매기준율 또는 재정된 매매기준율의 연평균율(당해 사업연도의 월평균 매매기준율의 합계액/당해 사업연도의 월수)을 적용하여(이하 "연평균율") 원화로 환산한다.[53]

---

52 대법원 1990년 3월 23일 선고 89누7320 판결

53 그런데 위 연평균율을 적용하자면 일정시기를 기다리지 않으면 안 된다. 또한, 법인세법 시행령 제76조(외화자산 및 부채의 평가) 규정은 금융회사가 외화자산이나 부채를 갖게 된 경우 당일 환율에 의하여 평가하고 사업연도 말까지 보유한 외화자산, 부채에 관하여 매매기준율에 의한 평가를 하여 평가차손익이 생긴 경우 이를 손금과 익금에 각각 반영하도록 하고 있다. 금융회사는 외환거래 자체가 사업이므로 이 같은 필요성이 인정된다는 점에 근거한다. 위 시행령과는 달리 위 통칙 규정은 이러한 금융회사 업무의 특수성을 반영하지 아니하고 있어 이 점에서 합리적인 배부방법을 정한 것인지 의문이 있을 수 있다. 졸고, 위 논문 참조.

Ⅱ. 이자소득

1. 과세체계

소득세법 제119조 제1호는 비거주자의 국내 원천소득 중 이자소득을 규정하고 있다. 그런데 위 호에서는 i) "각 목에 규정하는 소득" 중에서 ii) "소득세법 제16조 제1항에서 규정"하는 소득이라는 요건을 부가하고 있다.

첫 번째 요건에 관하여 살펴본다.

소득세법 제119조 제1호 가목은 국가, 지방자치단체, 거주자, 내국 법인, 외국 법인의 국내 사업장 또는 비거주자의 국내 사업장으로부터 받는 소득을, 나목은 외국 법인 또는 비거주자로부터 받는 소득으로서 그 소득을 지급하는 외국 법인 또는 비거주자의 국내 사업장과 실질적으로 관련하여 그 국내 사업장의 소득금액을 계산할 때 손금 또는 필요경비에 산입되는 것을 들고 있다.

결국 비거주자가 지급받는 이자소득은 지급자가 국내 거주자이거나 국내 사업장이면 국내 원천이 되고, 지급자가 비거주자라도 국내 사업장과 실질적 관련성이 있으면 동일하게 간주하여 국내에 원천이 있다고 본다는 취지이다. 다시 말하면, 지급자주의(Payor Rule, 이자지급 채무자가 누구인가를 기준으로 지급자주의 혹은 채무자주의라고 부를 수 있을 것이다)를 원칙으로 하고 있다. 다만, 이러한 지급자주의의 예외로 거주자 또는 내국 법인의 국외 사업장을 위하여 그 국외 사업장이 직접 차용한 차입금의 이자는 제외한다.[54]

따라서 i) "각 목에 규정하는 소득"이라는 요건은 단지 지급자주의를 채택하고 있다는 점을 명시한 것에 지나지 않는다.

그러나 위 요건의 충족만으로 국내 원천이자소득이 되는 것은 아니다. 다시 그 다음 요건인 ii) "소득세법 제16조 제1항에서 규정"하는 소득에 해당되어야 한다. 이 소득세법 제16조 제1항은 이자소득에 관한 조항이다.

위 조항에서는 제1호부터 제11호까지의 이자소득을 규정하고 제12호에서 이른바 포괄조항(Catch All Clause)으로서 제1호부터 제11호까지의 소득과 유사한 소득으로서 금전 사용에 따른 대가로서의 성격이 있는 것을 들고 있다. 크게 네 가지 유형으로 (i) 국가, 지방자치단체, 내국 법인, 외국 법인이 발행한 채권, 증권의 이자와 할인액, 일정한 경우의 환매조건부 매매차익, (ii) 국내외에서 받는 예금의 이자, (iii) 저축성보험의 보험차익(직장공제회의 초과반환금 포함), (iv) 비영업대금의 이익을 들고 있다.

국내 원천이자소득

지급자+이자소득	
거주자(내국 법인/거주자 개인) 혹은 국내 사업장 관련하여 지급된 것(외국 법인)	금전 사용의 대가로 지급된 것

---

54 소득세법 제119조 제1호 단서

2. 이자소득의 범위

이자소득이란 담보 유무 및 채권자의 이윤에 참여할 권리의 수반 여부를 불문하고 모든 종류의 채권으로부터 발생하는 소득을 말한다. 특히 국채 · 채권 또는 사채로부터의 소득(공채·채권 또는 사채의 할증금 및 장려금을 포함한다)을 의미한다.[55]

이자와 구분해야 하므로 지급 지연에 따른 과태료 내지 연체료는 이자에 해당되지 않는다.[56] 우리 대법원도 같은 입장으로 법정이자와 지연손해금을 별개의 소득으로 구분하였다.[57]

3. 이자소득 판단방법

먼저, 이자소득인지를 판단함에 있어서는 실질과세원칙 등 조세법의 기본법리를 적용하여 할 것이다. 우리 대법원 판례에서 형식상으로는

---

55 1977년 OECD 모델조세조약 제11조 제3항

56 OECD 모델조세조약 제11조 주석 제22항. 채무이행의 지연에 따른 채권자 손실에 대한 보상의 한 형태라는 이유에서이다.

57 대법원 1997년 9월 5일 선고 96누16315 판결 [종합소득세 등 부과처분] [공1997년 10월 15일(44), 3161] 수탁보증인이 그 출재로 주채무를 소멸하게 한 다음, 주채무자를 상대로 제기한 구상금 청구소송에서 그 출재액과 이에 대한 면책일 이후 소장 송달일까지의 연 5푼의 민사법정이율에 의한 법정이자와 그 다음날부터 완제일까지의 소송촉진등에 관한특례법 소정의 연 2할 5푼의 비율에 의한 지연손해금에 관한 승소판결을 받고 그 확정 판결에 기하여 법정이자와 지연손해금을 수령한 경우, 그 지연손해금은 구소득세법(1994년 12월 22일 법률 제4803호로 개정되기 전의 것) 제25조 제1항 제9호, 같은 법 시행령(1994년 12월 31일 대통령령 제14467호로 개정되기 전의 것) 제49조 제3항에서 기타 소득의 하나로 정하고 있는 "계약의 위약 또는 해약으로 인하여 받는 위약금과 배상금"에 해당하나, 법정이자는 이자의 일종으로서 채무불이행으로 인하여 발생하는 손해배상과는 그 성격을 달리하는 것이므로 "계약의 위약 또는 해약으로 인하여 받는 위약금과 배상금"에 해당하지 아니한다.

중계무역 거래임에도 이자소득이 발생할 수 있음을 판시하고 있다.[58]

종합무역상사 갑 내국 법인이 외국 법인들의 수출입 거래에 개입하여 국내 고정사업장이 없는 해외수출자 을 외국 법인에게서 연지급조건 신용장(Shipper's Usance L/C) 방식으로 구리, 금, 콩, 아연 등 재화를 수입하고 이를 제3국에 있는 해외수입자 병 외국 법인에 전신환 송금(Telegraphic Transfer), 연지급조건 신용장(Shipper's Usance L/C) 방식 등으로 수출하는 중계무역 형식의 거래를 하였다.

그러나 사실은 을 외국 법인이 병 외국 법인에 재화를 매도하고 매도대금을 지급받는 것이 이미 정해져 있는 상태에서 갑 내국 법인이 개입하여 병 외국 법인에게서 대금을 지급받음으로써 을 외국 법인으로부터 매도대금 상당액의 자금을 차입하고, 추후 을 외국 법인에 재화 매입에 따른 매입대금 및 이자를 지급하는 형식으로 차입금 원금 및 이자를 변제한 사안이다. 대법원은 위 거래는 형식상 중계무역의 외관을 한 자금차입 거래에 불과하므로 갑 내국 법인이 을 외국 법인에 지급한 이자는 국내 사업장이 없는 외국 법인의 국내 원천이자소득에 해당된다고 하였다.

다음으로 어떤 소득이 국내 원천소득 중 어느 유형에 해당되는지가 법령의 규정에 정확히 일치하지 아니하는 경우, 법원은 법령에 규정된 유형화된 소득과의 비교와 유추에 의하여 소득 유형을 파악하여야 한다고 한다.[59] 예를 들어 신용장 거래에 있어서 신용장 인수수수료(Acceptance Commission)와 확인수수료(Confirmation Commission)는 이자와 유사하

---

58 대법원 2011년 5월 26일 선고 2008두9959 판결 [법인세부과처분취소] [공2011하, 1316]

59 Hawkins v. Commissioner, 49 T.C. 689 (1968). 일단 소득이 발생하면 Source Rule을 적용함에 있어 비교와 유추를 하여야 한다는 의미로 법규의 유추해석을 통한 과세를 허용한다는 취지와는 다른 의미이다. Helvering v. Stein, 115 F.2d 468 (4thCir.1940)

므로 이자에 관한 국내 원천소득 판단기준이 적용되어야 한다.[60]

먼저 인수수수료는 기한부 신용장(Usance Letter of Credit)에 따라 기한부어음(Time Draft)을 인수한 경우와 개설은행(Issuing Bank)에 인수은행(Accepting Bank)이 신용공여한도(Line of credit)를 부여하는(Extend) 형태로 어음을 인수하는 경우가 있을 수 있다. 어느 경우에나 이 같은 인수행위는 인수은행이 인수어음의 소지자와 개설은행의 중간에서 중개를 하여 주는 셈이 된다.

직접금융(Direct Loan)의 경우 자금공여자는 자신의 신용자원(Credit Resources)을 이용하여 자금을 가진 투자자와 자금이 필요한 수요자 사이에서 매개 역할을 한다. 즉 인수은행은 개설은행이 발행한 신용장의 위험을 인수하여 그 소지인을 위하여 지급을 담보하여 주는 것이다. 인수은행은 인수일에 기한부어음 소지인에게 후일 만기일이 오면 전액을 지급하겠다는 보증을 하는 것이다.

이러한 보증행위로 인하여 인수된 어음(Accepted Draft)은 자유롭게 양도되게 된다. 이는 자금의 대차거래(Loan Transaction)와 유사하다. 즉 인수행위의 본질이 직접금융(Direct Loan)과 유사하게 결국은 인수은행의 신용을 이용하는 것이다.

한편 확인수수료(Confirmation Commission)는 매도인이 보다 더 공신력 있는 제3의 은행으로 하여금 원래의 개설은행과 더불어 대금 지급을 그 신용장상에 이중으로 확약하게 함으로써 대금의 결제를 더 확실하게 하고자 할 때, 개설은행 이외에 제3의 은행이 개설은행이나 매수인 또는 매도인의 요청에 의해 대금 지급을 부가하여 확약하는 것을 신용장 확인이라고 하는데, 그 제3의 은행을 확인은행(Confirmation Bank)이

---

[60] Bank of America v. U.S. 680 F.2d 142(U.S. Court of Claims, 1982

라고 하며, 이 경우 확인은행에 지급되는 수수료이다. 이 확인행위는 확인은행의 신용을 이용하는 거래이다. 이 경우 확인하여 주는 서비스 자체는 부수적인 것이고 확인은행의 신용(credit)을 공여받는 데 따른 대가가 확인수수료이므로 이자와 유사하다.

국제간의 보증수수료에 관하여도 위와 마찬가지로 유추방법에 의하여 그 성격이 이자라는 입장을 취하기도 한다.[61] 보증수수료는 자금 차입자가 자신의 차입금 부담채무를 보증해 주는 보증인에 대하여 그 보증 대가로 자금 공여자에게 지급하는 수수료이다. 이에 대하여 미국 내국세입법에서 이에 대한 아무런 성격 규정을 두고 있지 아니하여 문제가 되었으나, 미국 국세청은 납세자의 인적용역소득(Personal Service Income) 주장을 배척하고 일관되게 이자로 분류하여 FDAP(Fixed, Determinable, Annual or Periodical) 소득으로 원천징수하여야 한다는 입장이다.[62]

---

61 IRS Field Service Advice (FSA) 200147033

62 조세조약 체결 · 발효 이후 국내 관련법령이 개정되어 종전에는 비과세였으나 과세대상이 된 경우, 조세조약과 관련하여 이를 어떻게 해석하여야 할 것인지가 문제될 수 있다. 미국과 캐나다 사이의 위 보증수수료에 관한 법령 변경으로 인하여 생긴 문제에 대하여 법해석 방법으로 Ambulatory Approach(動態的 해석)와 Static Approach(靜態的 해석)이 있을 수 있다는 점은 앞서 본 바다.

Ⅲ. 배당소득

1. 배당소득의 범위

내국 법인 또는 법인으로 보는 단체나 그밖에 국내로부터 지급받는 소득세법 제17조 제1항에 따른 배당소득 및 국제조세조정에 관한 법률에 따라 배당으로 처분된 금액이 국내 원천소득이 되는 배당소득이다.[63]

위 규정 중 전단의 "내국 법인 또는 법인으로 보는 단체나 그밖에 국내로부터 지급받는"이라는 부분은 지급자에 관한 규정이고, 후단의 "… 소득세법상 배당소득 및 국제조세조정에 관한 법률에 의한 배당으로 처분된 금액" 부분은 소득의 성질에 관한 부분이다.

국내 원천배당소득

지급자	소득의 성질(배당소득)
• 내국 법인 • 법인으로 보는 단체 • 기타 국내로부터 받는 배당소득 　또는 배당으로 처분된 금액	수익의 분배에 관련된 소득

---

63 법인세법 제93조 제2호, 소득세법 제119조 제2호

1) 지급자주의(Payor Rule)

배당소득의 원천지를 결정하는 기준으로 두 가지 방식이 있을 수 있다.

하나는 배당법인의 설립 근거지(Payor's Place of Incorporation)를 기준으로 하는 것이고, 다른 하나는 배당소득의 원천이 된 이익이 어느 나라에서 생긴 것인지를 기준으로 하는 것이다.

전자의 경우 법인은 그 주소지(설립 근거지)의 법률에 의하여 탄생한 것이므로 그 법인이 지급하는 배당은 그 주소지에서 유래한 것이라는 전제를 가지고 있다.[64] 후자는 배당 원천이 된 소득을 생기게 한 것은 법적인 보호가 있었기 때문이므로 이러한 법적 보호를 부여한 나라에 그 원천이 있다고 보아야 한다는 전제이다.[65]

이러한 입장에 서게 되면 외국 법인이 지급한 배당도 우리나라에서의 사업으로부터 생긴 이익에서 배당된 부분은 국내 원천으로 취급할 수 있게 된다.

법인세법은 내국 법인으로부터 받는 배당소득을 국내 원천소득으로 보고 있으므로, 결국 배당소득에 대한 과세권을 배당소득 지급법인의 거주지국에 인정하고 있는 것이다. 즉 배당소득의 원천지 결정은 원칙적으로 배당법인의 거주지국이 되는 셈이다.

그런데 우리나라의 경우 내국 법인은 "국내에 본점이나 주사무소 또는 사업의 실질적 관리장소를 둔 법인"을 말한다.[66] 그러나 실질적 관리장소를 내국 법인의 개념에 포함하였다고 하여 원천지국 과세관할권을

---

64 U.S. International Taxation, Joel D. Kuntz, Robert J. Peroni. A2-42. 이는 결국 거주지국 과세권을 인정하는 견해이다.

65 Supra. 이는 결국 원천지국 과세권을 인정하는 견해이다.

66 법인세법 제1조 제1호.

인정한 것과 같은 결과가 되는 것은 아니다.[67] 왜냐하면 실질적 관리장소와 소득을 창출하는 원천지국이 반드시 같지 아니하기 때문이다.[68]

우리나라 국내에 본점이나 주사무소를 가지고 있지 아니한 법인, 즉 외국 법인이 국내에 실질적 관리장소를 두고 외국에서 번 소득에서 배당을 한 경우, 이 배당소득은 국내 원천으로 분류되는데 이를 거주지국 과세로 인정할 수 있을 것인가 하는 문제는 실질적 관리장소를 어떻게 판단할 것인가의 문제와 관련된다.

결국 "내국 법인으로부터 받는 배당" 조항에서 내국 법인을 판단할 때 형식적 기준과 실질적 기준을 병용하여 법인의 거주성을 정하고 있으므로, "거주 법인" 혹은 "법인 거주자(Resident Corporation)"로부터 받는 배당소득이 국내 원천배당소득이 된다.

"법인으로 보는 단체, 기타 국내로부터 받는"에서 단체나 기타의 주체는 위와 같이 국내 거주성이 인정되는 법인으로 보는 단체나 기타 주체를 의미한다고 보아야 할 것이다. 왜냐하면 내국 법인은 다른 넓은 의미의 거주 법인을 의미하기 때문이다. 우리 법인세법이 내국 법인을 형식적 기준에 의하여 판단하던 시대에는 내국 법인/외국 법인의 개념이 흔한 용례이었으나 실질적 관리장소도 포함하여 판단하게 되면 거주 법인/비거주 법인으로 부르는 것이 개념에 더 근접해 보이기 때문이다.[69]

이 경우 실질적 관리지가 영연방국가에서 채용하고 있는 중심적 관리

---

67 법인의 거주성(residence)을 정하는 기준으로는 형식적 기준과 실질적 기준이 있을 수 있다. 형식적 기준으로는 설립근거지, 등록지주의, 본점소재지주의 등이 있고, 실질적 기준으로는 영연방국가들이 주로 채용하고 있는 관리지배기준(central management & control)이 있다. 자세한 것은 졸저, 논점 조세법, 개정2판 참조

68 Calcutta Jute Mills Co. Ltd v. Nicholson 1 T.C. 83 (1876), Cesena Sulphur Co. Ltd. v. Nicholson 1 T.C. 88 (1876) 사건 참조. 제조 장소와 실질적 관리장소가 별개임을 알 수 있다. 위 책 p.387 참조

지배지와 연혁을 같이하지만 그 외연과 내포가 같은 것인지에 관한 논의가 필요할 것이다.

2) 소득세법상 배당소득

(1) 배당소득의 의의

배당소득이란 법인(집합투자기구 포함, 법인으로 보는 단체 포함, 공동사업자 포함, 공익법인 등과 법인격 없는 사단 등을 제외한다)에서 받는 잉여금의 배당(주식 또는 출자에 관한 것에 한한다), 이익의 배당, 잉여금의 분배, 건설이자의 배당, 보험업법상 상호회사의 잉여금 분배[70] 등 수익분배의 성격이 있는 소득을 의미한다.

여기에는 의제배당, 법인세법에 따라 배당으로 처분된 금액, 국제조세조정에 관한 법률 제17조에 따라 배당받은 것으로 간주된 금액도 포함된다. 이를 크게 나누어 보면 수익분배금과 의제배당 둘로 나누어 이해할 수 있다.

(2) 배당소득의 과세
① 분배에 대한 과세방법

분배에 대한 과세[71]는 이익의 배당에 해당하는 경우와 그 이외의 경우로 크게 구분된다. 전자에 관하여 세법상 배당 개념은 상법에서 차용

---

69 조세조약에서는 거주자라는 개념을 법인도 포함하여 사용하고 있고, 관리지배지를 기준으로 사용하고 있는 영국에서도 내국 법인/외국 법인이라는 용어 대신 거주 법인/비거주 법인이라는 용어를 사용하고 있으며, 형식적 기준을 사용하고 있는 미국, 일본 등에서는 내·외국 법인이라는 용어를 사용한다.

70 보험업법 제63조

한 개념이다.[72] 그렇다면 회사법 규정에 따라 적법하게 행하여지는 것에 한하여 배당소득으로 혹은 의제배당소득으로 과세되는 것일까?

배당소득이란 회사의 주주 혹은 사원이 주식 혹은 출자의 비율에 따라 회사로부터 지불받게 되는 이익의 배당이다. 따라서 회사법에 의하여 적법하게 행하여진 거래에 국한되지 아니하고 손익계산서에 기초한 이익이 출자액에 비례하여 배분되는 형태를 띠는 한 이익의 배당이 된다.[73] 그러나 이익이 존재하지 않음에도 불구하고 지불되는 것은 배당소득이라고 할 수 없을 것이다.[74]

주식배당이 이익의 배당에 포함될 것인가 하는 문제에 관하여 일본에서는 주식배당제도가 폐지되기 전까지는 배당으로서 과세되어 왔다는 점을 참고로 적는다.

후자의 경우란 적어도 법인에 이익적립금이 존재하지 아니하는 경우로서 출자의 환급으로서의 성질을 갖는다. 따라서 원시자본의 회수는 비과세하는 게 원칙이고, 주주에 대하여는 주식 취득가액까지는 비과세되고, 이 가액을 초과하는 경우 양도소득이 된다. 양도소득으로 과세시에는 양도가액에서 취득가액을 공제하고 여러 가지 공제제도도 받을

---

71 법인으로부터 주주에게 금전이나 금전 이외의 자산이 교부되는 것을 분배(distribution) 라고 부른다. 분배에는 법인이 획득한 이익을 원시자본(原資)으로 하는 배당(dividend) 과 주주가 출자한 자산을 원시자본으로 하는 '출자의 환급' 두 종류가 있다. 분배를 행한 법인은 어떤 경우에 해당되는 분배든 간에 이를 손금에 산입할 수 없다. 배당의 손금불산입은 자본거래에 해당되고, 출자의 환급은 출자시에 과세되지 않았다는 것이 각그 이유이다. 다만 주주가 법인인 경우 익금불산입제도가 적용되는 경우가 있다. 분배를 받은 주주는 이익의 배당인지 출자의 환급인지에 따라 상이한 과세상 취급을 받게된다. 즉 전자는 그 전액이 과세대상이 되지만, 후자는 출자금 회수이므로 원칙적으로 비과세이다. 岡村忠生, 法人稅法講義 第3版, p.365

72 앞 책 및 金字 宏, 租稅法 第12版, p.174\

73 金字 宏, 租稅法 第12版, p.176

74 일본 최고재판소 소화 35년 10월 7일 판결 日民集14-12-2420 참조

수 있어 배당금액 자체에 대하여 과세되는 배당소득 과세보다는 납세자에게 유리하다. 그러나 계산상의 조작이나 회사법상 절차에 의하여 이익이 있더라도 배당과세를 받지 아니하고 주주에게 금전 등을 교부할 수 있게 된다.[75]

② 의제배당에 대한 과세

의제배당은 이런 부작용을 방지하여 배당과세를 확보할 목적으로 자기주식 취득 등의 방법으로 법인으로부터 주주에게 일정한 금전이나 자산이 교부될 경우 그 중 이익적립금액으로 구성되는 부분, 즉 배당의 성질을 갖는 부분에 대하여 배당과세를 행하는 제도이다.[76]

따라서 분배된 금액 중 당초의 자본금 등의 금액을 초과하는 부분이 배당소득으로 의제된다. 의제배당도 배당이므로 법인주주는 그 일부 또는 전부를 익금불산입한다. 의제배당을 받은 주주는 배당과세에 더하여 분배액 중 배당으로 간주되지 아니한 부분을 주식양도의 대가인 양도수입으로 양도소득 과세를 받는다. 배당을 행한 법인도 배당으로 의제된 금액만큼 이익적립금액을 감액하고, 잔여의 분배액만큼 자본금 등의 액을 감액하는 조정이 행하여진다.

의제배당 과세는 법인이 얻은 이익에 대한 주주단계 과세를 i) 주주 간에 균등하게 그리고 ii) 적절한 시기에 과세한다는 정책목표에 기인한다. 후자와 관련하여서는 법인이익에 대한 주주단계의 과세시기를 분배

---

75 예를 들면, 법인이 회계상으로는 이익을 유보한 채로 자본금 등을 이용하여 주주 간에 안분하여 자기주식을 매입하고, 그 직후 주식 분할을 하여 주주들의 보유주식 수를 회복하는 방법을 반복하면 주주는 기껏하여야 양도소득과세를 받는 데 그치고, 배당소득과세를 회피할 수 있게 된다. 앞 책 p.371
76 소득세법 제17조, 법인세법 제16조, 일본 소득세법 제24조, 제25조

시점을 지나서 이연시키지 말아야 한다는 것이고, 전자에 관하여는 배당을 행하는 법인이 자기주식의 취득대가를 법인의 계산상으로는 주주 갑에 대하여는 이익잉여금으로, 주주 을에 대하여는 자본잉여금으로 지불하였다고 하더라도, 과세상 같은 시점에 이익적립금액과 자본금 등의 금액과의 비율에 의하여 대가가 지불되었다고 간주하고 배당과세를 행하여야 한다는 것이다.[77]

즉 법인에 이익적립금액이 존재하고 나아가 주주가 분배를 받은 경우에는 개인소득세에 있어서도, 법인세에 있어서도 반드시 배당과세가 이루어져야 한다는 것이다. 그러나 실제로는 의제배당 과세대상이 회사법에 의거하여 정해지기 때문에 합병이나 분할, 출자의 환급, 해산, 이익잉여금의 자본 전입, 자기주식의 취득 등의 사유에 국한되어 한정적으로 행하여지고 있다.[78]

의제배당 과세는 이 같이 배당과세를 보완하기 위하여 고안된 것이지만 과세 방법상 양자간의 정합성에 문제가 있다는 지적이 있다. 즉 의제배당 과세는 분배금액 중 일정비율에 배당과세를 행하는 데 불과하고 나머지 부분은 양도소득 과세대상이 됨에 반하여 본래의 배당과세는 분배금액의 전액에 배당과세가 행하여지기 때문이다.[79] 그리하여 개인 주주인 경우에는 의제배당 과세는 양도소득 과세보다 불리하지만 배당과세보다는 유리하게 된다. 법인주주의 경우에는 수입배당금 익금불산입제도에 따라 그 반대가 될 것이다. 어떻든 의제배당 과세는 본래의 배당과세와 양도소득 과세의 중간에 있는 제3의 과세방법이다. 이리하여

---

77 岡村忠生, 法人稅法講義 第3版, p.372

78 소득세법 제17조. 일본 소득세법은 조직 변경을 의제배당의 한 사유로 들고 있고, 우리 법과는 달리 잉여금의 자본 전입은 별도 규정을 두고 있지 아니하다.

79 본문 '의제배당의 성격' 표 참조

세제를 복잡하게 한다.[80]

 이러한 배당소득과 의제배당소득 과세의 부정합의 문제를 해결하기 위하여 의제배당소득 과세대상으로 되어 있는 분배는 이익적립금액이 존재하는 한 분배액 전액을 배당으로 간주함과 동시에 본래의 배당과세에 관하여 배당 개념을 회사법에 의거하여 구획하지 아니하고, 이익적립금액이 존재할 때 행하여지는 분배는 배당으로 처리하여야 한다는 의견도 있다. 이렇게 할 경우 의제배당이라는 개념도 존재가치를 잃어버리게 될 것이다.[81]

의제배당의 성격

일반배당 과세	분배액=배당소득금액
의제배당 과세	분배액=의제배당소득금액+양도소득금액

 대법원은 "법인이 자본감소절차의 일환으로 상법 제341조 제1호에 따라 주식을 소각하여 출자금을 환급받기 위한 목적에서 망인으로부터 주식을 취득한 사안에서, 주식의 양도차익을 망인에 대한 배당소득으로 의제하여 위 법인에게 원천징수분 배당소득세를 고지한 처분은 적법하다"고 판시하였다.[82]

 더 나아가 "구소득세법(2006년 12월 30일 법률 제8144호로 개정되기 전의 것) 제17조 제2항 제1호가 규정하고 있는 의제배당소득, 즉 주식의 소각

---

80 의제배당 과세대상으로 되어 있는 자기주식 취득에 의하여 본래의 배당과세를 회피할 수 있게 된다. 앞 책 p.373 참조
81 상세한 논의는 앞 책 참조

또는 자본의 감소로 인하여 주주가 받은 재산의 가액에서 그 주주가 당해 주식을 취득하기 위하여 소요된 금액을 초과하는 금액 중에는 기업경영의 성과인 잉여금 중 사외에 유출되지 않고 법정적립금, 이익준비금 기타 임의적립금 등의 형식으로 사내에 유보된 이익뿐만 아니라 유보된 이익과 무관한 당해 주식의 보유기간 중의 가치증가분도 포함되어 있을 수 있으나, 위 법률조항이 이를 별도로 구분하지 않고 모두 배당소득으로 과세하고 있는 것은 입법정책의 문제이고 그 밖에 의제배당소득의 입법 취지, 조세징수의 효율성이라는 공익적인 측면 등에 비추어 보면 위 법률조항이 입법자의 합리적 재량의 범위를 일탈하였다고 볼 수 없어 그로써 조세평등주의를 규정한 헌법 제11조에 위배된다거나 재산권 보장을 규정한 헌법 제23조에 위배된다고 볼 수 없다"고 판시하여, 의제배당소득이 양도소득과 배당소득의 중간지대에 있는 것임을 암묵적으로 나타낸 것이라고 보여진다. 그리고 의제배당소득이 회사법상 행위에 의하여 정하여지고 엄격히 이익적립금의 존재 여부에 따라 결정되는 것이 아님을 명확히 한 것이라고 할 수 있다.

또한 대법원 2001년 12월 28일 선고 2000두3924 판결에서는 비거주자인 외국 법인의 국내 원천소득 중 하나인 의제배당 소득금액 산출에 있어 기준통화는 자국의 과세권 행사는 원칙적으로 자국 통화를 기준으로 이루어지는 것이라는 이유로 "비거주자인 일본국 판신관광주식회

---

82 대법원 2010년 10월 28일 선고 2008두19628 판결. 같은 취지의 대법원 2002년 12월 26일 선고 2001두6227 판결 참조. 그리고 주식 매도가 자산거래인 주식 양도에 해당하는지 또는 자본거래인 주식 소각 내지 자본 환급에 해당하는지 여부의 판단은 "법률행위 해석의 문제로서 그 거래 내용과 당사자의 의사를 기초로 하여 판단하여야 할 것이지만 실질과세의 원칙상 단순히 당해 계약서의 내용이나 형식에만 의존할 것이 아니라 당사자의 의사와 계약체결의 경위, 대금 결정방법, 거래의 경과 등 거래 전체 과정을 실질적으로 파악하여 판단하여야 한다"라고 판시하였다.

사의 국내 원천소득인 의제배당 소득금액을 산정함에 있어 자본감소로 인하여 취득하는 금전이나 출자하기 위하여 소요된 금액 및 그 차액 등은 모두 원화를 기준으로 하여야 하고, 원화를 기준으로 의제배당 소득금액을 산정한다 하여 실질과세의 원칙에 반하거나 투자 원본을 침해한다고 볼 수 없다"고 판시하고 있다.

③ 자본거래와 배당소득 과세

법인은 회사법상 자본금의 액수를 증감시키는 경우가 있다. 그러나 출자 혹은 분배가 일어나지 아니하는 한 이러한 증감 자체는 법인 혹은 주주에 대하여 과세상 의미가 없다. 다만 법인세법은 자본금의 개념을 회사법에서 차용하고 있으므로 과세상 영향을 주지 않기 위한 조정이 행하여진다.

또한 주주는 그가 보유하는 주식수를 증감시키는 경우도 있다. 그러나 이 역시 출자 혹은 분배가 일어나지 아니하는 한 법인이나 주주의 과세에는 아무런 영향이 없다. 즉 과세가 문제되는 것은 법인과 주주 간에 자본 거래가 있는 경우이다.

■ 이익의 자본전입

이익적립금[83]은 장래 배당과세의 가능성을 시사하는 금액으로 주주에 대한 배당과세의 기준이 된다. 우리 회사법은 이익준비금을 자본에 전입하는 것을 인정하고 있다.[84] 자본 전입을 하게 되면 이익이나 이익준비금이 자본에 편입되어 소멸되므로, 배당과세의 기회가 없어지게

---

83 이익적립금은 법정준비금으로서의 이익준비금과 임의준비금을 포함한다.

되어 양도소득 과세 가능성 정도만 남게 된다. 법인의 이익이 주주에게 과세되지 아니한 채 주주로부터 출자받을 당시의 기록인 자본에 혼입되기 때문이다.

이러한 경우에 대한 과세방법으로서 두 가지가 있을 수 있다.

먼저 회사법상으로는 이익잉여금이 자본금이나 자본준비금에 전입되더라도 법인세법상 이익적립금과 자본금 등의 가액을 변경시키지 아니하는 방안이다. 이를 위하여는 이러한 금액을 회사법과는 별도의 금액으로 둘 필요가 있음은 물론이다.

다른 방안으로는 이익잉여금의 자본금 등으로의 전입시점에 주주에 대한 배당과세를 행하는 것이다. 그러나 이 경우에 주주는 실제로 아무것도 손에 들어오지 않았음에도 과세를 받게 되는 문제가 있다.[85]

우리의 소득세법과 법인세법은 후자의 방법을 채택하고 있다.[86] 이익의 자본 전입이 이루어지면 주주는 일단 현금배당을 받아 바로 뒤이어 그것을 출자한 것으로 보아 과세하는 것이다. 이론상 불가능하다고 할 수는 없을 것이나 개인 주주에 있어서 실제 수입이 없음에도 과세를 행하

---

84 상법 제461조 제1항. 법정준비금은 모두 자본전입 대상이 된다. 자본준비금이든 이익준비금이든 상관없다. 임의준비금은 원래 주주에게 배당으로 돌릴 이익이므로, 이를 자본에 전입하여 배당할 수 없다. 그러나 실무상으로는 임의준비금을 법정준비금으로 항목변경 결의를 하는 방법으로 자본 전입의 목적을 달성한다고 한다. 이철송, 회사법강의 19판, p.808. 일본에서는 이러한 이익잉여금의 자본 전입이 현재는 허용되지 아니하고 있다.

85 岡村忠生, 앞 책 p.377. 일본에서는 2001년 전까지는 자본 전입이 허용되었는데 후자의 방법이 채택되었다. 그 이후에는 전자의 방법이 채택되어 이익적립금이 자본 전입되어도 이익적립금이 감소되지 아니하고, 자본금액도 변화하지 아니하는 것으로 하고 있다. 따라서 주주에 있어서도 주식취득가액의 조정도 행하여지지 아니한다. 그 결과 온존된 이익적립금은 그것을 감소키는 나중의 분배시점에 배당과세를 받게 된다.

86 소득세법 제17조 제2항 제2호, 법인세법 제16조 제1항 제2호. 위 법에서 자본준비금의 자본 전입은 제외하였는데 이는 자본준비금이 원래 주주에게 배당할 수 있는 재원이 아닌 점에 비추어 당연하다.

는 것은 정치적으로도 조세저항이 예상되고 집행상 곤란하다고 할 수 있다.[87] 또한 법인 주주의 경우에는 수입배당의 익금불산입 조항이 적용되면, 의제배당에 의하여 주식취득가액이 증가하게 되어(즉 비과세임에도 취득가액이 상향 조정된다), 그 후 주식양도 시 과소이익 혹은 과대손실이 산출되는 문제도 있다.

■ **무상감자(無償減資)**

이익의 자본 전입과는 대칭적으로, 법인은 주주에게 아무런 대가를 교부하지 아니하고도 자본금을 감액시키고 잉여금을 증액시킬 수 있다.[88] 이를 무상감자 혹은 형식상 감자라고 한다. 무상감자만으로는 법인의 자산이 주주에게 교부되어 감소되는 일이 없기 때문에 자본의 환급(유상감자)과는 구별된다.

이렇게 하여 증가된 잉여금은 손실보전에 사용되는 경우가 대부분이다. 장래 배당에 사용되는 경우도 있는데, 이 경우에는 자본의 환급으로 자리매김된다. 자본준비금의 감액도 마찬가지이다.[89]

법인세법상 자본금 등의 가액이 감소하면 법인에 있어서 주주로부터의 출자 기록인 장부가액이 감소액만큼 줄어들게 되므로, 그 후 법인에게 이익이 발생하면 주주단계에서 배당과세를 받을 수 있는 금액이 과대하게 된다. 이러한 과대이익 산출 상황을 방지하기 위하여는 자본금

---

87 개인 주주는 무상증자로 증가된(주식수×액면가액) 만큼 과세되고, 추후 무상증자 주식의 취득가액이 액면가액으로 인정되므로 집행상 곤란한 점은 없는 것으로 생각되나, 현실적 수입이 없음에도 수령을 의제하여 징수한다는 점에서 집행상 곤란하다고 할 수 있다.

88 상법 제438조

89 우리 상법은 자본준비금의 감액에 관한 별도의 규정이 없으나, 일본 회사법은 이에 관한 명문 규정을 두고 있다. 일본 회사법 제446조, 제448조 제1항.

등의 금액을 유지하기 위한 조정이 필요하게 된다.[90]

무상감자와 동시에 주식 병합이 행하여지는 경우도 있지만 분배가 없는 한, 즉 무상인 한 법인에의 과세에는 관계가 없다. 또한 주주에게 손실을 인식할 수도 없다. 병합만으로는 1단위당 주식 취득가액이 증액될 뿐 각 주주의 취득가액의 총액에는 변화가 없다. 그러나 100%감자에 의하여 주식을 상실하는 경우 법인주주는 주식 취득가액을 손실로서 손금에 산입할 수 있다.[91]

④ 현물분배와 배당소득 과세

■ 숨은 손익과세

분배가 현금이 아닌 현물자산(채권, 주식 등)인 경우 분배자산에 그동안 포함되어 있던 숨은 손익을 법인에 대하여 과세할 수 있는가 하는 문제가 있다. 이에 현행법은 해산의 경우를 제외하고 이에 대한 명문 규정을 두고 있지 아니하다.[92] 그러나 현행 회사법 아래에서는 현물배당이 가능하므로 이 문제가 정면으로 검토되어야 한다.

미국에서는 오래전에 미연방최고재판소가 숨은 이익에 대한 과세는 없다고 판시하였다.[93] 그 후 1986년 세법 개정으로 숨은 이익은 과세대상으로 하고 숨은 손실은 공제 대상에서 제외하여 주주는 원칙적으로 법인에 있어서 손익의 유무에 불구하고 분배받은 자산의 시가를 수입금

---

90 자본금을 감액한 경우에는 감액분만큼 자본금 등의 액이 증액된다. 자본준비금을 감액한 경우에는 감액분은 자본금 등의 액에 반영되지 아니한다.

91 법인세법 기본통칙 19-19…35(무상감자주식의 손금산입에 관한 처리)는 이러한 결론을 궁극적으로 뒷받침하고 있다.

92 이는 구(舊)상법이 현물배당을 금지하였고, 실제로도 행하여지지 아니하였다는 점에 기인한다.

93 General Utilities & Operating Co. v. Helvering, 296 U.S. 200(1935)

액(시가)으로 하여 과세된다. 이러한 개정은 법인 주주에 대한 이중과세를 강화한 것으로 평가된다.

일본에서는 자산의 분배를 양도, 즉 실현으로 보고 분배자산에 관련된 숨은 이익과 숨은 손실의 쌍방을 인식하여 분배법인의 익금 혹은 손금에 산입할 수 있다고 보고 있다.[94] 현물분배가 손익거래의 성질을 가지는 것으로 입법화된 것으로 평가된다.

현물분배를 받은 주주는 원칙적으로 분배자산을 그 시가에 의하여 취득한 것으로 되고, 현물이 이익 배당으로 분배된 경우는 주주와 법인 모두에 있어 그 전액이 배당과세로 취급된다.

우리 법은 현물배당을 행한 법인에 있어서 자기주식 배당의 경우는 발행법인의 양도금액[95]을, 기타 현물배당인 경우는 자산의 양도금액[96]을 각 익금에 산입하도록 하고 있다. 또한 법인세법 시행령에서 양도한 자산의 양도 당시의 장부가액[97]을 손금으로 하고 있어 분배자산에 관련된 숨은 이익과 손실이 모두 인식된다고 할 수 있다.

■ 자기주식의 분배

과세체계

자기주식의 분배(무상에 의한 교부)는 현행 회사법 아래서는 주식배당으로 취급된다.[98] 주식배당 시 이익을 자본에 전입함과 동시에 증가한 자본금에 상당하는 주식을 새로이 발행하여 주주에게 교부(배당)하게 된다.[99]

---

94 일본 법인세법 제22조 제2항 · 제3항
95 법인세법 시행령 제11조 제2호의 2
96 법인세법 시행령 제11조 제2호
97 위 시행령 제19조 제2호
98 상법 제462조의 2

우리 소득세법은 이러한 주식배당과 주식배당 이외의 현물배당을 따로 구분하여 입법화하였다고 볼 수 있다.[100]

이 경우 이익이 자본에 전입되었다는 사실에 착안하여 의제배당과세를 하고, 취득한 주식은 배당되었다고 간주된 금액이 재출자된 것으로 보아 취득가액을 재계산하게 된다.

자기주식의 무상교부는 주주에 대한 관계에서는 원칙적으로 비과세이다. 즉 위에서 본 바와 같이 의제배당으로 과세되는 측면을 제외하고 과세 문제를 발생시키지 아니한다. 그러나 이러한 원칙은 1종류의 보통주만이 발행되고, 그것과 동일 종류의 주식이 주주들에게 안분적으로 분배되는 것을 전제로 한 것이다. 바꾸어 말하면 i) 법인에 대한 권리관계가 주주 간에 변동, 특히 법인의 이익이나 자산에 대한 지분의 이전이 없고, ii) 각 주주의 법인에 대한 권리관계(투자)가 계속되고 있다는 것을 의미한다. 따라서 이러한 전제가 성립하지 아니하는 경우에는 과세 가능성이 생긴다.[101] 즉 설령 자기주식이라도 현실적으로 법인으로부터 주주에게 자산이 교부된 이상 현물분배 혹은 현물배당으로서의 과세를 행하는 경우가 있을 수 있다.

예를 들면 보통주와 우선주가 발행되어 있는 경우에 보통주에 대하여 보통주만을 분할하는 거래는 법인이익과 자산에 대한 우선주로서의 지분이 고정되어 있다면, 주주 간의 지분 이전이 초래되지 아니하므로 과세대상이 아닐 것이다.[102]

---

99 이미 보유중인 자기 주식으로 배당하는 것은 허용되지 아니한다.

100 예를 들면 소득세법 제17조 제2항 제2호에서는 주식배당을 염두에 두고 있는 듯하나, 시행령 제27조 제1항 제1호 다목에서는 주식배당을 규정하고, 같은 호 다른 목에서는 주식배당 이외의 현물배당을 염두에 두고 있다.

101 상속·증여세법에서 증자와 감자시 지분비율의 변동이 있으면 증여로 과세하고 있다.

102 앞 책 p.385

법인의 자기주식 취득단계

법인이 유상으로 행하는 자기주식의 취득(매수), 출자의 소각, 출자의 환급, 사원의 퇴사 혹은 탈퇴에 의한 지분환급, 출자 혹은 주식의 소각 (발행법인이 이를 취득하지 아니하고 소멸시키는 것을 의미) 등의 거래는 주주가 현금 기타 자산을 대가로 주식 혹은 지분의 일부 혹은 전부를 내놓게 되므로 주주에 있어서 출자기록인 주식 취득가액이 감소하는 점에 공통점이 있다.

위 거래는 과세 관점에서는 이론상으로는 교부된 금액 중 배당으로서 과세되는 부분(의제배당)과 양도손익 부분을 구분하여 과세대상으로 하는 것이 합리적일 것이다.[103] 소득의 성질이 다른 것은 다르게 같은 것은 같게 취급하는 것이 평등원칙에도 부합하기 때문이다.

우리 세법상 자기주식 취득은 법인 주주의 입장에서 보면 의제배당이나 양도소득이나 모두 익금으로 산입되므로 구분실익이 없고, 소득세법상 개인 주주의 경우에는 이를 구분할 실익이 있다. 그러나 유상으로 주식을 이전한 경우에는 양도소득으로 보도록 되어 있고,[104] 소득 구분에서 "퇴직·양도소득 우선원칙"이라고 불릴 만한 소득 구분 원칙이 있어, 일단 양도소득으로 분류되면 성질상 배당소득에 해당되더라도 양도소득으로 과세될 수밖에 없는 법체계를 유지하고 있다.[105]

주주의 의제배당 단계

우리 세법에서는 교부받은 금액에서 취득가액을 공제하는 방식으로 과세된다. 분배 중 배당의 성질을 갖는 부분이 있다고 생각하는 입장에

---

103 일본 세법에서는 이러한 관점에서 규정하고 있다.
104 소득세법 제88조 제1항
105 소득세법 제4조 제1항 제1호 및 제3호

의하여 주주에 대해 의제배당 과세를 행하는 입법례에서는 다음과 같이 배당액을 계산한다.

의제배당금액은 법인으로부터 교부된 금전 혹은 금전 이외의 자산 가액(시가)의 합계액(이하 교부가액)이 해당 주식 등을 취득하기 위하여 사용한 금액(교부를 한 법인의 자본금 등의 금액 중 그 교부에 기인하는 주식에 대응하는 부분의 금액)을 넘는 금액이다.

즉 의제배당=교부가액−대응부분의 금액

여기서 대응부분의 금액은 직전의 자본금 등에 대상이 된 주식이 발행 주식수에서 점하는 비율을 곱하여 계산될 것이다.

이에 더하여 의제배당 과세금액을 제외한 금액은 양도소득으로 과세된다. 자기주식 취득은 양도이기 때문에 배당의 성질을 갖는 부분을 제외하고 양도소득으로 과세되는 것은 당연한 일이기도 하다.

이와 같은 입법례 아래서는 의제배당으로 과세된 만큼 회사측의 이익적립금이 감소되고, "위 대응부분"의 총액은 자본금 등의 가액을 감소시키는 조정이 필요할 것이다.

3) 조세조약상 배당소득

조세조약상 배당소득은 "주식 기타 이윤의 분배를 받을 권리(채권 제외)로부터 생기는 소득" 및 "분배를 하는 법인의 거주지국의 세법상 주식으로부터 생기는 소득과 동일한 취급을 받는 소득"을 말한다.

여기에 원래 국내 세법에 의한 배당소득은 조세조약의 적용상 문제가 없음은 자명하다.

국내 세법상 의제배당소득이 이에 포함될 것인지에 관하여는 논의가 필요한 부분이 있다. 앞에서 살펴본 대로 의제배당 과세대상 금액 중에 성질상 양도소득이라고 보아야 할 부분이 의제배당 소득금액에 포함되어 있기 때문이다.

양도소득은 이윤의 분배와는 다른 성질을 지닌 것이다. 이는 시간의 경과에 따른 자산의 가치증가에 대한 것이다. 이 문제는 앞서 언급한 의제배당 소득과세가 양도소득이 포함된 것이라 할지라도 입법 재량에 속한다고 하면서 의제배당 소득과세의 합법성을 인정한 판례로도[106] 해결되지 않는다. 이는 조세조약상 배당소득이 별도의 규정을 두고 있기 때문이다.

그러면 이윤분배의 성질은 차치하고 "주식으로부터 생기는 소득과 동일한 취급을 받는 소득에는 해당될 것인가" 하는 문제에 관하여 의제배당은 배당과 동일하게 취급하는 것이므로 이 요건을 충족한다고 볼 수도 있을 것이다. 그러나 그 성질이 양도소득일 경우에는 과연 주식으로부터 생기는 소득이라고 볼 수 있을 것인지 의문이 있을 수 있다.

국내 세법상 "법인세법에 따라 배당으로 처분된 금액"과 "국제조세조정에 관한 법률에 따라 배당받은 것으로 간주된 금액"을 "주식 기타 이윤" 혹은 "주식으로부터 생기는 소득"이라고 할 수 있을 것인가 하는 문제가 있다.

"법인세법에 따라 배당으로 처분된 금액"은 소득의 귀속자가 주주 혹은 출자자라는 사실에 기초하여 행하는 처분이므로 원칙적으로 배당가능이익이 있어 이익분배의 한 형태로 이루어진 것(위법 배당 등)으로 보기는 어렵다. 그렇다면 이를 구분하여 배당가능 이익이 있는 경우와 그렇지 아니한 경우로 나누어 조세조약상 배당을 파악하는 방법이 있을

---

106 대법원 2010년 10월 28일 선고 2008두19628 판결

수 있다. 그러나 이 방안은 국내 세법상 그런 구분을 하고 있지 아니한 터에 새롭게 국내 세법을 창설하는 의미를 갖는 것이어서 이론상 문제가 있다.

"국제조세조정에 관한 법률에 의하여 배당으로 처분된 금액"은 배당가능 유보소득이 대상이므로[107] 조세조약상 이윤분배 요건을 충족한다고 보아도 무방할 것이다.

Ⅳ. 인적용역소득

1. 개관

법인세법[108]과 소득세법[109]은 일반적으로 국내에서 인적용역(Personal Service)을 제공함으로써 발생되는 소득을 국내 원천소득의 하나로 규정하고 있다. 용역을 제공한 곳,[110] 용역이 수행된 곳에 원천이 있다고 한 것이다.

---

107 국제조세조정에 관한 법률 제17조 제1항
108 법인세법 제93조 제6호
109 소득세법 제119조 제6호
110 부가가치세법상 용역이 공급되는 장소를 "역무가 제공되거나 재화·시설물 또는 권리가 사용되는 장소"라고 규정하고 있으므로 외국 법인이 국내에서의 부가가치세 납세의무 성립에 대한 판단 기준과도 동일하다. 대법원 2006년 6월 16일 선고 2004두7528, 7535 판결 참조.

이 같은 원천지 규정(Source Rule)의 이론적 근거는 그 용역이 수행되는 장소가 소득을 창출하는 경제활동의 장소(sites)라는 데 있다.[111] 그리하여 용역 수행이 국내에서 이루어지면 국내 원천이 되고, 국외에서 이루어지면 국외 원천이 되는 것이다.

따라서 용역 대가를 지급한 자나 용역 대가를 수령한 자의 국적이나 거주지와는 무관하고, 용역 계약의 체결지나 지급에 관한 형태나 장소, 시간 등과도 무관하다.[112]

우리 세법은 인적용역과 근로를 다른 호에 따로 규정하고 있으나, 근로 대가와 관련된 원천지 판단기준도 근로수행지를 채택하고 있으므로 양자를 같이 설명하여도 무관할 것이다.

참고로 미국의 경우는 양자를 모두 같은 조문에서 설명하고 있다.[113] 그렇다면 인적용역과 근로의 원천지 판단기준의 일반원칙은 수행지라고 하여도 무방할 것이다.

2. 과세체계

1) 국내 세법

우리 국내 세법은 인적용역소득과 근로소득을 구분하여 과세하고 있다. 전자는 비거주자 등이 본인 또는 그의 피고용인 등을 통하여 국내에서 전문직업적 용역, 전문지식이나 특별한 기능을 활용하여 제공하

---

111 U.S. International Taxation, Joel D. Kuntz, Robert J. Peroni. Vol. 1, A2-56

112 앞 책 A2-58 참조. Dillin v. Commissioner, 56 T.C. 228(1971)

113 IRC 861(a)(3)에서 "근로 혹은 인적용역(labor or personal service)" 이라고 규정하고 있다.

는 용역, 직업운동가가 제공하는 용역, 연예인이 제공하는 용역의 대가
로 지급받는 소득을 말하고,[114] 후자는 고용관계에 의하여 근로를 제공
하고 그 대가로서 지급받는 급여, 수당, 상여, 기타 이와 유사한 성질의
수입금액을 말한다.[115]

그러나 앞에서 본 바와 같이 이들 모두 수행지 기준에 의하여 원천지
를 판단하므로 굳이 다른 조문으로 나누어 규정할 필요는 없을 것이다.

2) 조세조약

조세조약에서는 인적용역소득을 독립적/종속적 인적용역, 연예인 ·
체육인의 소득, 이사의 보수, 학생 · 훈련생의 소득, 교수의 보수, 정부
직원의 보수, 연금 등으로 세분하여 규정하고 있다.

(1) 독립적 인적용역소득

조세조약상 독립적 인적용역소득이란 전문직업적 용역 또는 기타 독
립적 성격의 활동으로 취득하는 소득을 의미한다. 과세대상소득은 기
간, 금액, 고정시설보유 등을 기준으로 제한하고 있는 것이 보통이다.

법인의 독립적 인적용역소득을 인정할 것인가 하는 문제에 관하여,
미국과 체결한 조세조약에서는 독립적 인적용역 조항이 개인에게만 적
용되고 법인에게는 적용이 없다. 따라서 법인이 제공하는 인적용역에
대한 대가는 사업소득에 해당되고, 그 소득에 대한 과세 여부는 항구
적 시설(PE) 존부에 따라 달라지게 된다.

---

114 소득세법 제119조 제6호
115 위 같은 조 제7호

(2) 종속적 인적용역소득

고용 관계 하에서 제공되는 용역에 대한 대가로서 국내 세법상 근로소득에 해당된다. 따라서 종속적 인적용역소득은 근로소득에서 조세조약상 별도 규정을 두고 있는 이사의 보수, 연예인·체육인의 보수, 정부용역 대가, 학생·훈련생 소득, 교수의 보수를 제외한 것이 될 것이다.

과세대상이 되는 종속적 인적용역소득 또한 기간, 고용관계, 금액 등을 기준으로 제한을 두고 있다.

3. 인적용역소득의 배분

인적용역의 수행이 일부는 국내에서 일부는 국외에서 이루어진 경우로 인한 소득은 양 원천소득으로 적정하게 배분되어야 할 것이다. 이 경우 특정한 사건에서의 사정을 종합하여 적정한 소득원천을 가장 잘 반영하는 기준에 따라(under the facts-and-circumstances of the particular case) 국내 원천소득을 계산하여야 한다.[116]

이러한 기준의 대표적인 것이 용역제공에 사용된 시간기준(relative time basis)이다. 즉 국내 원천소득금액은 총 인적용역 제공대가를 총 사용시간과 국내 인적용역 제공시간의 비율로 환산하는 것이다.

$$국내\ 원천소득\ =\ \frac{총\ 인적용역\ 대가 \times 국내\ 인적용역\ 제공일수}{총\ 인적용역\ 제공일수}$$

---

[116] 특정한 사건에 가장 잘 맞는 기준을 채택하려는 태도를 facts-and-circumstances test라고 부르고 있다.

산식(算式)은 이와 같이 간단하지만 적용은 그리 쉽지만은 않다.[117] 그러나 이 방법만이 유일한 방법이 아니고, 또한 이 방법만이 언제나 수용 가능한 접근법도 아니다.

4. 타 소득과의 구분

1) 인적용역소득 v. 판매소득 혹은 사용료소득

제품 판매와 관련하여 이를 판매하기 위한 활동, 이른바 세일즈나 프로모션 활동을 인적용역소득으로 따로 과세하지 않고 모두 판매소득으로 보고 원천지 결정을 한다.[118] 그러나 판매활동과 관련하여 받은 커미션은 인적용역소득으로 구분되는데, 이 경우 적어도 커미션을 받은 자가 판매된 상품에 관한 소유권을 가지지 않아야 한다.

이 경우 원천지는 상품 판매지가 아니라 커미션 수령자의 판매촉진 활동이 이루어진 장소가 된다.

판매활동이 아닌 제조활동으로 받은 수수료 혹은 커미션도 인적용역소득으로 취급된다. 이 경우 받는 수수료가 제조된 제품을 일정 부분 보유하는 형태로 이루어지더라도 동일하다.[119]

많은 외국의 사례는 무형자산을 스스로 만든 자, 즉 무형자산 창설자(creator of intellectual property)가 그 무형자산을 만드는 데 소요된 인적용역에 대한 대가가 아니라 그 재산의 판매나 재산의 사용료에 대한 대가

---

[117] Peter Stemkowski v. Commissioner 690 F.2d 40 (1982)

[118] 물론 이론상으로 제품 판매와 판매 활동을 구분하여 후자를 인적용역으로 과세할 수 있을 것이고, 이러한 입장을 시사한 문헌도 엿보인다. 앞 책 A2-72

[119] Commissioner v. Hawaiian Philippine Co., 100 F2d 988(1939)

로서 소득을 얻은 경우에 그 소득 구분이 어떤 것이어야 하는가에 집중되어 있다.

납세자가 레코딩 회사와 맺은 음반취입계약이 납세자에게 그 음반이나 녹음된 매체에 관한 어떠한 이익도 부여하고 있지 않다는 이유로 그 납세자의 소득은 전적으로 인적용역소득이라고 판시한 바 있다.[120]

이와 유사한 접근법으로 발명자의 개인적 노력으로 특허제품이 만들어진 경우, 제약회사가 그 제품에 관한 모든 특허권을 보유하고 있다는 점을 들어 미국의 내국 법인이 위 개인발명자에 지급한 비용을 사용료로 기장하였음에도 불구하고 개인발명자는 제품 연구에 투여한 인적용역의 대가를 받은 것으로 판시하였다.[121]

작가가 자신의 작품을 외국에서 출판할 것을 허락하는 계약을 하고 대가를 일시금으로 받은 경우, 이것이 출판권의 양도인지 아니면 사용료소득인지에 관하여는 미국 대법원이 사용료소득에 해당된다고 본 사례도 있다.[122]

외국 법인으로부터 기술용역을 도입하는 경우 그 제공하는 용역이 공개되지 아니한 기술적 정보(노하우)를 전수하는 것이 아닌 한 용역제공계약의 당사자, 계약 목적, 계약 내용과 성질 및 그 대가 관계 등을 고려하여 동종의 용역수행자가 통상적으로 보유하는 전문적 지식 또는 특별한 기능으로 업무를 수행하는 경우에는 단순한 인적용역에 해당한다는 우리 대법원의 판결은 지식이나 정보의 통상성을 기준으로 판시한 것으로 인적용역과 사용료의 구분 기준의 하나로 작용하고 있다.[123]

---

120 Ingram v. Bowers, 57 F2d 65 (1932)
121 Karrer v. United States, 152 F.Supp. 66
122 Commissioner v. Wodehouse, 337 U.S. 369 (1949)
123 대법원 1986년 10월 28일 선고 86누212 판결

납세자가 인적용역 대가를 사용료로 장부, 계약서 등에 기재한 사실은 소득 성질 결정에 관계가 없다.[124]

예술작품을 만들어 판매하여 번 소득은 인적용역소득인가? 아니면 동산 판매소득인가 하는 것은 문제가 된다.[125]

업무상 저작물(works for hire clause)과의 관계에 관하여는 법리가 적용되면 인적용역으로 판별될 가능성이 크다.[126]

2) 인적용역소득 v. 배당소득

법인의 주주가 그 법인에 용역을 제공하고 서비스의 합리적인 대가를 초과하는 보수를 받은 경우, 그 초과액은 주주에 대한 배당으로 취급되고, 배당소득에 관한 원천지 규정에 따라 국내 원천소득 여부인지를 가리게 된다.

3) 인적용역 v. 비경쟁약정의 대가
(compensation from contract not to compete)

경쟁하지 않을 것을 약속하고 받은 대가는 인적용역소득이 아니라는 것이 미국 국세청과 미국 조세법원의 입장이다. 대신에 그 보수는 수령자의 행동의 자유가 침해되는 데 따른 대가이고, 그 같은 행위가 금지되는 장소에 원천이 있는 것으로 보고 있다.[127]

---

124 Kimble Glass Co, v. Commissioner 9 T.C. 183, 189 (1947), Pierre Boulez v. Commissioner 83 T.C. 584 (1984)

125 Rober H. Cook & John M. Cook v. U.S. 220Ct.cl. 76 (1979), Tobey v. Commissioner 60 T.C. 227 (1973)

126 저작권법 제9조; Pierre Boulez case 참조

마찬가지로 다른 출판업자에게는 미국 내에서 자신의 책 출판을 허용하지 않고 오직 미국 내에서는 계약한 출판업자에게만 이를 허용하는 대가로 받은 금전은 그 납세자가 미국의 비거주자인 경우에도 미국 내 원천소득이 된다고 하고 있다.[128]

4) 인적용역 v. 이자소득

금전을 차용하는 자가 일정한 이자 이외에 은행에 수수료 명목으로 지불한 것이 있다면 이 수수료의 성격이 무엇인가에 관한 논의가 있다.[129]

5) 인적용역 v. 운수소득(transportation income)

우리 법은 운수소득에 관하여 특별한 원천 규정을 두고 있지 않다. 다만, 인적용역의 대가에서 항공료를 인적용역 대가에서 제외하도록 하고 있을 뿐이다.[130]

그러나 국내법과는 달리[131] 조세조약에서는 이에 관한 원천 규정을 두고 있다. 따라서 국제운수용역의 정의에 부합하는 인적용역은 국제운수소득으로 분류되어 이 원천 규정에 따라 판별되어야 한다.

---

127 The Korfund Company, Inc. v. Commissioner 1 T.C. 1180(1943)

128 Sabatini v. Commissioner 98 Fed. (2d) 753 (1938)

129 앞서 본 Bank of America v. United States, 680 F2d 142 (1982) 사건과 최근 판시된 Container Corp. v. Commissioner, 134 T.C. 122 (2010)가 참고가 된다.

130 소득세법 제119조 제6호 단서

131 소득세법에는 기타 소득의 하나로서 "…국내에서 제공하는 인적용역…과 관련하여 받은 경제적 이익으로 인한 소득으로서 대통령이 정하는 소득…"(소득세법 제119조 제12호 차목)이 국제운수용역에 관한 규정을 대신한다고 볼 여지도 있으나, 이에 관한 시행령이 마련되어 있지 않아 이러한 해석도 곤란하다. 법인세법도 동일하다.

V. 사용료소득

1. 과세체계

1) 국내 세법

(1) 원천지 결정기준

법인세법에서는 "권리 · 자산 · 정보(권리 등)를 국내에서 사용하거나 그 대가를 국내에서 지급하는 경우, 그 대가 및 권리 등을 양도함으로써 발생하는 소득"[132]을 사용료[133]소득으로 규정하고 있다.[134]

법인세법은 이 같은 사용료소득의 원천지 기준으로 원칙적으로 사용지 기준과 지급지기준을 동시에 채택하고 있다.

사용지와 지급지를 기준으로 하고 있으므로 지급자나 수령자의 국적과는 무관하다. 한국에서 사용되면 국내원천 사용료소득이 되는 것이고, 한국에서 대가가 지급되어도 국내 원천 사용료소득이 되는 것이다.

---

[132] 법인세법 제93조 제8호.

[132] "사용료"라 함은 OECD 모델협약 제12조 제2항에 의하면 영화필름을 포함한 문학 · 예술 또는 학술작품의 저작권 · 특허권 · 상표 · 의장이나 모형 · 도면 · 비밀의 공식이나 공정의 사용 또는 사용할 권리, 산업상 · 상업상 · 학술상의 장비 사용 또는 사용할 권리 대가로서 또는 산업상 · 상업상 · 학술상의 경험에 관한 정보의 대가로서 받는 모든 종류의 지급금을 의미한다.

[134] 그러나 사용료라는 용어를 사용하지 아니하고 사용료 내용을 이루는 대가를 규정하는 데 그치고 있다. 이는 미국의 입법례와는 다르고 일본의 입법례를 따른 것으로 보인다.

참고로 미국의 경우 사용료소득(Royalties와 Rentals 양자를 포함)의 원천지 기준은 자산의 소재지 혹은 사용지를 채용하고 있다.[135]

그러나 위 원칙에 대한 예외로서 조세조약에서 사용지 기준을 채택하고 있는 경우, "국외에서 사용된 권리 등에 대한 대가는 국내 지급 여부에도 불구하고 국내 원천소득으로 보지 아니한다"라고 규정하여 사용지주의를 우선하고 있다.[136]

사용지 기준을 적용하기 위하여는 권리 · 자산 등의 사용지가 밝혀져야 한다. 저작권, 상표권 등의 경우 일반적으로 사용지는 "저작권이나 상표권 등에 의하여 보호되는 자산이 소비되고 관련 법률이 그러한 저작권이나 상표권을 보호하는 곳"을 의미한다.[137] 그리하여 미국에서 미국 내국 법인이 외국인 비거주자에게 저작권 사용료를 지급한 사안에서 그 책이 비록 미국에서 출판되었지만 저작권이 보호되는 외국에서 전적으로 판매된 경우 미국 내 원천소득이라고 할 수 없다고 하였다.[138]

그러나 특허권, 노하우 기타 유사한 비밀공정(secret process)의 경우 이러한 특수한 무형자산의 사용지는 제조나 기타 개발행위지가 사용지가 되어야 한다는 주장도 있다. 그 이유는 이러한 자산은 그것들과 관련된 행위와의 관계에서만 경제적 중요성을 갖는 것이기 때문이라고 한다.[139]

우리 대법원은 "특허권의 속지주의 원칙상 특허권자가 특허물건을

---

135 IRC 861 (a)(4)

136 법인세법 제93조 제8호 단서 전문

137 미국 Revenue Ruling. 68-443, 1968-2 CB 304 참조. 물론 지급지 기준을 적용하면 다른 결론이 나올 수 있을 것이다. 그러나 미국의 경우 사용지 기준 하나만을 채택하고 있다.

138 Rev. Rul. 72-232, 1972-1 CB 276

139 ALI, Federal Income Tax Project : International Aspects of United States Income Taxation 50 (1987)

독점적으로 생산, 사용, 양도, 대여, 수입 또는 전시하는 등의 특허실시에 관한 권리는 특허권이 등록된 국가의 영역 내에서만 그 효력이 미치는 것이므로 구법인세법 제93조 제9호 가목에서 외국 법인의 국내 원천소득의 하나로 규정하고 있는 "특허권을 국내에서 사용하는 경우에 당해 대가로 인한 소득"이나 한미조세협약 제6조 제3항, 제14조 제4항에서의 "특허권에 대한 사용료는 어느 체약국 내의 동 재산의 사용 또는 사용할 권리에 대하여 지급되는 경우에만 동 체약국 내에 원천을 둔 소득으로 취급된다"는 규정의 의미는 외국 법인 혹은 미국 법인이 대한민국에 특허권을 등록하여 대한민국 내에서 특허실시권을 가지는 경우에 그 특허실시권의 사용대가로 지급받는 소득을 의미한다고 할 것이고(대법원 1992년 5월 12일 선고 91누6887 판결 참조)…"라고 판시하여[140] 특허권의 국내 등록을 국내 원천소득 판단의 한 기준으로 삼고 있다.

그러나 위 판결 이후 관련 조항이 개정되어 현행법은 "특허권 등이 국외에서 등록되었고, 국내에서 제조·판매 등에 사용된 경우에는 국내 등록 여부에 상관없이 국내에서 사용된 것으로 본다"라고 규정하였다.[141] 개정된 법률이 기존 판례의 해석을 뒤집는 것으로서 위에서 본 바와 같은 미국의 비판적인 견해와 궤를 같이 하는 것이다.

(2) 사용료소득의 범위

그러나 모든 권리 등의 사용 혹은 양도대가가 사용료소득 과세대상이 되는 것이 아니고 열거된 권리 등에 국한된다. 우리 법인세법은 학술·

---

140 대법원 2007년 9월 7일 선고 2005두8641 판결. 이 판결에 대한 평석으로서는 졸저, 논점 조세법 개정2판, p.344 참조

141 법인세법 제93조 제8호 단서 후문

예술상의 저작물 저작권, 특허권, 상표권, 디자인, 모형, 도면, 비밀스러운 공식 또는 공정, 방송용 필름 및 테이프, 그 밖에 유사한 자산이나 권리와 산업상·상업상·과학상의 지식, 경험에 관한 정보 혹은 노하우로 국한하고 있다.

이 같은 Source Rule은 유형자산이든 무형자산이든 상관없이 적용된다. 여기서의 무형자산 중에는 영업권, 비밀공정, 프랜차이즈 및 이와 유사한 무형자산을 모두 포함한다.

대법원은 "구법인세법 제93조 제9호 나목에서의 '산업상·상업상 또는 과학상의 지식·경험에 관한 정보 및 노하우'를 사용하는 대가란 지적재산권의 대상이 될 수 있는지 여부에 관계없이 발명, 기술, 제조방법, 경영방법 등에 관한 비공개 정보를 사용하는 대가를 말한다"고 판시한 바 있다.[142]

국제공인자격시험의 대행 등을 하는 외국 법인과 국제공인자격시험센터 운영계약을 체결하고 그 이행에 대한 대가로 외국 법인에 지급한 손금액은 사용료소득에 해당한다.[143]

한편 법인세법은 산업상·상업상·과학상의 기계·설비·장치 기타 용구(用具)의 사용료를 위의 권리 등 사용료와는 별도의 조문에서 규정하고 있다.[144] 이 조문은 선박, 항공기, 건설기계도 포함하고 있다. 아래에서 보는 바와 같이 조세조약에서는 나용선 계약에 의한 선박 또는

---

142 대법원 2000년 1월 21일 선고 97누11065 판결 참조. 그리하여 대법원 1997년 12월 12일 선고 97누4005 판결에서는 소프트웨어를 단순히 상품으로서 구입한 경우에는 사용료라고 할 수 없다고 판시하였다.

143 대법원 2010년 1월 28일 선고 2007두7574 판결

144 법인세법 제93조 제4호. 일본 법인세법의 경우 종전 우리나라와 마찬가지로 사용료소득에 용구에 관한 사용료도 같은 조문에 규정하고 있다. 미국의 경우도 사용료(Royalties)와 임차료(Rent)를 함께 규정하고 있다. IRC Section 861(a)(4) 참조.

항공기의 사용 또는 사용권에 대한 대가도 별도의 규정이 없는 경우에는 사용료로 취급되고 있다.[145]

거주자, 내국 법인 또는 외국 법인의 국내 사업장에 용구를 임대함으로써 발생하는 소득을 법인세법 제93조 제4호 소득으로 규정하고 있으므로 사용지가 국내임을 알 수 있다. 그러나 이 같은 용구임대소득의 원천지 판단기준은 법규정의 형식상 "거주자, 내국 법인 또는 외국 법인의 국내 사업장이나, 비거주자의 국내 사업장에…임대함으로써 발생하는 소득"이라고 규정하고 있어, 사용지(용구의 운용장소) 기준이 아닌 계약상 임차인이 누구인가라는 기준을 채택하고 있다.

매장된 천연자원(Natural resource deposit)이나 식재되어 있는 목재(Standing timber)에 대한 사용료는 법인세법 같은 조 제3호 소득으로서 부동산 또는 부동산상의 권리의 보유나 운용으로 생기는 소득으로 분류되어 적용되어야 할 것으로 생각된다. 이 경우는 소재지 기준이 적용된다.

2) 조세조약

(1) 원천지 결정기준

대부분의 조세조약에서는 지급지 기준(사용료의 지급자가 거주하는 국가에 원천이 있는 것으로 취급)으로 채택하고 있으나, 미국과의 조세조약에서는 사용지 기준을 채택하고 있다. 특허권 등을 재차 사용한 경우 원천지를 둘러싸고 분쟁이 생길 수 있다. 예컨대 A 조세조약 체약국 이외의 거주자가 자신의 특허권을 X 일방 조세 체약국 법인에게 사용을 허여하

---

145 이용섭 외, 앞 책 p.306

고, X법인은 다시 타방 조세조약 체약국 법인인 Y에게 재차 특허권 사용을 허여한 경우이다. Y가 X에게 지급한 사용료가 조약상 면제되는 경우, 조세조약 적용이 없는 A에게 X가 지급한 특허권의 원천지 여부이다. 이같은 단계적 사용료(Cascading Royalties)[146] 등이 조세조약 체약국 내에만 흘러들어가지 아니하고, 그 이외의 나라에도 흘러들어간 경우 원천지 결정이 쉽지 아니하다.

(2) 사용료소득의 범위

조세조약은 체약국에 따라 다소 상이하나 위에 적은 학술·예술상의 저작물 저작권 등, 산업상·상업상·과학상의 지식·경험에 관한 정보 또는 노하우, 산업상·상업상·과학상의 기계·설비·장치 기타 용구(用具)에 더하여 나아가 기술용역에 대한 대가도 사용료소득으로 규정한 경우도 있다.[147]

(3) 과세방법

사용료의 수취인이 동 사용료의 수익적 소유자인 경우에는 일정한 세율(제한세율)을 초과하여 과세할 수 없으나, 일정한 국가와 체결한 조세조약[148]에서는 사용료에 대하여 거주지국에서만 과세할 수 있다.

그러나 제한세율의 적용이 배제되는 경우도 있다. 이는 외국 법인의 국내 사업장(항구적 시설, Permanent Establishment)에 실질적으로 관련되

---

[146] SDI Netherlands B.V. v. Commissioner 107 T.C. 10(1996)

[147] 일반적인 기술용역 및 기술지원에 대한 대가는 사업소득 또는 인적용역소득으로 취급하는 것이 보통이나 브라질 등과 맺은 조세조약에서는 이러한 대가를 사용료소득으로 명시하고 있으므로 당해 조약의 규정에 따라 사용료소득이 된다. 앞 책 p.313

[148] 헝가리, 아일랜드, 아랍에미리트, 몰타

는 경우(사용료의 지급의무가 PE의 활동과 관련하여 발생된 경우이다)이다. 이 경우에는 사업소득으로 보아 사업소득 조항을 적용하여 과세된다. 또한 이러한 경우에는 PE 소재지에서 사용료가 발생하는 것으로 간주된다. 이는 지급지주의에 대한 예외로서 PE가 존재하는 경우에 국한하여 사용지주의를 채택한 것으로 해석된다.[149] 또한 사용료의 수취인이 동 사용료의 수익적 소유자가 아닌 경우에도 제한세율이 적용되지 아니한다.

사용료의 지급자와 수취자 간 또는 이들 양자와 제3자 간의 특수관계로 인하여 사용료의 지급금액이 조작되어 독립된 자 간의 거래이었다면 지급되었을 금액과 다른 경우에는 각 체약국의 국내법에 따라[150] 과세조정을 할 수 있다. 우리나라와 체결한 모든 조세조약은 이 같은 특수관계자 간의 거래에 대한 과세조정 규정을 두고 있다.

2. 사용료소득의 배분

사용료의 판정기준을 적용하여 본바, 결과적으로 국내 원천이 일부 있고 국외 원천도 일부 존재하여 부분적으로만 국내 원천소득이 되는 경우 적정한 배분(Appropriate allocation)을 하여야 할 것이다.

이 경우 합리적인 배분(Reasonable allocation)에 관한 입증 책임은 누가 져야 할 것인지 관하여는 그 거래에 관한 당사자에게 입증 책임이 있다고 보아야 하지 않을까 생각된다. 만약 거래당사자가 이를 다하지 못하면 과세당국의 배분이 법원에 의하여 인정될 것이다.[151]

---

149 앞 책 p.323
150 국제조세조정에 관한 법률 제2장 참조
151 Joel D. Kuntz, U.S. International Taxation, p.A2-85. Wodehouse v. Commissioner, 178 F2d 987 (1949) 참조

3. 타 소득과의 구분

1) 사용료소득 v. 판매소득

저작권의 경우 미국 국세청은 저작권자가 저작권 보호기간 동안 어떤 특정매체를 통한 출판권한을 독점적으로 타인에게 허여하고 대가를 받은 경우에는 저작권 판매소득으로 보고, 저작권 기간 중 일부 기간에 국한하여 저작권을 허여한 경우에는 저작권 사용료소득으로 구분하는 입장을 취하고 있다.[152]

마찬가지로 특허권의 경우에도 그 특허권의 잔존기간 전부에 대하여 독점적 권리를 주면 특허권의 양도, 즉 판매로 보고 그 기간보다 짧은 기간 동안만 특허권을 사용할 권리를 주면 이는 사용권을 준 것, 즉 License로 취급한다.

소프트웨어의 도입대가와 관련하여 소프트웨어 권리의 일부를 양도 (a partial transfer of rights)하고 대가를 받는 경우는 사용료소득으로 보는 것이 일반적이고, 이에 반하여 소프트웨어 소유권을 양도(Transfer of the full ownership)하고 그 대가를 받는 경우는 사용료소득으로 보지 않고 사업소득이나 독립적 인적용역소득 또는 양도소득으로 보고 있다.[153] 이 경우에 이것은 권리의 사용대가가 아니고 소유권 양도로부터 발생된 소득으로 보기 때문이다.[154] 또한 하드웨어에 내장된 소프트웨어

---

152 Rev. Rul. 60-226 1960-1 CB 26. 그러나 미국 판결 중에는 모든 매체에 대하여 모든 권리를 준 것인지 아니면 특정매체를 통한 출판의 허락만을 허용한 것인지에 따라 전자는 판매소득으로, 후자는 사용료소득으로 판결한 사례가 있다. Misbourne Pictures, Ltd. V. Johnson, 189 F2d 774(1951)

153 1992년 OECD 모델협약 주석 제12조 제2항 제15호.?제16호.

(hardware with built-in software)를 사용하게 하거나 판매하고 대가를 받는 경우, 소프트웨어가 하드웨어의 일부분으로 완전히 부착되어 소프트웨어와 하드웨어를 분리할 수 없고 가격도 단일가격으로 형성된 경우로써 어떠한 저작권도 포함하고 있지 않다면 하나의 상품거래이므로 사용료소득으로 볼 수 없다.[155]

우리 대법원은 납세의무자가 국내에서 시행하는 국제공인자격시험센터를 운영하기 위하여 외국 법인과 시험문제 및 관련 소프트웨어 제공에 관한 계약을 체결함에 따라 그 법인에게 지급한 송금액은 "시험문제 등의 사용에 대한 대가로서 구법인세법 제93조 제9호 나목, '대한민국 정부와 호주 정부 간의 소득에 대한 조세의 이중과세회피와 탈세방지를 위한 협약' 제12조 제3호 다목에서 정한 '사용료소득'에 해당한다"고 판단한 바 있다.[156]

또한 "법인세법 소정의 사용료라 함은 통상 노하우(KNOW-HOW)라고 일컫는 발명, 기술·제조방법, 경영방법 등에 관한 비공개 기술정보를 사용하는 대가를 말한다고 할 것인데, ⋯ (원고의) 각 소프트웨어의 도입은 단순히 상품을 수입한 것이 아니라 노하우 또는 그 기술을 도입한 것이므로 위 기술 도입 대가를 위 각 외국 법인의 국내 원천소득인 사용료소득으로 보고 한 피고의 이 사건 과세처분은 적법하다"고 하였다.[157]

---

154 이는 OECD 모델협약에서 "사용료를 저작권 등의 사용 또는 사용할 권리의 대가"로 규정하고 있기 때문이며, 우리나라가 일본 · 태국(개정 전) · 싱가포르 · 미국 · 멕시코 등과 체결한 조세조약처럼 저작권 등의 양도의 경우에도 사용료소득으로 규정된 경우에는 이에 따라야 한다.

155 이용섭 · 이동신 공저, 국제조세, 2011년 개정증보판, 세경사, p.310. 이 경우는 동산 판매소득 혹은 사업소득이 될 것이다.

156 대법원 2010년 1월 28일 선고 2007두6632 판결

157 대법원 1995년 4월 11일 선고 94누15653 판결

2) 사용료소득 v. 인적용역소득

사용료소득이 되기 위하여는 사용료 지급계약이 체결된 때에 권리 · 자산 · 정보 등이 존재하여야 한다. 그러나 이러한 단계에 이르지 못하고, 그러한 권리 등을 창출하기 위한 과정 중에 있는 경우에는 인적용역 제공에 대한 대가라고 보는 것이 타당할 것이다.[158]

전자상거래와 관련하여 노하우 공급계약인지 인적용역 공급계약인지 구분은 쉽지 않으나, 전자는 이미 존재하는 정보에 관한 것이거나 또는 정보의 개발 또는 생성 이후 동 정보 공급에 대한 계약으로서 당해 정보에 대한 비밀보호 규정을 포함하는 경우이고, 후자는 공급자가 자신의 특별한 지식 · 기술활동을 통한 서비스 활동을 수행하고, 이런 지식 · 기술의 이전행위가 별도로 이루어지는 일이 없는 경우이다.[159]

방송사와의 사이에 음악의 연출가 혹은 연주자로서 레코드 취입을 하여 주기로 약정하고, 이렇게 취입된 음반은 방송사의 소유로 하기로 하고 이러한 양도에 대한 대가를 받은 사안에서 인적용역소득에 해당되고 사용료소득이 아니라고 한 판결도 위와 같은 기준에서 이해할 수 있을 것이다.[160]

---

158 비타민 물질에 관한 연구지원 및 개발성공 시에 판매액의 일정비율을 지급받기로 하고 회사와 계약한 후 이 계약이 양도되어 양수받은 법인으로부터 대가를 지급받은 사안에서 이는 인적용역소득이고 사용료소득이 아니라고 판시한 미국 법원의 판결은 이러한 입장을 반영한 것으로 생각된다. Paul Karrer v. U.S.152 F. Supp. 66(1957)

159 이용섭 · 이동신 공저, 앞 책 p.316

160 Pierre Boulez v. Commissioner, 83 T.C. 584

제5장
이전가격세제

I. 이전가격세제의 개관

1. 이전가격세제의 의의

모자회사나 형제회사 등의 관련 기업 간에 여러 가지 이유로 상호 독립한 당사자 간의 거래(독립당사자 간 거래, arm's length transaction)에 있어서 통상 설정되는 대가(정상대가, arm's length price)와는 다른 대가로 거래를 행하는 경향이 있다. 이 같은 경향은 기업의 글로벌화와 다국적화가 진전됨에 따라 점점 더 빈번히 나타나고 있다.

이러한 거래가 세법상 문제가 되는 이유는 정상대가와 다른 대가로 거래가 이루어지는 경우 거래 당사자인 기업 간에 소득이 이전되기 때문이다. 즉 거래의 일방기업에 적정소득과는 다른 소득이 남게 되고 국제 간의 거래의 경우 소득의 국제적 이동이 생기게 된다. 이 같은 문제를 일반적으로 이전가격(transfer-pricing) 문제라고 부른다.

이러한 문제에 대처하기 위하여 국가의 과세권의 적절한 조정[1]이라는 관점에서 현실의 거래대가가 아닌 정상대가로 거래가 이루어졌다고 가정한 경우에 얻어지는 기업의 적정 소득에 따라 각 국가가 과세를 행할 필요가 있다.[2]

---

[1] 그리하여 다국적 기업에 대하여 이전가격세제를 적용하여 관련 국가 간에 소득 배부를 할 경우 어떤 기준에서 할 것인가에 관하여는 먼저 다국적 기업을 어떻게 볼 것인가와 관련하여 일체설과 개체설이 주장되고 있다. 한편 과세소득 배부 기준으로도 활동지 기준방식과 사업장 기준방식이 논의되고 있다. 이에 관한 자세한 논의는 이태로 · 한만수, 조세법강의 신정6판, p.873 이하 참조

그리하여 조세조약에서는 서로 다른 나라에 존재하는 관련기업 간에 독립기업들 사이(Between independent enterprises)에서의 거래와는 다른 거래가 이루어진 경우, 정상조건에서 거래가 이루어졌다고 가정한 경우 산출되는 이익과의 차이에 대하여 과세한다.[3] 그리고 이러한 과세로 인하여 거래 상대방이 된 기업의 소득을 조정하여야 하는데 이를 대응조정(Correlative adjustment)이라고 한다. 이러한 대응조정은 이전가격세제의 중요한 요소의 하나이다.[4]

2. 연혁

이전가격문제에 대처하기 위하여 미국에서는 오래전부터 국내법상 일반적 조치로서 현재의 내국세입법전(Internal Revenue Code) 제482조[5]에 상당하는 규정을 두고 이를 집행하여 왔다. 위 조항은 국내 거래뿐만 아니라 국제 거래에서도 빈번하게 적용되어 왔다. 그 후 여러 선진국에서

---

2 후술하는 미국의 내국세입법 제482조항의 규정도 적정소득산출과 조세회피의 방지를 그 입법 목적으로 들고 있다. "The purpose of section 482 [26 USCS § 482] is to ensure that taxpayers clearly reflect income attributable to controlled transactions and to prevent the avoidance of taxes with respect to such transactions."

3 OECD 모델조약 제9조 제1항

4 위 제2항. 이 조항에서는 상대 체약국에 대응적 조정을 할 의무를 부과하고 있다. "… the other State shall make an appropriate adjustment…."

5 현재의 IRC 482조항은 "법인격의 유무나, 미국 내 설립 어부나 연결신고 요건의 충족 여부를 불문하고 동일한 이해관계자에 의하여 직·간접으로 소유 혹은 지배되고 있는 2개 이상의 조직·영업 또는 사업에 대하여 재무장관 혹은 그 대리인은 탈세를 방지하거나 이러한 조직·영업 혹은 사업의 소득을 정확히 산정하기 위하여 필요하다고 인정되는 경우에는 그들 간에 총소득, 경비공제, 세액공제 기타 공제를 배분·할당·변경할 수 있다. 무체재산권의 양도 또는 사용권의 공여의 경우에는 당해 양도 또는 사용공여에 관계된 소득은 당해 무체재산권에 귀속될 소득에 상응한 것이어야 한다."

이전가격세제를 도입하여 국제 간 거래에 국한하여 적용하여 오고 있다.[6]

3. 이전가격세제의 구성

이전가격세제의 메커니즘은 크게 두 부분으로 구성되어 있다.

하나는 정상가격을 산출하는 것이고, 다른 하나는 이렇게 현실적인 가격이 아닌 정상가격으로 재조정하는 바람에 생긴 소득을 관련자들 간에 조정하는 문제, 즉 대응조정으로 이루어진다.

transfer pricing = arm's length price + correlative adjustment

4. 적용대상 거래

국제조세조정에 관한 법률 제4조에서 거래 당사자의 어느 한쪽이 국외 특수관계인인 국제거래에서 그 거래가격이 정상가격보다 낮거나 높은 경우에는 정상가격을 기준으로 거주자의 과세표준과 세액을 결정하거나 경정할 수 있다고 규정하고 있다.

1) 당사자

"어느 한쪽이 국외 특수관계인"인 국제거래라고 규정하고 있고, 국외 특수관계인이란 "거주자, 내국 법인 또는 국내 사업장과 특수관계에

---

[6] 일본의 경우 1986년에 국제거래에 한하여, 그것도 법인간의 거래에 한하여 도입하였다.

있는 비거주자 또는 외국 법인을 말한다"고 하므로[7] 거주자, 내국 법인 또는 국내 사업장과 비거주자, 외국 법인 간의 거래에 모두 적용된다.[8] 대상으로 되는 거래는 주로 내국 법인과 국외 특수관계인 간의 거래이다. 법인과 국외 특수관계인과의 사이에 관련자를 개재시킨 경우(제3자 개입거래)도 그 대가의 액이 법인과 국외 특수관계인과의 사이에서 실질적으로 결정되어 있는 경우에는 국외 특수관계인과의 거래에 포함된다.[9]

2) 거래의 가격

이전가격세제가 우리나라 거주자 혹은 내국 법인의 적정소득을 산출하기 위한 것이므로 우리나라 국고 수입에 영향을 주는 가격을 문제로 삼는 것이다. 따라서 현실적인 대가와 정상적인 대가가 다른 경우 이 모두를 문제 삼는 제도가 아니다. 예를 들면 해외 판매의 경우라면 정상가격보다 높은 가격으로 판매한 경우는 적용대상이 아니다. 반대로 해외로부터 구매한 경우라면 구매대가로 지급한 금액(현실적 대가)이 정상가격보다 낮은 경우에는 적용대상이 아니다. 위와 같은 경우에는 모두 우리나라 거주자 혹은 내국 법인의 소득을 감소시키는 것이 아니라 증가시키는 거래로서 우리나라의 이전가격세제가 적용되지 아니한다.[10] 따라

---

7 국제조세조정에 관한 법률 제2조 제1항 제9호.
8 입법례에 따라서는 개인 간의 거래에는 이전가격세제가 적용되지 아니하고 법인 간의 거래 즉 외국 법인간의 거래에만 적용되도록 하는 국가도 있다. 예를 들면 일본의 경우가 그렇다.
9 국제조세조정에 관한 법률 제7조
10 물론 상대국에서는 이와 같은 경우 정상가격이 동일하다면 이전가격세제가 적용될 가능성이 크다. 따라서 우리나라에서는 대응조정을 하여야 할 필요가 생길 여지가 있을 것이다.

서 정상가격보다 낮은 가격에 해외 판매하거나 높은 가격에 해외로부터 구매하는 등 우리나라에 유보되는 소득을 감소시키는 거래가 이전가격세제의 적용대상이 된다.

현행 국제조세조정에 관한 법률에서는 "…거래 당사자의 어느 한쪽이 국외 특수관계인인 국제거래에서 그 거래가격이 정상가격보다 낮거나 높은 경우에는 정상가격을 기준으로 거주자의 과세표준과 세액을 결정하거나 경정한다"고 규정한 취지도 이러한 전제하에 있다.[11]

다만 단서 조항에서 "…동일한 정상가격 산출방법을 적용하여 둘 이상의 과세연도에 대하여 정상가격을 산출하고 그 정상가격을 기준으로 일부 과세연도에 대한 과세표준 및 세액을 결정하거나 경정하는 경우에는 나머지 과세연도에 대해서도 그 정상가격을 기준으로 과세표준 및 세액을 결정하거나 경정한다"고 규정하고 있다. 이는 여러 과세연도에 걸쳐 동일한 방법에 의한 정상가격을 산출하여 그를 기준으로 일부 과세연도에 대하여 결정·경정할 경우에는 나머지 과세연도에 대하여도 그 정상가격을 기준으로 하여야 한다는 것으로 이러한 원칙에 관한 예외가 된다.[12]

3) 거래의 내용

이전가격세제는 국제거래에 적용된다. 그런데 국제조세조정에 관한 법률은 국제거래를 유 · 무형자산의 매매 · 임대차 · 용역 제공 · 금전 대출 · 차용 그 밖에 거래자의 손익 및 자산과 관련된 모든 거래를 의미한다고 규정하였으므로 이에 국한하여 적용된다. 사실상 모든 손익거래를

---

11 국제조세조정에 관한 법률 제4조 본문
12 위 같은 조 단서

포함하는 것이라고 할 수 있다.[13]

4) 입증 책임[14]

국외 특수관계자와의 거래에 있어서 납세의무자로서는 과세관청이 정
상가격을 조사하기 위하여 요구하는 자료 및 증빙서류를 성실하게 제
출할 의무가 있고, 과세관청이 스스로 정상가격의 범위를 찾아내어 고
려해야만 하는 것은 아니므로, 국외 특수관계자와의 이전가격이 과세
관청이 납세의무자에게 국제조세조정에관한법률 제11조(국제거래에 대한
자료제출의 의무)에 의거 소정의 자료 및 증빙서류의 제출을 요구하는 등
의 최선의 노력으로 확보한 자료에 기하여 합리적으로 산정한 정상가격
과 차이를 보이는 경우에는, 비교가능성 있는 독립된 사업자 간의 거래
가격이 신뢰할 만한 수치로서 여러 개 존재하여 정상가격의 범위를 구
성할 수 있다는 점 및 당해 국외 특수관계자와의 이전가격이 그 정상가
격의 범위 내에 들어있어 경제적 합리성이 결여된 것으로 볼 수 없다는
점에 관하여 그 입증 책임이 납세의무자에게 돌아간다.

5) 조세회피 또는 소득이전의 의도

법령상 조세회피 의도는 요건으로서 규정되어 있지 아니하고, 재판례
도 "조세회피 등의 부당한 의도가 있었는지 여부는 묻지 않는다"고 하
고 있다.[15]

---

13 일본의 경우 자산의 판매·구입, 용역의 제공, 기타 거래로 규정하고 있다.
14 대법원 2001년 10월 23일 선고 99두3423 판결
15 大阪高判平 22. 1. 27 税資 260

Ⅱ. 정상가격(arm's length price)

1. 개관

1) 정상가격의 의의

정상가격이란 거주자, 내국 법인 또는 국내 사업장이 국외 특수관계인이 아닌 자와의 통상적인 거래에서 적용되거나 적용될 것으로 판단되는 가격을 말한다.[16] 즉 국외 특수관계인이 아닌 자와의 거래에서의 가격, 거래 당사자 사이에 특수관계가 없었더라면 적용되었거나 적용될 가격을 말한다. 이러한 당사자 사이의 관계(Privity)에 착목하여 독립당사자 간 가격 혹은 독립기업 간 가격으로 부르기도 한다.[17] 개념 자체에서 알 수 있듯이 이는 현실적인 거래가액이 아니고 당해 거래에서는 관념적인 가격이라고 할 수 있다.[18]

2) 정상가격 산출방법의 종류

정상가격(독립기업 간 가격)의 산출방법으로 법이 규정하고 있는 방법은 여섯 가지이다.

---

16 위 법 제2조 제1항 제10호.
17 이태로·한만수, 앞 책, p.880
18 그러나 다른 거래에서는 실제 존재하는 현실적인 가격일 수도 있다.

비교가능 제3자 가격방법(Comparable Uncontrolled Price), 재판매가격방법(Resale Price), 원가가산법(Cost Plus), 이익분할방법(Profit Split), 거래순이익률방법(Transactional Net Margin Method), 그리고 그 밖에 시행령으로 정하는 합리적으로 인정되는 방법이다.[19] 이 중 기타 방법은 위 다섯 가지 방법이 정상가격을 산출할 수 없는 경우 보충적으로 적용된다.[20]

보충적인 방법을 제외한 다섯 가지 방법 중 CUP, RP, CP 방법은 전통적 방법에 속한다.

독립기업 간 가격 산정방법	내용
CUP 제3자 가격방법 (Comparable Uncontrolled Price)	당해 국외 관련 거래(국외 특수관계인과의 거래)와 동종 제품 등을 동일한 상황에서 특수관계가 없는 자 사이에 매매 등을 할 때의 금액
RP 재판매가격방법(Resale Price)	국외 관련 거래의 자산 매수자가 특수관계가 없는 자에게 그 자산을 판매한 경우의 대가에서 통상의 이윤을 공제한 금액
CP 원가가산법(Cost Plus)	국외 관련 거래에 관련된 자산의 매도인의 취득원가에 통상의 이윤을 가산하여 계산한 금액

---

19 구 국제조세조정에 관한 법률 제4조 제2호(현행법으로는 동 법 제5조 제1항 제6호.) "기타 거래의 실질 및 관행에 비추어 합리적이라고 인정하는 방법"에도 해당하지 않는다고 판시한 사례로는 대법원 2011년 8월 25일 선고 2009두23945 판결. 한편, 합리적인 방법이라고 인정한 판례로는 대법원 2006년 7월 13일 선고 2004두4239 판결 : 대법원 2011년 10월 13일 선고 2009두15357 판결

독립기업 간 가격의 산정방법	내용
PS 이익분할방법(Profit Split)	국외 관련 거래에 관련된 이익을 관련 자 간에 분할하여 산정된 금액
TNMM 거래순이익률방법 (Transactional Net Margin Method)	특수관계가 없는 자 사이에 이루어진 거래와 관련된 거래순이익율을 기초로 하여 산정된 금액

2. 가장 합리적인 방법(Best Method Rule)의 채택

1) 국제조세조정에 관한 법률

우리 법은 정상가격 산출방법을 선택하는 경우 일정 기준을 고려하여 그 중 가장 합리적인 방법을 선택하여야 한다고 규정하고 있다.[21] 따라서 독립당사자 간 가격, 즉 정상가격은 구체적인 사정 하에서 정상가격을 가장 신뢰할 수 있게끔 측정할 수 있는 방법에 의하여 산정되어야 한다. 그 산정방법 간에 우선순위가 없고, 그 어떤 방법도 언제나 다른 방법에 비하여 항상 신뢰할 수 있다는 것은 있을 수 없다.

두 가지 이상의 방법이 서로 다른 정상가격을 산출하게 되는 경우에는 그 중 가장 신뢰할 수 있는 정상가격 산출방법을 사용하여야 한다.[22]

---

20 국제조세조정에 관한 법률 제5조
21 국제조세조정에 관한 법률 시행령 제5조 제1항
22 Federal Regulation 1, 482-1

국제조세조정에 관한 법률에서는 "가장 합리적인 방법"을 정하기 위한 조건을 규정하고 있다. 비교가능성, 자료의 확보, 이용가능성, 가정의 현실성, 산출방법의 적합성이다.[23]

먼저 위 법률에 규정된 비교가능성에 관하여 재화나 용역의 종류 및 특성, 사업활동의 기능, 거래에 수반되는 위험, 사용되는 자산, 계약 조건, 경제 여건, 사업전략 등의 일곱 가지 요소를 분석하여야 한다고 한다.

다음으로, 적합성에 관하여 산출하기 쉬운 지표인지의 여부, 특수관계거래의 구별요소가 재화, 용역인지 아니면 기능의 특성인지 여부, (거래순이익률 방법 적용시) 거래순이익률 지표와 영업활동의 상관관계라는 세 가지 기준을 규정하고 있다.

2) OECD 가이드라인 및 BEPS Action 8-10

(1) 가이드라인

① 법적 지위

우리나라의 이전가격세제는 OECD의 보고서를 기초로 하고, 가이드라인과 공통된 기반을 갖고 있지만, 가이드라인은 직접적으로 법원성(法源性)을 갖는 것이 아니고, 우리나라 이전가격세제는 국제적 기본 규범을 존중하면서도 구체적인 해석, 운영은 국내법인 국제조세조정에 관한 법률의 규정에 따라서 행해지고 있다. 그러나 국내법이 규정이 존재하지 않는 경우 또는 불명료한 경우에는 가이드라인은 해석상의 근거

---

23 국제조세조정에 관한 법률 시행령 제5조 제1항. 위 시행령 제4호의 자료와 가정의 결합이 산출된 가격에 미치는 영향이 적을 것이라는 기준은 자료의 이용가능성과 가정의 현실성으로 설명 가능하다.

적어도 중요한 참고자료로 된다고 해석할 수 있다.[24]

② 내용의 개요

OECD 가이드라인에서는 정상가격 산출방법에 관하여 전통적 거래 접근방법과 거래이익방법으로 나누어 설명하고 있다. 전자에는 앞에서 언급한 비교가능 제3자 가격법, 재판매가격법 및 원가가산법으로 구성되고, 후자는 거래이익분할법과 거래순이익률법으로 나누고 있다.

이들 각 방법은 적용상 우열이 있기 때문에 만일 전통적 방법과 거래 이익방법이 모두 동일하게 신뢰할 수 있을 정도로(in an equally reliable manner) 적용될 수 있다면 전자가 후자에 우선하고, 전통적 방법이 모두 동일하게 신뢰할 수 있다면, 비교가능 제3자 가격법이 우선 적용된다. 그러나 거래이익방법이 전통적 방법보다 더 적합한 상황이 있을 수 있다.[25]

가장 합리적인 방법을 선택할 때 단순히 독립거래 자료수집이 곤란하다거나 일부 측면에서 불완전하다는 이유만으로 거래이익방법을 사용하는 것은 적절하지 아니하다. 또한 기업들이 평균보다 낮은 이익을 실현하였다는 이유로 과도한 세금을 부담시키거나, 평균보다 높은 이익을 실현하였다는 이유로 낮은 세금을 부담시키는 결과가 나타나도록 거래

---

24 東京地判平 26. 8. 28 本田技研사건. 일본 고등법원 판결도 "일본의 이전가격세제 규정 해석 적용에 있어서는 일본의 이전가격세제가 독립기업 원칙이라고 하는 다른 외국의 이전가격세제와 공통의 기초에 입각하고 있다는 점을 배려하지 않으면 안 되고 구체적으로는 '다국적 기업과 세무당국을 위한 이전가격 산정에 관한 지침' (이전가격 가이드라인)의 기재를 따라하지 않으면 안 되기 때문이다" 라고 명확히 판시하고 있다. 東京高判平 27. 5. 13

25 특수관계 당사자가 모두 가치 있고 독특한 공헌을 하거나 거래 당사자가 통합된 활동을 하는 경우에는 거래이익분할방법이 다른 방법보다 더 적절하다. OECD Transfer Pricing Guideline(2010), Para. 2.3-2.4

이익방법을 적용하여서는 아니 된다고 규정하고 있다.[26]

(2) BEPS Action 8-10(정상가격 산출과 가치창출의 연계)[27]

BEPS Action 8-10(정상가격 산출과 가치창출의 연계 관련) 권고사항에서 가장 중요한 점은 경제적 실질에 따른 가치 창출 기여도에 따라 다국적 기업 그룹 내 구성원 간의 이익이 배분이 이루어지도록 하는 것이다.

① 계약상 위험부담은 실질적인 의사결정권이 있을 경우에만 인정하며, 계약 관계가 경제적 실질과 일치하지 않는 경우에는 실질에 따라 이전가격 분석을 수행한다.

기능분석(functional analysis) 시 위험부담 주체를 판단함에 있어 위험에 대한 통제 능력과 재무 부담 능력을 함께 고려하도록 하고, 과세 당국은 특정거래의 상업적 합리성이 결여된 경우 당해 거래를 부인 또는 재구성할 수 있다.

과도한 자본을 제공하는 기업에 대하여 가치 창출에 대한 실제 기여도에 따라 위험 조정 보상을 제공해야 한다.

② 공신력 있는 공시가격이 확인되는 원자재 거래의 경우, 당해 공시가격을 활용한 비교 가능 제3자 가격 방법이 가장 합리적인 정상가격 산출 방법이 될 수 있다. 과세 당국은 납세자가 적용한 가격 결정의 신뢰성을 검증하며 납세자의 가격 결정일이 합리적이지 않은 경우, 선적 일자와 같은 이용 가능한 자료를 통하여 가격 결정일을 간주할 수 있다.

---

[26] 위 par. 2.5, 2.7

[27] OECD, Guidance on Transgfer Pricing Aspects of Intangibles, Action 8 : 2014
Deliverable, 한국조세정정연구원, BEPS 이행관련국제동향, p. 101

③ 정상가격 산출방법 중 이익분할방법의 사용이 적절한 상황, 배분 대상이익의 측정, 이익배분기준 등에 관한 구체적 적용 사례를 제시하고 있다. OECD는 2017년 6월 22일 이익분할에 관한 공개토의초안(revised guidance on profit splits)를 공표했다. 이에 의하면 양 당사자에게 특이하고 가치있는 공헌이 있는 경우나 고도로 통합된 사업활동이 행하여지는 경우에는 거래단위이익분할법(transactional profit split method)이 최적의 방법이 될 수 있다고 하고 있다.

그 배경에는 무형자산에 관한 거래 있어서는 일방당사자의 기능만을 평가하는 산정방법(TNMM 등)은 관련 각 당사자의 과세소득을 충분히 인식할 수 없기 때문에 적절하지 않고, 글로벌 밸류체인 전체를 대상으로 하여 소득창출에 기여하는 모든 기능, 리스크, 자산 및 기타 요인을 적절히 측정하여 평가하는 것이 필요하다고 한다. 여기에는 양측을 모두 검증하는 거래단위이익분할법이 적절하다고 하는 사고가 배경이다.

거래단위이익분할법을 적용하는 경우 어떤 요소를 분할 요인으로 할 것인가가 문제로 되지만, 자산, 자본(사업용 자산, 고정자산, 무형자산, 사용자본) 또는 비용(연구 개발, 엔지니어 혹은 마케팅 위한 각 비용. 투자의 상대비율) 이외에도 경우에 따라서는 매출증가액, 종업원 보수, 종업원의 노동시간도 사용될 수 있다.[28]

④ 무형자산 거래와 관련하여, 법적 소유권과 무관하게 가치창출 기여도에 따른 정상가격 보상을 강조하고 있다.

이전가격 분석 목적상 무형자산으로 정의되기 위한 요건 및 예시를 제시하고 무형자산 거래 관련 기능 분석 시, 위험부담 주체를 판단함

---

28 OECD, Public Discussion Draft, BEPS Action 10, C.5.1.

있어 위험에 대한 통제권 유무와 위험을 부담할 수 있는 재정적인 능력을 함께 고려하도록 한다.

무형자산 거래 관련 정상가격 산출방법으로서 현금흐름할인법을 포함한 가치평가 방법의 도입을 권고하고 있다.

가치평가가 어려운 무형자산(hard-to-value-intangible)의 경우 예외가 있지만, 사후적 재무정보 등(ex post outcomes)에 의해 사전적 거래가격의 적정성(the appropriateness of the ex ante pricing arrangements)을 판단할 수 있도록 한다.

⑤ 그룹 내 용역 제공에 관하여 저부가가치 그룹 내에 용역 제공(low value added intra-group services)이 행하여졌는가를 적절히 결정하고 독립기업 간 가격을 지불해야 한다고 하고 있다. 저부가가치 그룹 내부 용역은 회계, 감사, 법률 서비스 등 단순 지원 성격의 용역과 같이 다국적 기업의 중요하고 핵심적인 소득 창출 활동에 관련된 것이 아니고, 용역 제공자가 중요한 위험을 부담하지 않는 용역을 의미한다. 저부가가치 그룹 내부 용역 거래에 대하여 간소화된 접근방법(역무 제공에 관련하는 비용에 대하여 5%를 마크업한 가격)에 적용하기 위한 요건을 제시하고 있다.

다만 본사 비용 등에 관한 과도한 대가지급으로부터 지급국을 보호하기 위해 간소화된 접근방법 적용의 제한기준(threshold)도 함께 제시한다.

⑥ 원가분담약정(Cost Contribution Arrangements)

원가분담약정 참여자를 결정할 때 위험통제 및 재무능력을 고려하여 경제적 실질이 반영될 수 있도록 권고하고 있다.

원가분담약정 혹은 비용분담계약은 유무형의 자산이나 서비스를 공동 개발하고, 해당 유무형 자산으로부터 편익이 발생할 거라는 기대하에 비용 등을 분담하는 기업 간의 약정을 말한다.

취득 개발단계에 있어서 그 계약 관련자가 비용을 부담함으로써 그 계약 관련자 스스로 성과인 특허권 등의 지분을 취득하게 되고, 사용료를 무형자산을 개발한 법인에게 지불할 필요가 없어 이전가격의 문제도 생기지 않게 된다. 국내법상으로는 그 요건과 효과가 정해져 있다. 특히 성과에 의하여 각 당사자가 얻은 편익, 즉 예측 편익을 적정하게 예정하고 그 예측 편입 비율에 대한 비용을 부담할 필요가 있다.

BEPS 보고서에서는 비용분담계약에 의하여 저세율국의 국외 특수관계인에게 비교적 소액의 비용을 부담시키고, 그 후 성과로부터 얻어지는 막대한 수익을 고세율국의 국외 특수관계인에게 귀속시키는 것으로 소득 이전을 도모할 유인이 있다고 지적되고 있다. Action 8-10 최종 보고서는 개발을 위한 비용분담약정에서 평가가 곤란한 무형자산에 관한 권리를 대상으로 할 때는 이른바 소득상응성 기준이 적용되고 가치평가에서 사후적 수정이 있을 수 있다는 취지로 기술되어 있다.

⑦ 소득상응성 기준

BEPS Action 8-10 최종 보고서는 거래시에 평가가 불확실한 무형자산에 관한 거래에 관하여, 독립기업이 불확실성을 고려하여 행하는 행동을 참조해야 한다고 하면서, 예로 기대편익에 의한 가격산정, 단기 계약체결, 가격 조정 조항, 조건부 지급, 재협상에 의한 거래가격 산정의 수정을 들고 있다. 따라서 독립기업이라면 무형자산 평가에 있어서 장래의 높은 불확실성에 대처하기 위한 메커니즘(예를 들면 가격조정조항을 도입하는 것 등)에 동의하였다고 보여지는 경우에는, 과세당국이 그 같은 메커니즘에 기초하여 가격을 산정하는 것을 허용하여야 하고, 후발적 사유가 "거래가격 설정에 있어 장래에 재협상에 이를 정도로 근본적인 것이라고 생각되는 경우"에는 가격 수정을 허용하여 주어야 한다고 하고 있다. 다시 말하여 그룹 간에 있어서 낮은 대가로 이전된 무형자산이 그 후에 막대한 수익을 얻은 경우, 과세당국이 그것을 근거로 사후적으로 가격을 조정하는 것이 허용될 수 있음을 시사하고 있다.

나아가 보고서는 보다 구체적으로, 평가하기 곤란한 무형자산(hard-to-value intangibles, HTVI)에 관하여, 무형자산을 개발 초기단계에서 관련 기업에 양도하고 무형자산의 가치를 반영하지 않은 사용료율을 양도 시점에서 설정하였는데, 나중에 이르러서야 "양도 시점에서는 제품의 그 후 성공에 관한 완전한 확실성을 가지고 예견할 수 없었다"라고 납세자가 주장하는 상황에서는, 사후적인 결과가 사전가격 설정의 적정성에 관한 추정증거로 생각될 수 있다고 기술하고 있다. 이것은 Super Royalty 조항 혹은 소득상응기준이라고 불려지는 미국의 내국세입법전 482조항과 동일한 것은 아니다.

위 보고서가 규정하는 방법은 범위가 '평가하기 곤란한 무형자산'에 한정되어 있고, 또한 사후적으로 그 결과는 추정증거(presumptive evidence)에 지나지 않는다. 즉 액션 8-10 최종 보고서는 과세 목적으로 사후적 결과를 가지고 나중에 얻게 된 인식이 사용되는 것은 허용하지 않는다는 취지이다. 구체적으로는 가격 설정에 사전 예측이 합리적이고 예측과 실제 결과와의 괴리가 예견 불가능한 경우 또는 예측과 실제 결과와의 괴리가 대가의 20% 이내에 머무르는 경우 등에는 이 같은 조치를 행하는 것이 허용되지 않는다.

예를 들면 사후적으로 높은 매출규모를 실현하였다고 하더라도 그것이 거래 시점에서 명확히 예견불가능한 것이었든가 또는 발생 가능성이 지극히 낮은 것이 적절히 예측되었다고 하는 것에서 생긴 무형자산을 사용한 제품에 대하여 사후에 비약적으로 상승한 수요에 기인하는 경우에는 사후적 수정은 허용되지 않는다. OECD가 2017년 5월 23일에 공표한 평가 곤란한 무형자산에 관한 실시 가이드라인도 실제의 사후적인 소득 캐시플로에 대한 평가를 하는 경우, 거래 시점에서의 당해 소득 캐시플로의 실현가능성을 고려하지 않으면 하자가 있다고 하는 것을 확인하고 있다.

이하에서는 전통적 접근방법 중 가장 많이 사용되는 비교가능 제3자 가격법과 거래이익방법에 대하여 자세히 서술하기로 한다.

정상가격 산출법 분류

전통적 거래접근법	거래이익법
1. 비교가능 제3자 가격법 2. 재판매가격법 3. 원가가산법	1. 거래이익분할법 2. 거래순이익률법

3. 비교가능 제3자 가격방법

1) 비교가능성(Comparability)

(1) 일반사항

① 비교대상 및 비교요소

특수관계자 간의 거래(국외 관련자 거래)에서 정상대가를 산출하기 위하여 비특수관계자 간(독립당사자 간)의 거래를 비교하여야 한다. 이러한 목적을 위하여 거래 자체와 거래환경의 비교가 필수적이고 이때에는 가격에 영향을 미치는 모든 요소를 고려하여야 한다.[29]

② 측정대상 당사자(Tested party)

관련 기업 간 이전가격거래에 대하여 정상가격을 산정함에 있어 과세대상 거래 당사자 중 비교대상 거래를 찾고 비교하는 당사자를 실무상 측정당사자 또는 비교대상자라고 부른다.[30] 이론적으로는 어느 측정당사자의 자료를 사용하든 정상가격은 동일하여야 할 것이지만, 실제로는 측정당사자가 누가 되느냐에 따라 결과(the arm's length result)가 달라질 수 있다.

구국제조세조정에 관한 법률 시행령에서는 국제거래 당사자를 측정대상 당사자로 규정하였는데, 우리 대법원이 국내거래 당사자도 이에 포함된다고 판시한 바 있다.[31]

조세심판원 결정에서는 필요한 경우 측정대상 당사자를 상대방 국가소재 기업으로 할 수 있다는 전제를 수용한 결정을 한 바 있다.[32]

③ 정상가격 산정방법과 비교가능성의 관계

■ 가격에 착목하는 방법

이하에서 논하는 비교가능성에 관한 검토는 비교가능 제3자 가격방법(독립당사자 간 거래가격비교법이라고도 불린다)을 전제로 한 것임은 말할 나위가 없다. 그러나 다른 방법이 적용되는 경우에도 비교가능성에

---

29 이전가격의 사건으로 유명한 U.S. Steel 사건에서 독립당사자 간 거래와 비교가능한지 판단할 때는 "관련된 모든 사실을 고려해야 한다(considering all relevant facts)"고 판시하고 있다. United Steel Corporation v. Commissioner 617 F.2d 942
30 "측정당사자"로 번역하기보다는 "비교대상자"로 번역하는 것이 더 의미가 명확하지 않을까 생각된다.
31 구국제조세조정에 관한 법률 시행령 제5조 제1항 제1호, 대법원 2011년 10월 13일 선고 2009두15357 판결 참조
32 국심 97서0049, 1998년 12월 17일

관한 논의는 무의미하지 아니하다. 재판매가격법, 원가가산법과 같은 후자의 경우 얼른 보아서는 가격 이외의 요소에 착목(着目)하고 있는 것처럼 보이나, 결국은 그 가격 이외의 요소도 가격을 구하기 위한 매개체에 지나지 않기 때문이다. 따라서 이들 방법도 실제상으로는 거래가격을 전적으로 고려하지 아니하는 것은 아니다.[33]

■ 이익에 착목하는 방법

가격에 착목하지 아니하는 방법이 적용되는 경우에는 어디까지나 거래가격과는 직접적인 관계가 없는 지표가 비교대상이 된다. 비교이익법(독립당사자 간 수익률비교법)에서는 가격이 아닌 영업이익이나 수익률에 영향을 미치는 요소를 비교한다. 이런 점에서 비교가능성의 요소에 차이가 있다.[34]

■ 비교대상을 필요로 하지 아니하는 방법

독립당사자 간 가격도 필요 없고 비교도 필요 없는 방법으로서 이익분할법이 있다.[35] 이 경우에도 잔여이익분할법을 적용할 경우 통상이익

---

33 위 책, p.67

34 위 책, p.68

35 거래이익법(Transactional Profit Method)은 거래이익분할법과 거래순이익률법으로 구분되고, 거래순이익률법에는 Berry Ratio법이 포함된다. 거래이익법은 종래 기타의 방법 혹은 이익기준산정방법으로 불리던 것이다. 거래순이익률법의 종류는 현재 국제조세조정에 관한 법률 시행령 제4조 제2항에 4가지 전형적인 방법 이외에 기타 합리적인 방법으로 규정되어 있다. 이 중 Berry Ratio법은 위 4가지 전형적인 거래순이익률 방법 중의 하나로서, 매출총이익의 영업비용에 대한 비율을 고려하는 방법이다. Berry Ratio는 주로 용역거래나 단순유통업에 적용된다. Berry Ratio = (매출총이익)/(영업비용)이므로 이 수치가 1이 된다는 것은 손익분기점에 있다는 것을 의미한다. 국제조세조정에 관한 법률 시행령 제4조 제2항 라목, 기본통칙 5-4…1 참조.

률에 관하여는 비교대상이 필요하게 될 수도 있을 것이다. 이 방법에서 중요한 것은 이익분할 기준으로 무엇을 사용할 것인가 하는 점이다.

2) 비교가능성의 기준(Standard of Comparability)[36] 및 조정

비교대상거래가 되기 위하여는 관련자 간 거래와 동일할 필요는 없으나 신뢰할 만한 정상가격을 얻을 수 있을 정도로 충분히 유사하여야 (sufficiently similar) 한다.

이 같은 원칙은 U.S. Steel Corporation 사건에서도 판시되어 있다. 이 사건 판결에서는 "만약 comparable이라는 것이 동일하다(identical) 는 것으로 읽혀진다면 결과적으로 납세자는 과세당국의 무제한의 소득조정 등의 재량을 피할 수 없게 된다"고 하고 있다.[37]

만약 관련자 간 거래와 비관련자 간 거래 사이에 중대한 차이(material difference)가 있다면 차이조정(adjustment)이 행하여져야 한다. 그러나 이러한 조정은 같은 가격이나 이윤에 관한 차이의 효과가 독립당사자 간 가격의 신뢰성을 높이는 데 충분할 정도로 정확하게 확인될 수 있는 경우에 행한다.

국제조세조정에 관한 법률 시행령에서는 비교가능성 분석요소의 차이로 인하여 가격, 이윤 등에 차이가 발생하는 때에는 그 차이를 합리적으로 조정하여야 한다고 규정하고 있다.[38]

여기서 중대한 차이라 함은 적용되고 있는 방법 아래서 독립당사자

---

36 Federal Regulations § 1.482-1(d)(2)

37 위 판결 참조; if "comparable" is taken to mean "identical", it would allow the taxpayer no safe harbor from the Commissioner's virtually unrestricted discretion to reallocate.

38 위 법 시행령 제6조 제2항

간 가격이나 이윤 등에 중대하게 영향을 미칠 수 있는 차이를 말한다. 이 경우 중대한 차이의 조정이 행하여질 수 없다면 독립당사자 간 결과 (가격이나 이윤 등)로 사용될 수는 있으나 그 분석의 신뢰도는 낮아져야 한다.[39]

여기서 조정은 비교대상이 된 비관련 당사자 간 거래 결과에 대하여 행하는 것이고, 이 경우 사업적 관행, 경제적 원칙, 기타 통계적 분석에 기초하여 행하여져야 한다.

어떤 조정이든 간에 그 정도와 신뢰도는 분석의 상대적 신뢰도에 영향을 미친다. 또 어떤 경우든 간에 조정되지 아니한 산업평균수익률(unadjusted industry average returns) 자체는 독립당사자 간 거래의 결과로 인정될 수 없다.

3) 비교가능성 결정요소(Factors for Determining Comparability)

미국 재무성 규칙에서는 기능, 계약조건, 사업 위험, 경제적 여건, 재화/용역의 다섯 가지 요소에 더하여 특수 여건(Special circumstances)을 규정하고 있다. 특수 여건으로는 시장점유율 전략(Market share strategy), 시장의 지리적 위치(Different geographic market), 일반적으로 비교가능한 것으로 보지 아니하는 거래(Transactions ordinarily not accepted as comparables)를 들고 있다.[40]

---

39 법원은 비교대상으로 차입거래의 이자율을 정상이자율로 볼 수 있는지 여부가 문제된 사건에서 비교되는 상황 및 조건의 차이가 큼에도 불구하고 합리성이 인정되는 상당한 방법으로 차이조정이 충분하게 이루어지지 않은 경우에는 과세관청의 소득조정이 위법하다고 판시하고 있다(서울고법 2010년 12월 9일 선고 2009누39126 판결).

40 Federal Regulations § 1.482-1(d)(4)

외국 정부에 의하여 로열티지급이 금지된 경우 진실한 사업목적이 있었다면 정상가격 적용을 통한 과세는 불합리하다고 할 수 있다.[41]

대법원 2001년 10월 23일 선고 99두3423 판결에서는 제품의 질이나 사용료 지급방식 등 거래조건에서 극복할 수 없는 차이가 존재한다는 이유로 과세관청이 산정한 정상사용료율을 배척한 바 있다. 또한 위 판결에서 지리적 · 경제적 시장조건의 차이는 합리적인 차이조정이 가능하다고 판시하였다.

자회사의 거래 아래 대부분 모 회사와의 거래라고 하더라도 당연히 가격조건이 낮아야 하는 것은 아니며, 장기용선거래의 경우 가격변동 위험이 있으므로 단기용선 거래보다 더 싸져야 할 이유가 없고, 고객이 소재한 지역에 따라 운임가격 결정요건이 다를 수 있음에도 단순히 운반거리와 운임이 비례한다고 보는 것은 잘못이라고 한 판결[42]도 이같은 결정요소를 이해하는 데 도움이 된다.

비교가능성 결정요소

기능(Function)

계약조건(Contractual Terms)

사업 위험(Risk)

경제적 여건(Economic Condition

재화/용역(Property/Service)

+

시장점유율 전략
(Market Share Strategy)

시장의 지리적 위치
(Different Geographic Market)

---

41 Procter & Gamble Co. v. Commissioner 95 T.C. 323 (1990) 참조
42 United States Steel Corp. v. Commissioner(617 #.2d 942)

대체로 시행규칙에 열거된 비교가능성 요소는 미국 재무성 규칙과 대동소이하다. 우리의 시행규칙에 잘 설명이 되지 아니한 부분에 관하여 보기로 한다.

이 중 계약조건과 관련하여 지불 혹은 청구하는 대가의 형태, 판매 혹은 구매의 양, 보증의 범위와 조건, 개량, 수정 등의 최신품에 대한 요구권, 관련 라이센스나 계약 혹은 합의 존속 여부나 종료 혹은 재협상 권리 존재 여부, 담보거래나 지속적인 사업상 관계, 융자나 지급조건의 연장 여부 등은 중요한 거래조건에 속한다.[43]

사업전략과 관련하여 우리 시행규칙에서는 시장침투전략, 기술혁신 및 신제품 개발, 사업 다각화, 위험 회피 등을 들고 있다.[44]

여기서 말하는 시장침투전략은 이른바 시장점유율 전략으로 신시장에 들어가는 경우와 기존 시장에서의 점유율을 높이려는 전략을 모두 포함한다.

이 같은 전략은 일시적인 시장개발 비용의 증가 혹은 소비자 가격의 인하로 나타난다. 이 같은 전략이 이전가격에 반영된 것인지는 특수관계 거래의 어떤 당사자가 가격전략의 비용을 부담하는가에 달려 있다.[45]

CUP 방법에 의한 정상가격을 산정함에 있어서 자신이 직접 생산 · 제조

---

43 Federal Regulations § 1.482-1(d)(3)(ii)

44 국제조세조정에 관한 법률 시행규칙 제2조 제1항 제7호.

45 이러한 특수관계거래에서의 시장점유율 전략은 전략 내용과 여건과 기간 면에서 독립 당사자 거래와 비교가능하여야 하며, 이러한 전략의 집행비용을 미래수익을 얻으려는 특수관계자가 부담하여야 하고 이러한 전략이 미래수익을 가져다 줄 수 있을 정도로 합리적인 비용이어야 한다. 또한, 이러한 전략은 산업, 제품의 특성에 비추어 합리적인 기간 동안만 수행되어야 하고, 이와 관련된 전략 내용, 관련 비용, 예상 수익, 기타 특수관계자 사이의 합의 등은 모두 이러한 전략의 실제 집행 이전에 확정되어야 한다는 점을 입증하여야만 인정받을 수 있다. Federal Regulations § 1.482-1(d)(4)(i)

하였더라면 더 낮은 원가로 생산이 가능하였을 것이라는 주장은 현실적으로 제조·생산기능 수행 없이 판매기능만을 수행한 경우에는 적용될 수 없다.[46]

독립당사자 간 거래라고 하더라도 이전가격 목적상 비교가능한 거래로 보기 어려운 경우도 있다.

시행령은 "거래 당사자에 의하여 임의로 조작된 거래"를 정상적인 거래로 취급될 수 없는 경우에는 비교가능한 거래로 선택하지 아니할 수 있다고 하고 있다.[47]

미국의 경우는 보다 세분하여 i) 정상적인 사업과정에서 일어나지 아니한 거래와 ii) 특수관계자 간 거래에서의 정상대가를 인정받기 위한 것을 주된 목적으로 하여 비특수관계인 사이에 행한 거래도 제외하고 있다.

이와 같은 요소들을 고려하여 비교가능성을 검토하는 경우에도 무형자산(Intangibles) 거래의 경우에는 다른 면을 아울러 고려하여야 한다. 시행령 제6조 제6항에서는 무형자산으로 인한 기대추가수입 혹은 절감비용, 권리행사 제한 여부, 이전 혹은 재사용 허락 여부라는 세 가지 요소를 고려하여야 한다고 규정하고 있다.[48]

---

46 Bausch & Lomb, Inc. v. Commissioner, 92 T.C. 525 (1989)

47 시행령 제5조 제5항

48 무형자산의 사용수익 허여는 일반적으로 지역별로 이루어진다. 글로벌 소프트웨어 회사의 경우 허여하는 자가 지역별로 가격표를 미리 설정하고 그것을 기준으로 가격을 협상하도록 하는 것이 상관습이라고 한다. 이 같은 경우 사용수익을 허여받는 자의 입장에서는 가격에 대한 재량권이 거의 없으므로 판매수량을 늘리는 것이 필요하다. 오윤, 국제조세법론, 한국학술정보(주), p.413

4) 비교가능 제3자 가격방법을 이용한 과세시 유의점

(1) 내부거래의 특수성

독립당사자 간 기준의 타당성을 검토함에 있어서 가장 문제가 되는 것이 기업의 그룹 내부거래와 시장에 있어서의 거래를 행하는 경우를 동일하게 취급해도 되는 것인가 하는 점이다. 그러나 이는 다음과 같은 이유로 부정적으로 보아야 한다는 견해가 있다.[49]

먼저 기업과 시장은 어느 쪽이든 효율적인 자원배분을 실현할 수 있다고 하는 점에서는 동일하지만 기업의 내부거래와 시장에 있어서의 기업 간의 거래 중 어느 쪽을 선택할 것인가는 거래비용에 의하여 결정된다. 이전가격과세의 대상이 되는 다국적 기업이 독립기업 간 거래를 행하지 아니하고 다국적화한 그룹 내부거래라는 형태를 취한 이유는 순전히 그 방법이 유리하기 때문이다. 다국적 기업은 내부거래를 이용함으로써 여러 가지 거래비용 절약이라는 통합의 이익과 대규모 거래로부터 생기는 규모의 이익을 향유할 수 있다.

다음으로는 비교대상이 되는 거래가 존재하지 아니한다는 점이다.

기업은 특허권, 저작권 등 뿐만 아니라 다국적화라고 하는 전략 선택후 여러 가지 형태의 지출의 결과로서 성립한 각종의 무형자산을 보유하고 있다. 이러한 무형자산은 그 존재 자체만으로 그것을 보유하지 못하고 있는 기업에 비하여 수익이 증가하든가 아니면 비용이 절감되든가 하는 방법으로 이익이 증대된다. 그런데 무형자산의 거의 대부분은 그것을 보유하고 있는 당해 기업에만 이익을 가져다주는 경쟁배제(競爭排

---

49 Ronald Coase, The Nature of the Firm, 4 Economica 386 (1937), 재인용; 中里 實, 獨立當事者間價格決定의 메커니즘, 國際租稅法의 最近 動向, 租稅法研究 21호, p.62

除)적 성질을 가지고 있다. 즉 무형자산은 시장에 있어서는 효율적으로 이용되기 어려운 성질을 지닌다.

따라서 다국적 기업의 내부에서는 무형자산이 관련된 내부거래가 수없이 행하여지는 데 반하여, 비관련자 간에는 이러한 무형자산이 결부된 거래가 이루어지는 경우가 희소하다.

이러한 이유로 다국적 기업의 내부거래는 독립기업 간 거래와는 본질적으로 다른 점이 존재한다. 이러함에도 불구하고 다국적 기업의 내부거래를 시장에서의 비관련자 간 거래를 행하는 기업과 같은 가격으로 거래를 행하고 있다는 전제하에서 행하는 과세는 상당히 문제가 있다.[50]

(2) 정상가격의 범위 — 독립당사자 간 가격이 둘 이상 존재하는 경우

시행령에서는 "특수관계가 없는 자 간에 있었던 둘 이상의 거래를 토대로 정상가격 범위를 산정하여… 과세조정 여부의 판정에 사용할 수 있다"고 규정하고 있다.[51]

즉 관련자 간 거래에 있어서의 가격이 적정한가를 판단함에 있어 복수의 비관련자 간 거래가격으로 이루어지는 독립당사자 간 가격의 폭을 구하여 그 범위 내에 들어가는 것은 모두 적정한 것으로 보는 것이다.

미국에서도 여러 비관련자 간의 거래가격이 있는 경우, 관련자 간의 거래가 위 범위 내에 들어오면 더 이상의 차이조정을 하지 않는다고 규정하고 있다.[52]

이를 정상가격 범위(arm's length range)라고 한다.

그런데 모든 비관련자 간 거래가 모두 위 범위 내에 들어가지는 못한

---

50 앞 책, p.62
51 국제조세조정에 관한 법률 시행령 제6조 제4항
52 § 1.482-1 (e)(1)

다. 이 arm's length range에 들어올 수 있는 비관련자 간의 거래는 다음과 같은 조건을 모두 충족하여야 한다.

① 관련자 간 거래와 비관련자 간 거래 사이에 중요한 차이점이 모두 특정될 정도로 정보가 완전하여야 할 것

② 이 같은 각 차이점이 가격이나 이익에 미치는 영향이 특정되고 합리적으로 확인 가능하여야 할 것

③ 마지막으로 차이조정은 이 같은 모든 차이점을 제거할 수 있어야 한다.[53]

정상가격 산정 시 사분위범위(interquartile range)를 많이 사용한다. 이는 관측값을 크기의 순서대로 배열해 상위 100분의 25에 해당하는 값과 하위 100분의 25에 해당하는 값 사이의 범위를 말한다.[54]

그러나 과세당국이 이 같은 독립당사자 간 가격 범위를 벗어난 거래가격에 대하여는 과세조정을 하게 된다. 이 경우 위 범위의 거래가격에서 산정된 평균값, 중위값, 최빈값, 그 밖의 합리적인 특정가격을 기준으로 조정할 수 있다.[55]

(3) 독립당사자 간 가격을 산정할 수 없는 경우

비교가능성 기준을 충족할 수 있는 비관련자 간 거래가 존재하지 아니하는 경우가 이에 해당된다. 이러한 문제를 해결하기 위하여는 먼저 비교가능성의 기준을 완화하는 방안이 생각될 수 있다.

다음으로는 가격 이외의 요소에 착목하는 방안이다. 전자의 방안은

---

53 § 1.482-1 (e)(2)(iii)(A)

54 국제조세조정에 관한 법률 기본통칙 5-6.1. Federal Regulations § 1.482-1 (e)(2)(iii)(C) 참조.

55 위 시행령 같은 조 제5항.

독립당사자 간 기준을 정한 취지에도 맞지 아니하므로 후자의 방안이 고려될 수밖에 없을 것이다.

가격 이외의 요소로서는 생산요소의 수익률에 착목하는 방안도 제시된다. 생산요소 시장은 생산물 시장보다는 일반적이고 추상적이며, 생산물 시장에 있어서는 비교대상이 잘 눈에 띄지 아니하는 경우에도 생산요소 시장에 있어서는 비교대상을 발견할 수 있을 가능성이 있기 때문이다.[56]

이런 경우 독립당사자 간 가격도 필요 없고, 비교할 필요도 없는 방법으로 이익분할법이 있다.

5) 자료와 가정(假定)의 질(Quality of the data and assumptions)

어떤 방법이 가장 신뢰할 만한 정상가격을 산출해 낼 수 있는가 하는 문제는 위에서 본 비교가능성이 얼마나 높은가 하는 문제 이외에 관련되는 자료(underlying data)의 완전성과 정확성(completeness and accuracy), 가정의 신뢰성(reliability of assumptions), 자료나 가정에 결여된 부분이 있는 경우 이에 대한 결과의 민감성(sensitivity of the result to possible deficiencies in the data and assumptions)에도 좌우된다.[57]

자료가 완전할수록 또한 정확할수록 정상가격의 산출이 보다 신뢰할 수 있음은 의문의 여지가 없다. 가정의 신뢰성에 관하여 보면 모든 방법은 어떤 특정한 가정이나 가설에 기초한다. 어떤 방법이든 신뢰할 만한 결과를 얻기 위해서는 그 가정이 건전하여야 한다(the soundness of

---

56 앞 책 p.65
57 Federal Regulations § 1.482-1 (c)(2)(ii)

assumptions). 그러나 어떤 가정은 신뢰도가 높지만 어떤 가정은 그렇지 아니한 경우도 있다. 이러한 가정의 신뢰성의 차이가 방법 적용상 결과의 신뢰성에 영향을 주게 된다는 것은 의문의 여지가 없다.

자료나 가정에 결여된 부분이 있게 되면 어떤 방법에서는 신뢰성에 치명적인 타격을 주게 되는 경우가 있다. 어떤 방법에서는 제품이나 용역의 유사성에 크게 좌우되는 경우가 있는가 하면 다른 방법에서는 예를 들어 재판매가격법에서 기능, 사용되는 원료, 사업 위험의 유사성이 특별히 중요하다. 또한 이익분할법에서는 사업활동과 적정한 비용, 소득, 자산의 배분 등이 중요하다.[58]

4. 이익분할방법(Profit split)

1) 종류

이익분할법은 어떻게 합산이익(combined profits)을 분할하는가에 따라 다음과 같이 나누어진다.

OECD 가이드라인은 i) 기여도안분법(寄與度按分法), ii) 잔여이익안분법(殘餘利益按分法), iii) 사용자본안분법(使用資本按分法), iv) 비교이익분할법의 네 가지로 정하고 있다.[59]

이 가이드라인에서는 iii) 방식은 사용자본이 동일한 위험 하에 있다는 비현실적 가정을 전제로 하기 때문에 이 방식을 적용하기 전에 다른 방식을 검토할 것을 권고하고, iv) 방식은 충분한 비교가능한 거래가 있

---

58 Federal Regulations§ 1.482-1 (c)(2)(ii)(C)
59 OECD Transfer Pricing Guideline, July 1995

는 독립기업을 발견하기 어렵다는 코멘트를 부가하여 위 네 가지 방식 중 i)과 ii)가 우선하는 것이고 iii)과 iv)는 이에 열후(劣後)하는 것으로 평가하고 있다.[60]

미국 재무성 규칙에서는 위 ii)와 iv)의 방법만을 규정하고 있다.

(1) 기여도안분법(Contribution Analysis)

이 방법은 합산이익[61]을 당사자가 수행한 기능의 상대가치(Relative value of the functions)에 기초하여, 같은 상황 아래서 특수관계가 없는 독립기업이라면 어떻게 이익배분을 행하였을까를 나타내는 외부시장자료(External market data)로 최대한 보완하여 한 단계에서 일괄하여 관련 당사자 간에 분할하는 방식이다.

이 방식은 각 기능의 매 기여도를 평가하고 그것의 계량화가 요구되는데, 이러한 작업은 특수한 무형자산을 보유하고 다각적이고 복잡한 기능을 수행하는 다국적 기업에 있어서는 곤란한 경우가 많다. 따라서 이 방식이 비교적 용이하게 적용되려면 관련 당사자 쌍방에 가치 있는 무형자산이 존재하지 아니하거나, 관련 당사자 각각이 보유하는 무형자산의 가치 차이가 거의 없는 경우에 적용될 수 있다.[62]

절세 목적으로 설립되었다고 하더라도 법인격 자체는 부인할 수 없으며, 이 경우 적절한 방법(계약체결 및 수행하기 위한 용역 및 무형자산 제공에 대가를 고려하여)으로 이익을 재분배하여야 한다고 판단한 사례가 있다.[63]

---

60 위 para. 3. 24~25
61 여기서의 합산이익은 the combined profits, which are the total profits from the combined transactions under examination의 번역이다.
62 青山慶三, 이익분할법, 國際課稅의 理論과 實務, p.19
63 Hospital Corp. of America v. Commissioner 81 T.C. 520(1983)

(2) 잔여이익안분법(Residual Analysis : Residual Profit Split)

이 방법은 합산이익의 분할을 두 단계로 나누어 먼저 특수관계가 없는 독립기업이 유사한 거래에서 얻은 시장수익을 참고하여 각 관련 기업이 그와 관련된 거래의 종류에 따라 통상의 이익을 배분한다. 다음에는 제1단계에서의 분할 후 잔여이익(혹은 잔여손실)이 있는 경우 이것을 특수관계가 없는 독립기업 간이라면 이를 어떻게 분할하였을까를 나타내는 사실이나 상황에 관한 분석을 기초로 하여 배분하는 방법이다.

일반적으로 제2단계의 배분은 통상의 기여로서는 고려되지 아니하였던 관련 사업활동에 대한 무형자산의 기여를 상대적 가치로 평가한다. 이 상대적 가치를 외부시장 자료로 산정하는 것은 기여도안분법의 기여도 평가와 마찬가지로 곤란한 경우가 많다. 그리하여 미국 재무성 규칙에서는 비교검토의 곤란성이 존재하는 제2단계에 대하여 신뢰성을 우려하고 있다.

여기서의 곤란성이라는 것은 분할요소로서의 무형자산의 시장가치결정에 있어서 무형자산 개발비의 자본환산이라고 하는 어려운 문제(공통기초연구, 실패연구비용 등)가 주된 것이 될 것이나 관련 기업의 일방에 가치 있는 무형자산이 편재되어 있는 경우에는 이 방법이 유용하다.[64]

(3) 사용자본안분법(Capital Investment Analysis)

이 방법은 영업활동에 제공된 자산액에 따라 합산이익을 분할하는 것이다. 이 경우 영업활동에 제공된 자산이란 총자산에서 영업활동에 직접 관계가 없는 자산(자회사출자금 등)을 공제하고, 영업활동과 직접 관

---

[64] 앞 책 p. 29

계가 있는 부외자산(簿外資産, 무형자산의 가치)을 가산한 금액을 말한다. 그러나 이 방법은 자본시장에서의 조건(Conditions in capital market)을 고려하지 아니하고, 기능분석(Functional analysis)에 의하여 드러날 수 있는 다른 관련 요소들을 고려하지 아니한다는 점에서 결점을 안고 있다.[65]

(4) 비교이익분할법(Comparable Profit Split)

비교이익분할법은 특수관계자 간 관련 거래와 유사한 거래를 하는 특수관계 없는 자 간의 총영업손익을 이용하여 손익을 배분하는 것이다. 즉 특수관계가 없는 자 간의 총영업손익의 배분비율을 이용하여 특수관계자 간 관련 거래로부터 발생하는 총영업손익을 배분하는 방법이 비교이익분할법이다.

① 비교가능성

특수관계자와 특수관계 없는 자의 비교가능성 정도는 앞서 설명한 비교가능성 판단기준에 의해서 결정된다. 이 경우 비교가능성을 어떻게 판정하는가가 중요한 문제로 부각되는데 비교가능성은 비교가능이익법에서 사용한 요소를 고려하여 결정한다. 그 이유는 비교이익분할법도 비교대상으로 특수관계자와 특수관계 없는 자의 영업손익을 고려하고 있기 때문이다.

그밖에 비교가능성 분석시 관련 거래에 있어서 특수관계자 간의 관계에 대한 계약조건이 특수관계자 간의 기능과 위험 분할을 위한 중요한 요소가 되기 때문에 특수관계 없는 자 간의 계약조건과 어느 정도

---

[65] OECD Transfer Pricing Guideline, July 1995, para. 3.24

유사성이 있는가를 판단하는 것이 중요하다. 그리고 특수관계 없는 자의 총자산 영업이익율(총영업이익/총자산)이 특수관계자 간의 총자산영업이익율과 현저한 차이를 보이는 경우에는 비교가능성이 높다 하더라도 비교이익분할법을 사용하기가 어려울 것이다.

② 자료와 가정의 질

비교가능이익법으로부터 도출된 결과의 신뢰성은 사용된 자료와 가정의 질에 의해서 영향을 받는다. 자료의 정확성이 담보되어야 하고, 회계원칙의 일관성이 유지되어야 한다.

회계원칙은 특수관계자 간 관련 거래와 특수관계 없는 자 간 비교대상거래의 영업이익과 총영업이익의 배분에 영향을 미치게 되는데 만일 특수관계자 간 관련 거래에 사용되는 회계원칙과 특수관계 없는 자 간의 비교대상거래에 사용되는 회계원칙에 일관성이 없다면 비교이익분할법을 이용해서 도출한 결과는 신뢰성을 상실할 것이다.[66] 나아가서 특수관계에 있는 각자의 영업이익을 결정함에 있어서도 각자가 사용하고 있는 회계원칙에 일관성이 있어야 하며 이에 입각해서 총영업이익이 결정되어야 하고 배분되어야 한다.

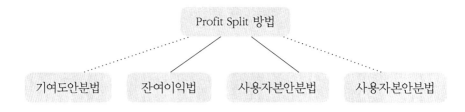

2) 국제조세조정에 관한 법률상 이익분할법

국제조세조정에 관한 법률 제5조에서 정하고 있는 이익분할방법은 거래순이익을 합리적인 배부기준에 의하여 상대적 공헌도에 따라 배분하는 방법을 채택하고 있다.

시행령 제4조에서 거래순이익을 매출액에서 매출원가 및 영업비용을 공제한 금액으로 정의하고, 합리적 배부기준으로는 사용된 자산 및 부담한 위험을 고려한 기능, 사용된 자산 및 자본, 지출된 비용, 기타 사항으로 열거하고 있다. 위 시행령 상의 규정이 위에서 적은 어느 한 방법으로 정확히 정리되기는 어려워 보이나 기여도안분법을 중심에 두고 규정한 것으로 생각된다.[67]

5. 거래순이익률법(Transactional Net Margin)

1) 의의

이는 거주자와 국외 특수관계자 간의 국제거래에 있어 거주자와 특수관계가 없는 자 간의 거래 중 해당 거래와 비슷한 거래에서 실현된 통상의 거래순이익률을 기초로 산출한 거래가격을 정상가격으로 보는

---

66 예를 들어 설명하면 원가회계방법 및 재고자산평가방법 등에 있어서의 차이는 영업이익에 커다란 영향을 미치게 되는데, 그러한 차이에 대해서 어느 정도의 신뢰 가능한 조정이 이루어질 수 있는지가 신뢰성에 중요한 영향을 미치게 된다.

67 일본 조세특별조치법 시행령 제39조의 12 제8항에서는 "…지출한 비용, 사용된 자산의 가액, 기타 당해 소득의 발생에 기여한 정도…"를 들고 있는데 이를 기여도안분법을 중심으로 규정한 조문으로 보고 있다. 앞 책 p.28

방법으로 정의되고 있다.[68]

즉 납세자가 특수관계거래에서 실현하는 적절한 기준에 대한 순이익을 검토하는 방법이다. 이 기준에는 원가, 매출액, 자산 등이 있다. 국제조세조정에 관한 법률에서도 위 세 가지 기준을 인정하고 있다.[69]

이 방법은 거래 각 당사자가 가치 있고 독특한 공헌을 하는 경우에는 타당하지 않고 이익분할 방법이 더 적절함은 앞에서 설명한 바와 같다.

2) 순이익의 결정(Determination of the net profit)

원칙적으로 당해 특수관계거래에 직·간접적으로 관련되는 항목과 영업적 성격(Items of Operating nature)의 항목들만으로 고려하여야 한다.[70]

이자수익, 이자비용 및 소득세와 같은 비영업적 항목은 순이익지표의 계산에서 제외되는 것이 원칙이나 사안의 사실관계 및 분석대상기업이 수행하는 기능과 부담하는 위험에 따라 이들을 포함시키는 것이 적절한 경우도 있다.[71]

신용조건(Credit Terms)과 판매가격 간에 상관관계가 있는 경우에는 순이익지표 계산 시 단기운전자본(Short-term working capital)에 대한 이자수익을 반영하는 것이 적절하고, 이에 따른 운전자본 차이조정을 하여야 한다.[72] 운전자본 조정과 관련하여 기능분석에 따른 차이조정 시 운전자본 조정만으로 차이조정이 모두 해결되는 것처럼 처리하는 실무

---

68 국제조세조정에 관한 법률 제5조 제1항 제5호.

69 위 법 시행령 제4조 제2항 제1호.

70 OECD Transfer Pricing Guidelines, 2010. Para. 2.77

71 Supra. Para. 2.80

72 Supra. Para. 2.81

관행이 있는데, 이는 정상가격 산정을 위한 기능 위험 분석의 의미를 퇴행시키는 조치로서 지양되어야 한다.

순이익지표 계산 시 외화차손익의 포함 여부는 이러한 거래의 성격, 분석대상기업의 책임 존재 여부, 헤지(hedge)의 포함 여부 등을 고려하여 결정하여야 한다.

자금수수와 같은 금융활동이 납세자의 통상적인 사업에 해당하는 경우에는 순이익지표 계산 시 이자의 영향과 이자 성격의 금액을 고려하여야 한다.[73]

3) 순이익의 평가(Weighting the net profit)

측정기준(Denominator)[74]의 선택은 특수관계거래의 기능분석을 포함한 비교가능성 분석과 일관성이 있어야 하고, 특히 거래 당사자 간의 위험 배분을 반영하여야 한다.[75] 예를 들어 판매법인의 경우 매출을, 제조법인의 경우 원가 Profit을 측정기준으로 선택하는 것을 의미한다.

측정기준은 특수관계거래로부터 어느 정도 독립적이어야 한다.[76]

이러한 측정기준은 납세자의 특수관계 거래 수준에서 믿을 수 있고 일관된 방법으로 측정할 수 있는 것이어야 한다.[77]

---

73 Supra. Para. 2.83
74 거래순이익률법 적용에 있어 분모로 사용되는 기준으로 원가, 매출액, 자산 등이 이에 해당된다.
75 Supra. Para. 2.86. 그리하여 측정기준은 검토 대상 거래에서 분석대상기업이 이용한 자산 및 부담한 위험을 고려하여 수행한 기능의 가치를 반영하는 적절한 지표에 초점이 맞춰져야 한다고 한다. 위 Para. 2.87
76 Supra. Para. 2.88
77 Supra. Para. 2.89

(1) 매출액 기준 순이익 평가
(Cases where the net profit is weighted to sales)[78]

순이익을 매출액으로 나눈 순이익지표로 영업이익률(Net profit margin)을 나타낸다. 이 지표는 독립고객에게 재판매하기 위하여 특수관계자로부터 매입하는 분의 가격에 대한 정상가격을 결정하기 위해 자주 사용된다. 이 경우 배부기준으로 이용되는 판매수치는 검토대상인 특수관계거래에서 매입된 품목의 재판매 금액이어야 한다.[79]

이러한 지표를 사용하는 경우 발생하는 문제점의 하나로서 납세자나 비교대상기업이 고객에게 허용한 리베이트나 할인, 이에 더하여 외환차손익을 어떻게 처리할 것인가 하는 문제가 있다. 이러한 항목이 비교가능성에 중대한 영향을 미치는 경우 동일한 기준에 따라 비교하는 것이 무엇보다 중요하다.[80]

(2) 원가 기준 순이익 평가
(Cases where the net profit is weighted to costs)[81]

원가기준지표(Cost-based indicators)는 원가가 분석대상기업의 수행기능, 이용자산 및 부담 위험의 가치에 대한 적절한 지표일 경우에만 사용되어야 한다. 이 경우 직·간접적으로 관련된 원가들만 고려하여야 한다.[82]

---

78 이는 국제조세조정에 관한 법률 시행령 제4조 제2항 제1호 가목에 규정된 방법이 적용되는 경우이다.

79 Supra. Para. 2.90

80 Supra. Para. 2.91

81 국제조세조정에 관한 법률 시행령 제4조 제2항 제1호 다목

82 Supra. Para. 2.92

이 경우 주로 사용되는 원가는 총원가인데 여기에는 활동이나 거래에 관련된 모든 직·간접 원가 및 사업과 관련된 간접비 중 적절히 배분된 금액이 포함된다.[83]

이 경우 사안에 따라 실제원가(Actual cost), 표준원가(Standard cost), 및 예정원가(Budgeted cost)를 원가 기준으로 사용할 수 있다.[84]

(3) 자산 기준 순이익 평가

(Cases where the net profit is weighted to assets)[85]

이는 자산수익률 혹은 자본수익률(returns on assets or on capital)을 나타낸다.

이 방법은 특정 제조활동이나 기타 자산집약적인 활동 및 자본집약적인 재무활동과 같이 자산(비용이나 매출액과는 달리)이 분석대상기업의 부가가치 창출에 보다 나은 지표일 경우 적절한 기준이 된다.[86]

지표가 자산을 기준으로 하는 순이익인 경우에는 영업자산만이 사용되어야 한다. 이 경우 자산에는 유형 영업고정자산, 무형 영업자산 및 재고 및 매출채권 등의 운전자본 자산을 포함하나 투자자산이나 현금은 금융산업 분야를 제외하고는 일반적으로 영업자산에 해당되지 아니한다.[87]

---

83 Supra. Para. 2.93
84 Supra. Para. 2.95
85 국제조세조정에 관한 법률 시행령 제4조 제2항 제1호 나목에 규정된 방법이다.
86 Supra. Para. 2.97
87 Supra.

(4) 기타 가능한 순이익지표(Other possible net profit indicators)[88]

여기에는 산업 및 검토 대상 특수관계거래에 따라 소매점의 매장 면적, 운반되는 제품의 무게, 직원 수, 시간, 거리 등과 같은 독립기업 자료가 존재한다면 다른 기준을 이용하는 것도 거래의 사실관계에 따라 유용할 수 있다.[89]

(5) 베리비율(Berry Ratio)

베리비율은 영업비용에 대한 매출총이익의 비율로 정의된다. 우리 국제조세조정에 관한 법률에서도 이 방법을 규정하고 있다.[90]

여기의 매출총이익에는 이자나 영업외이익은 포함되지 아니한다.

이 방법이 적합한 경우는 납세자가 특수관계자로부터 재화를 구입하고 이를 다른 특수관계자에게 즉시 판매(On-sell)하는 중개 역할을 하는 경우이다.[91]

이 비율을 적용하기 위한 요건을 정하고 있는데 수행된 기능의 가치가 매출액이 아닌 영업비용과 비례관계에 있고, 타 정상가격 산출방법이나 재무지표를 사용하여 보상을 받는 다른 중요한 기능 수행(예컨대 제조기능)이 없어야 한다는 점을 들고 있다.[92]

---

88 국제조세조정에 관한 법률 시행령 제4조 제2항 제1호 마목에 규정된 catch all clause 조항에 해당된다.
89 Supra. Para. 2.99
90 국제조세조정에 관한 법률 시행령 제4조 제2항 제1호 라목
91 Supra. Para. 1.102. 국제조세조정에 관한 법률 기본통칙 5-4···1에서는 용역을 수행하는 기업 혹은 단순유통업 등이 베리비율을 적용하기에 적합하다고 하고 있다.
92 Supra. Para. 2.101

$$\text{Berry Ratio} = \frac{\text{매출총이익}}{\text{영업비용}}$$

TNM 방법

거래순이익

거래순이익   or   자산   or   매출원가 및 영업비용

6. 최근 문제점

1) 무형자산거래

(1) 무형자산의 정의

국외 특수관계자 간의 거래에서 당사자가 무형자산을 갖고 있는 경우, 거래단위영업이익률법(일방 당사자만이 중요한 무형자산을 갖는 경우) 또는 잔여이익분할법(양 당사자가 중요한 무형자산을 갖고 있는 경우)이 최적 방법으로 될 가능성이 높다.

또한 비교대상 법인 선정에 있어서도 무형자산의 유무는 비교 가능성에 관하여 커다란 영향을 미친다. 잔여이익분할법에 있어서는 "무형자산의 가액, 당해 무형자산의 개발을 위하여 지출한 비용의 액 등"이 잔여이익분배의 지표가 된다. 여기서 당사자가 무형자산을 갖고 있는지, 그 가치를 어떻게 측정할 것인지 하는 문제는 아주 중요하다.

(2) 잔여이익분할법에서의 무형자산의 귀속과 가치산정

국내 모회사가 해외 자회사의 거래에서 과세당국이 잔여이익분할법에 의하여 경정 처분을 하는 경우에, 국내 모회사와 해외 자회사 사이에서 자녀에게 배분을 위한 분할지표 혹은 분할요소에 관해 법적인 소유관계 뿐만 아니고 무형자산을 향상시키기 위한 활동에 있어서 관련 당사자가 행한 공헌에 대하여서도 감안하여 판단하여야 한다.

따라서 무형자산의 형성 등을 위한 의사결정, 영역제공, 비용부담, 리스크 관리 등에서 관련 당사자가 행한 기능 등을 종합적으로 감안하여 판단해야 된다.

나아가 국외 특수관계자가 부담한 연구개발비에 관하여, 연구개발에 관한 연구 테마의 책정, 정보 등의 제공, 자금 리스크의 부담, 진척 관리에 있어서의 연구개발 리스크의 부담 등을 행하였다는 사실로부터 당해 국외 특수관계자는 무형자산의 형성에 공헌한 것으로서, 그가 부담한 연구개발비를 분할지표에 포함하지 아니하고 국내 모회사의 분할지표에 포함한 과세처분을 위법이라고 판시하고 있다.[93]

이 같은 취지의 규정은 미국 Internal Revenue Code 482조의 재무성 통칙에도 규정되어 있다. Treas. Reg. 1.482-2(d)(1)(ii)(a), 즉 그룹 내 관계사가 무형자산의 개발에 공헌한 경우에는 그 개발행위에 관하여 개발된 자산이 판매, 양도, 리스되어지기 전에는 배분되어서는 아니 된다라는 규정이다.[94]

---

93 일본 국세불복심판소재결 평성 22. 1. 27. LEX/BB26100012

94 DHL Corporation 사건에서 관련 회사인 DHLI의 상표개발 행위자 혹은 개발 조력자로서의 지위를 인정하지 아니하고, DHLI의 DHL 상표사용료를 산정한 IRS의 과세처분을 위법하다고 하였다. DHL CORP. v.Commissioner, U.S. Court of Appeal, 9th Cir. 2002

잔여이익분할에 관하여 일본 사례이지만, 일본 국외에서의 임상시험에 관한 비용이 어느 당사자의 분할요소가 되는 것인가 하는 문제가 있었다. 특히 임상시험에 효과는 국외 관련자에게 귀속되어 있다는 것을 어떻게 평가할 것인가 하는 점이 문제가 되었고, 과세당국은 무형자산의 법적인 귀속을 감안해야 될 이유는 존재하지 않는다고 주장했다. 이에 대하여 당해 성과가 국외 관련자에게 승계되고 판매회사로서의 국외 관련자의 이익에 직접 기여한다는 점을 인정하여 법적 소유관계를 전제로 하여 판단하고 있다. 다음으로 무형자산의 형성, 유지, 발전에 관한 공헌에 관하여는, "상기 임상시험에 관한 무형자산의 형성을 위한 의사 결정 및 리스크 관리 등에 주체는 국외 관련 회사라고 할 수 있으므로… 국외 관련사의 분할요소로 하는 것이 상당하다"고 판시한 사례가 있다.[95]

(3) BEPS 보고서상 실질적 리스크 중시

BEPS 최종 보고서에서는 저세율국 그룹 내 기업으로의 리스크 이전 혹은 자원배분을 통하여, 이에 상응하는 이익이 이전된다는 문제의식에서 "실질적 리스크"의 소재를 중시하여야 한다고 한다. 즉 "통상 리스크 부담의 증가는 기대수익 증가에 의하여 보상되어져야 한다"는 원칙에 기초하여, "리스크의 컨트롤 기능 및 리스크의 저감기능을 어느 기업이 행하는가? 리스크가 구현된 경우, 유리한 결과와 불리한 결과에 어느 기업이 대처하는가? 리스크를 인수하기 위한 재무능력은 어느 기업이 갖고 있는가?"를 분석할 것이 요구된다.[96]

---

95 일본 국세불복심판소재결 평성 25. 3. 18.
96 para. 1.82, 1. 98

특히 계약상 리스크를 지고 있더라도 재무능력이 없는 경우에는 리스크의 배분(혹은 이에 대한 대가)이 인정되지 않는다.[97]

한편, 금융 리스크와 무형자산의 개발 리스크는 구분되고 자금을 제공하였다고 하여 개발 리스크를 부담하였다고 반드시 말할 수 없다.[98]

어느 당사자가 cashbox로서 단지 자금만을 제공하고, 그 자금에 대한 리스크만을 인수한 경우에는(예를 들면 다른 자금이 믿을 만한지에 대한 검토 없이 자신이 부탁받은 자금만을 펀딩한 경우), 그룹(group entity)이 컨트롤 기능을 수행하고 리스크를 부담할 능력이 있으므로 위 자금 대여자(funding entity)로서는 단지 risk-free return(리스크 없는 이익)만을 받을 수 있다.

2) 사업 재편

이전가격세제에 있어서는 기능이 중요하고, 리스크가 크면 클수록 얻는 이득 또한 크게 될 수 있다고 생각되므로, 거꾸로 다국적 기업으로서는 고세율국에서는 기능, 리스크가 적은 활동을 행하고, 저세율국에서는 기능, 리스크가 높은 활동을 함으로써 소득을 저세율국으로 이전시키려는 유인이 생긴다. 가이드라인은 다음과 같은 예를 들고 있다.

본격적 판매회사에서 본인으로서 활동하는 외국 관련 기업을 위한 리스크가 한정된 판매회사 혹은 commissionaire로 전환하거나, 본격적 제조회사에서 본인으로서 활동하는 외국 특수관계 기업을 위한 계

---

97 para. 1.98
98 para. 1.64, 6.59, 6.64

약제조회사 혹은 수탁제조회사로 전환하거나, 그룹 내 중앙거점(이른바 지적재산관리회사)에로의 무형자산의 이전 등이 있을 수 있다.

위에서 본 본격적 제조회사에서 계약제조회사 혹은 commissionaire 로 전환하는 경우, 본격적 제조회사는 큰 리스크에 대응한 잠재적 이익을 포기하는 것이 되므로 그 변경에 대하여 보수가 주어지는지를 검토해야 한다는 취지를 지적하고 있다.[99]

그 경우, 이익을 포기하는 당사자(본격적 제조회사)에 대한 보상의 권리가 상법 또는 판례법에 정하여져 있는지, 또한 독립기업 간이라면 당해 당사자에 대하여 타방의 당사자가 스스로 보상을 하였다고 생각될 수 있는지를 고려해야 한다.[100]

이와 같은 의미에서의 사업 재편에 관하여 대가의 유무를 문제로 할수 있는가에 관하여, 국내 세법에 근거하여 "경제적 실질"이나 "상업상합리성"이라는 것을 동원하여 납세자의 사업 재편에 관한 거래를 부인, 재구성할 수 있는 것인지가 문제가 될 것이다.

---

99 para. 9.70
100 para. 9.103

Ⅲ. 대응조정

1. 개관

1) 의의

모자 회사 또는 형제·자매 회사 등 특수관계에 있는 기업 간 거래에 관련된 국제 간의 이중과세를 피하기 위하여 과세당국이 행하는 조정 조치를 대응조정(Corresponding adjustment/Correlative adjustment)이라고 한다.

법률적으로 보면 A국의 법인과 B국의 법인은 별개의 법적 주체이므로 각 법인의 소재지국의 과세당국이 이들 회사에 과세권을 갖는다.

그러나 위 법인이 특수관계에 있는 회사라면 경제적으로 동일그룹 내의 거래에 지나지 않는다. 이들 법인 간의 거래에 의하여 소득이 증가하는 것이 아니라 이득이 어느 국가에 귀속하는 것인가라는 소득배분의 문제에 불과하다.

이러한 의미에서 이전가격 문제는 경제적으로는 본·지점 간 혹은 지점 간 이익배분의 문제와 마찬가지의 효과를 갖는다.

이와 같은 사고방식에 기초하면 위 예에서 A국에 소재하는 기업의 이득에 대하여 이미 그 나라에서 과세되었음에도 그 이득을 B국 소재 기업의 이득에 산입하는 것이 타당하여 B국에서 과세하게 되면 경제적 이중과세가 행하여지는 결과가 된다.

이러한 경제적 이중과세(동일 인격체에 대한 이중과세를 단순히 이중과세 혹은 법률적 이중과세로 부르는 데 반하여, 다른 인격체에 대한 동일 소득에 대한 과세를 경제적 이중과세로 부른다)를 피하기 위하여 OECD 모델조세조약에서는 이러한 경우 A국에 의한 적절한 조정을 행하여야 한다고 규정하고 있다(제9조 제2항 전단). 이것이 바로 대응조정이다.

2) 상호합의와의 관계

이전가격 문제로 경제적 이중과세가 발생하였다고 하더라도 이를 해소하기 위하여 세수감소를 감수하여야 하는 나라가 자발적으로 나서서 이를 행하기는 쉽지 아니할 것이다.

이러한 이유로 대응조정은 실무상 권한이 있는 당국 간의 합의에 의하여서만 이루어지는 것이 통례이다.[101]

OECD 모델조세조약에서도 대응조정의 전 단계로서 상호합의가 행하여질 것을 예정하고 있다(제9조 제2항 후단).

그리하여 대응조정을 하는 것이 충분한 이유가 있는지, 그 금액은 어느 정도로 할 것인지 등은 상호합의절차 범위에 포함되는 것으로 보고 있다(모델조세조약 제25조 주석 9 후단, 위 책 참조).

이와 같이 대응조정은 상호합의의 일부를 구성하는 것으로 성격 규정을 할 수 있을 것이다.

---

101 川田剛, 對應的 調整, 國際課稅の理論과と實務, p.92

2. 요건 및 방법

1) 대응조정의 요건

먼저 A국 과세당국이 자국 소재 기업의 B국 소재 특수관계자와의 거래와 관련하여 이전가격과세를 행한 경우(이를 제1차 조정이라고 부른다)이 이전가격과세가 합리적이라야 한다. 즉 A국 과세가 독립기업 원칙에 따라 행하여진 것이라야 한다.

다음으로는 A국의 과세가 B국 입장에서 보아 원칙 면에서나 금액 면에서 정당한 것이라고 인정되는 범위 내에 있어야 할 것이다.

제1차 조정을 한 A국과 대응조정을 하는 B국과의 합의 내용 여하에 따라 제1차 조정을 한 A국의 제1차 조정액이 감소하는 경우도 있을 수 있다. 이와 관련하여 양국의 권한 있는 당국으로서는 상호합의 신청이 타당한 경우에는 이를 수용하여 상대국과 협의할 의무가 생기는 것이지만 합의에 이를 의무까지 지는 것은 아니다.

마지막으로 납세자의 수락이 필요하다.[102] 상호합의된 사항을 실제로 실시하기 위하여는 납세자가 합의 내용을 수락하여 수정신고서를 제출하거나 감액경정청구를 할 필요가 있기 때문이다.

2) 조정방법

대응조정을 하기로 합의된 경우, 구체적으로 어떤 방법으로 이를 조정

---

[102] 그러나 납세자로서는 이 같은 대응조정을 거부할 이유가 없기 때문에 사실상 문제가 되지 아니할 것이다.

할 것인가에 관하여는 OECD 모델조세조약이나 이전가격 가이드라인에도 아무런 언급이 없다.

따라서 기본적으로는 권한 있는 당국 간의 상호합의된 방법에 의하든가 각국의 국내법에 정한 방법으로 행하여지게 된다.

현재 일반적으로 행하여지고 있는 방법으로는 i) 상호합의된 적정한 거래가액에 기초하여 대응조정을 행하는 국가에 소재하는 특수관계기업의 이익을 재계산하는 방법(recalculating the profits)과 ii) 거래가격이나 이익은 그대로 두고 이전가격이 수정된 결과, 제1차 조정을 행한 체약국(예컨대 A)에 의하여 당해 국의 기업(예컨대 X)에 부과된 추징세액 상당액을 타방 체약국(B국, 이는 대응적 조정을 행한 국가이다)이 특수관계기업 Y가 B국에 납부한 조세 상당부분을 환부하는 방법(letting the calculation stand and giving the associated enterprise relief against its own tax paid)이 있다.

이 중에서 전자의 방법, 즉 재계산방법을 OECD 가맹국 대부분이 사용하고 있다.[103]

이와 더불어 대응조정을 어느 사업연도에 행할 것인가 하는 연도귀속 문제에 관하여는 세 가지 견해가 있다. i) 제1차 조정(primary adjustment) 대상이 된 관련 거래가 행하여진 연도라는 견해, ii) 제1차 조정이 결정된 연도라는 견해, iii) 대응조정이 받아들여진 연도라는 견해가 있다.

이 중 i)의 관련 거래 발생연도라는 견해가 수익비용 대응원칙이라는 기업회계 기본원칙에 비추어 보면 가장 합리적이라고 할 수 있다.

그러나 이 가이드라인에서는 거래발생연도로부터 납세자가 제1차 조정

---

103 OECD Transfer Pricing Guidelines, Para. 4.34

안을 수락하기까지 장기간이 소요되는 경우가 허다하다는 점을 감안하여 당해 대응조정을 하는 국가의 과세당국의 재량을 존중하는 선에서 머무르고 있다. 이 방안은 특수한 경우 대응조정을 집행하는 것은 각국의 과세당국이므로, 과세당국이 재량권을 가지고 행하는 것도 나름대로 일리가 있다.[104]

국제조세조정에 관한 법률 제10조 제1항에 따르면 "체약 상대국이 거주자와 국외 특수관계인의 거래가격을 정상가격으로 조정하고, 이에 대한 상호합의 절차가 종결된 경우에는 과세당국은 그 합의에 따라 거주자의 각 과세연도 소득금액 및 결정세액을 조정하여 계산할 수 있다"고 되어 있다. 이는 OECD 이전가격 가이드라인에서 언급하고 있는 소위 대응조정의 개념이 우리의 국제조세조정에 관한 법률에 반영된 것이다.

3. 관련문제

1) 조정기간 중 납부유예

납세자는 제1차 조정 후 대응조정이 행하여질 때까지 같은 소득에 대하여 쌍방의 정부로부터 중복하여 납부를 요구받게 될 가능성이 있다.[105]

OECD 이전가격 가이드라인에서는 납세유예 혹은 징수유예라는 국내법상 규정이 없는 경우, 국내법이 허용하는 범위 내에서 납세자의 잠재적인 납세의무 불이행을 방지하기 위한 담보 제공을 조건으로 납세

---

104 Supra Para. 4.36

105 그러나 이전가격에 있어서의 이 같은 문제는 일반 세무조사와 다르지 않는 결과이다. 즉 세무조사의 경우에도 증액경정이 이루어지면 납부연기를 허용하는 규정이 없는 한 세법에 규정된 기간 내에 납부하여야 하는 것과 마찬가지다. 앞 책 p.9

혹은 징수유예를 인정하는 방안을 촉구하고 있다.[106]

국제조세조정에 관한 법률에서는 조세조약에 의한 상호합의 절차가 진행 중인 경우에는 상호주의를 적용한다는 전제 아래 해당 국세 및 지방세에 대하여 고지유예, 징수유예 및 체납처분유예를 허용할 수 있다 (국제조세조정에 관한 법률 제24조 제2항 내지 제4항). 다만 조세회피 또는 조세이연 효과를 목적으로 동 조항을 남용하는 사례를 방지하기 위하여 징수유예기간 중에도 이자상당액의 가산금은 징수하도록 하였다(국제조세조정에 관한 법률 제25조 제5항).

2) 미납부 가산세 또는 환급가산금의 조정

이전가격을 둘러싼 문제가 해결되기까지는 그 성질상 발생에서 해결까지 상당한 시간이 소요된다. 여기에 더하여 상호합의에 의한 대응적 조정까지를 감안하면 최종적 해결시점까지는 수년이 걸리는 수도 있다. 이러한 경우, 미납부 가산세나 환급가산금은 그 기간에 비례하여 늘어나게 되므로 이러한 부대세가 본세를 초과할 가능성도 있다.

이러한 이유로 납세자(다국적 기업)는 대응조정에 의하여 본세의 이중부담은 해소되어도 추가적인 부담(미납부 가산세가 환급가산금을 초과하는 경우)이 생기거나 생각지도 않은 이득(환급가산금이 미납부 가산세를 초과하는 경우)이 생길 수 있다.

이러한 현상이 발생하는 것은 두 가지 이유에 기인한다. 즉 국가에 따라 가산세와 환급가산금의 이자율 차이가 있는 점, 그리고 제1차 조정

106 OECD Transfer Pricing Guidelines, 2010. July, Para. 4.63

및 대응적 조정의 연도가 다르다는 점 때문이다.[107]

이러한 불합리한 점을 방지하기 위하여는 적어도 상호합의 사안에 대하여 협의 개시 후 납세자에게 가산금을 부과하거나 환급가산금을 지불하거나 하는 일이 없도록 사전에 서로 권한 있는 당국간에 합의를 해 놓는 방안이 바람직하다.[108]

우리나라의 경우 제도적으로 부대세 문제를 해결하기 위한 명시적 규정을 두고 있지는 않지만 실무적으로 상호합의를 통해 대응조정의 귀속연도를 당초 거래의 발생연도가 아닌 납세자가 1차 조정 결과를 수용한 연도로 조정하는 방법 등으로 부대세 문제를 최소화하고 있다.

일본의 경우는 국내법적으로 이 같은 규정을 마련하여 두고 있다.[109]

3) 기간의 제한

(1) 상호합의 신청기간의 제한

이와 관련하여 모델조세조약에서는 과세 통지일로부터 3년 간을 규정하고 있다. 원래 이 규정은 신청시기를 실기한 납세자의 신청으로부터 과세당국을 보호하기 위한 규정이다. 그러나 국내법과의 균형이나 납세자 구제 우선을 내세워 기간제한 규정을 두지 아니하는 등의 재량이 양국 간 조세조약에 의하여 주어질 수 있다.[110]

---

107 앞 책 p.100

108 Supra, OECD Transfer Pricing Guidelines. Para. 4.65에서 같은 취지로 적고 있다. 그러나 이 경우 국내법적 규정을 두어 이를 해결하는 것이 바람직할 것이다.

109 조세조약실시특례법 제7조 제3항, 동 시행령 제2조

110 OECD 모델조세조약 commentary에는 이 기간을 최소한의 기간으로 보고 있다. Commentary 제25조 17 참조.

(2) 대응조정에 관한 기간제한

이 기간과 관련하여 모델조세조약에서는 아무런 규정을 두고 있지 아니하다. 오히려 상호합의한 사항에 관하여는 양 체약국의 법령상 어떠한 기간제한에도 불구하고 실시하여야 한다고 규정하여 확실한 실행을 요구하고 있다.[111]

(3) 제1차 조정의 기간제한

실무상으로는 위와 같은 기간제한보다 심각한 문제를 발생시키는 기간제한 문제는 제1차 조정에 관한 기간제한 문제라는 견해가 있다. 이 기간이 지체되어 대응조정을 할 수 없게 되는 경우가 실무상 많기 때문이다.[112]

이에 대한 대응책으로 양국 간 조약에 제1차 조정에 관한 기간제한을 두는 접근법도 있지만 많은 가맹국들이 이에 반대하여 현재로서는 단지 제1차 조정을 가급적 단기간 내에 행하도록 권고하는 선에 그치고 있다.[113]

우리나라의 경우 제1차 조정은 국세 부과제척기간과 동일하다. 아울러 부과제척기간의 특례규정으로서 체약 상대국과 상호합의 절차가 시작된 경우에 상호합의 절차 종료일 다음날부터 1년의 기간과 국세기본법 제26조의 2 제1항에서 규정하는 기간 중 나중에 도래하는 기간의 만료일 후에는 국세를 부과할 수 없도록 하고 있다(국제조세조정에 관한 법률 제25조 부과제척기간의 특례). 또한 국세기본법 제45조의 2 제2항 제3호는 상호합의가 이루어진 때로부터 2개월 내에 경정을 청구할 수 있도록 규정하였다. 따라서 우리나라의 경우 제1차 조정기간이 지체되어

---

111 OECD 모델조세조약 제25조 2.
112 위 Guide lines. Para. 4.47
113 Supra.

대응조정을 할 수 없는 경우를 입법적으로 예방하고 있다.

4) 소송과의 관계

대응조정의 전제가 되는 상호합의 절차와 관련하여 국내 법령상의 구제수단과 별개로 상호합의 신청을 할 수 있다.[114]

그러나 이러한 조세심판이나 조세소송 등의 타 구제수단과의 병행 진행을 무제한으로 인정하게 되면 납세자가 이러한 제도를 남용하여 자신에게 유리한 것만 취하는 이른바 Cream skimming 혹은 Cherry picking의 부작용이 생길 수 있다.

이러한 부작용을 방지하기 위하여 납세자가 상호합의 결과를 받아들일 것, 상호합의에 의하여 결정된 쟁점에 관하여는 이와 관련된 소송을 취하할 것을 조건으로 상호합의 신청을 하게 하는 방안이 이용되고 있다.[115]

5) 이전가격과세된 소득에 대한 제2차 조정

예를 들면, A국은 기업 X(자회사)에 대하여 이전가격과세를 행하였다고 가정하자. B국은 상호합의에 기하여 대응조정을 행하였다. 즉 기업 Y(모회사)에 대하여 환급금을 지급하였다. 그러나 기업 X로부터 기업 Y로의 당해 소득분에 상당하는 송금을 하지는 아니하였다.

---

114 OECD 모델조세조약 제25조
115 일본의 실무상 처리도 이와 동일하다고 한다. 잎 책 p.106., OECD Transfer Pricing Guidelines. Para. 4.31

이 같은 경우 A국은 자국에 송금되지 아니한 소득증가분 상당에 관하여 자회사인 X가 모회사인 Y사로부터 일단 돈을 받아 이것을 모회사에 배당했다고 간주하여 의제과세를 하여야 한다고 생각할지도 모른다.

이와 같이 이전가격과세(제1차 조정)에 동반하여 제2차적으로 발생하는 과세는 당초의 과세와 구분하는 의미에서 제2차 조정(Secondary adjustment)이라고 부른다.[116] 통상의 경우 제2차 조정은 간주배당, 간주출자금, 간주대여금 등의 형태로 행하여질 것이다.

특수관련기업에 관하여 규정하고 있는 OECD 모델조세조약 제9조 제2항이나 동 Commentary에서는 제2차 조정을 언급하고 있는 것이 아니라고 명시적으로 적고 있다. 즉 어느 나라의 세무당국도 제2차 조정을 행하는 것이 금지되거나 요구되지 않는다.

IV. 이전가격에 관한 절차

1. 문서화

독립기업 간 가격은 거래에 적용되는 것이므로 원래 그 거래에 관하여 신고시에 독립기업 간 가격에 따른 소득금액 계상이 이루어져야 한다. 이를 위하여 국제조세조정에 관한 법률 시행규칙 별지 8호 서식에 따른

---

116 앞 책, p.108

"국제거래명세서"를 제출하도록 되어 있고, 여기에는 국외 특수관계인과의 거래 현황 기재가 요구되고 있다.

국외 특수관계인 간의 국제 거래 규모 및 납세의무자의 매출액이 일정 이상인 경우에는 "통합기업보고서", "개별기업보고서", "국가별보고서"를 제출하여야 한다.

또한 과세당국은 필요한 거래가격 산정방법 등에 관련 제출을 요구할 수 있고 요구받은 자가 60일 이내에 해당 자료를 제출하지 아니한 경우에는 불복신청 및 상호합의 절차 시 자료를 제출하는 경우 그 자료를 과세자료로 이용하지 아니할 수 있다.

자료제출의무 불이행의 경우에는 과태료를 부과할 수 있고 아래에서 보는 바와 같이 관련 자료 이용을 거부함으로써 추정과세를 할 수 있다.

BEPS Action 13에서는 이전가격 문서화에 관하여 다국적 기업에 대하여 마스터 파일(Master file, 글로벌한 기업 그룹 전체의 정보), 국별 보고서(country-by-country report, 국별의 재무정보 사업활동) 및 로컬 파일(local file, 종래 문서와 대체로 동일)의 3층 구조로 된 문서 제출을 권고하고 있다.

2. 추정과세

납세자가 위와 같은 문서화를 요구하고 있는 서류를 제출하지 않을 경우 과세당국은 동종 사업을 영위하는 법인으로 사업의 내용이 유사한 것을 비교대상 법인으로 하여 산정한 금액을 독립기업 간 가격으로 추정하여 과세하게 될 것이다 .

우리나라는 이와 같은 규정이 명문화되어 있지 않지만 이전가격과세의 성질상 당연히 예상되는 과세방법이다. 이는 추계과세에서 요구되는 과세요건과는 다르므로 구별의 필요상 추정과세라고 한다. 물론 이 경우 납세자에 의한 반증은 가능하다. 이 경우 비교대상 법인에 관하여서는 사업의 동종성 및 사업 내용의 유사성에 관하여 고도의 엄격한 증명을 요구하지 않고 국외 특수관계인 간의 거래를 기초로 하는 것이 바로 부정되는 것은 아니고 이른바 secret comparable(사업 내용이나 재무 상황 등이 납세자에 대하여 개시되어 있지 않는 법인)을 대상으로 하는 것도 허용된다.

3. 상호합의 및 Papa

조세조약 체결 국가의 관계에서는 조세조약상의 상호협의 규정을 근거로 당사자로부터 신청을 받아 쌍방의 세무당국이 협의를 행함으로써 분쟁을 해결할 수 있다.

또한, 납세자는 이전가격에 관한 장래의 분쟁을 회피할 목적으로 과세당국에 대하여 가장 합리적인 독립기업 가격의 선정 방법 및 이것을 증명하기 위하여 제출된 자료에 의한 확인을 신청할 수 있고, 과세당국이 확인을 거친 경우에는 원칙적으로 그것을 과거에 소급하여 취소할 수 없다. 이 같은 사전확인제도 APA는 법적 안정성과 예측가능성의 관점에서 매우 유용하다. 그렇지만 일방적 APA의 경우에는 상대국의 과세당국이 기속되지 않으므로 외국의 과세당국을 포함한 쌍방적 APA가 바람직하다.

제6장
과소자본세제

I. 의의

지급이자와 배당은 법인소득 계산상 차이가 있다. 전자는 손금으로 공제 가능하지만 후자는 공제가 불가능하기 때문이다.

이러한 법인소득 계산상 차이로 인하여 법인은 주주로부터 필요한 자금을 조달하는 대신에 차입금을 늘려 필요자금을 조달하면 법인세의 부담을 그만큼 줄일 수 있게 된다.

이것이 이른바 과소자본(Thin capitalization)의 문제이다.

II. 연혁

이러한 문제에 대처하기 위하여 외국에서는 오래전부터 일정한 경우에 주주로부터의 차입을 출자로 간주하여 이에 대한 이자 지급을 손금으로 산입하지 않아 왔다.

미국의 경우도 의회입법 당시에 프랑스, 영국, 캐나다, 오스트레일리아 등에서 이미 과소자본세제에 관한 입법을 보고 이러한 제도를 입법화하기에 이르렀다고 한다.[1]

---

[1] HP Rep. No. 247, 101st Con., 1st Sess. 1241(1989)

Ⅲ. 입법례

과소자본문제에 대한 세제의 접근방법으로는 두 가지 형태가 있다.[2]

1. 개별대응형(個別對應型)

이는 자금이 제공된 조건, 성격, 결정과정 등을 종합적으로 감안하여 차입금인지 출자금인지를 결정하는 접근방법이다.

개별대응형은 다시 일반적인 남용금지 규정에 기초하여 각종 상황을 종합 감안하는 방법과 독립기업 원칙의 개념을 이용하는 접근방법으로 나뉜다. 후자의 경우에는 독립기업 간이라면 행하여졌을 차입금의 규모에 비추어 그것을 초과하는 이자의 손금산입을 인정하지 않든가 배당으로 하는 견해이다.

이러한 입장에 서면 차입금의 규모뿐만 아니라 그 이율에 관하여도 독립기업 간 거래되었을 이율을 넘는 것은 손금산입을 인정하지 않든가 이익에서 지불되었다고 보는 것이다. 이러한 접근법은 이전가격세제와의 구분이 애매하다.[3]

---

2 羽床正秀, 過小資本稅制의 問題點, 水野忠恒 編著, 國際課稅의 理論과 課題, p.113
3 이러한 원인 때문에 그만큼 실무적으로 적용되는 일이 없는 것 같다. 羽床正秀 위 논문 p.113

2. 총량규제형(總量規制型)

개별대응형의 실무적 적용의 어려움을 극복하기 위하여 고안된 것으로 일정 비율을 넘은 경우에는 지급이자의 손금산입을 부인 혹은 제한하는 방법이다.

이 방법은 다시 일정 조건에 합치하면 관련 기업 간에 일정 비율을 유일한 기준으로 사용하는 방법과 일정 비율을 Safe harbor로 사용하여 납세자가 독립기업 간 비율이란 사실 혹은 합리적인 것으로 용인될 만한 비율이라는 사실을 입증하면 설령 일정 비율을 초과하더라도 차입금 이자의 손금산입을 인정하는 방법으로 세분된다. 최근의 입법례로서는 압도적으로 총량규제형을 취한 것이 많다.[4]

IV. 성격

1. 조세회피·실질주의 접근법

독일에서 과소자본의 문제는 숨은 이익처분 혹은 숨은 출자를 통한 조세회피 행위를 부인하는 문제로 다루어져 왔다.

그리하여 본래 법적·경제적 이유에 의하여 자본으로서 지출되었어

---

4 Supra, p.114

야 할 것으로 인정되거나 당해 차입이 법형식의 남용이라고 인정되는 경우 차입금은 숨은 자본으로 간주된다.

자본과 총자산이 비례적이지 아니한 경우, 구체적으로는 그 비율이 10%(총자산 대비 자기자본) 이하인 경우는 법형식의 남용에 해당한다고 한다.[5]

영국의 경우는 1970년 법인세법에 간주배당 규정을 두어 발행주식의 75% 이상이 외국 법인 소유인 내국 법인이 그 외국 법인에 지불하는 지급이자는 배당으로 인정 혹은 간주되어 손금산입이 허용되지 아니하였다.

그 취지는 Arm's length 관계가 아닌 관련 회사 간 융자를 부인하는 것이다. 비록 과소자본세제에 관하여는 규정하지 않았지만 과소자본은 Arm's length가 아니라는 것을 나타내는 중요한 요소이다. 실무상으로도 다국적 기업의 과소자본 자회사 문제에 관하여 이러한 간주배당 규정, 나아가서는 실질주의에 기초한 Arm's length 이론으로 부채/자기자본 비율을 2대 1 이하로 유지하도록 요구하고 있다.[6]

그러나 과대이자의 부인과 그 같은 이자를 배당으로 간주하는 것은 별개의 문제이다. 이는 OECD 조세위원회의 입장이기도 하다.[7] OECD 모델조약에 있어서도 관련 기업 간 지급이자의 부인이 행하여지지만, 이는 Arm's length 법리에 기초한 과대이자의 부인에 지나지 않는다.

---

5 그리하여 실무상으로는 부채/자기자본 비율이 9대 1 이상인 경우에는 법형식의 남용으로서 부인된다고 하는 법률 구성이 가능해진다. 水野忠恒, 過小資本稅制 國際課稅의 最近 動向, 租稅法硏究 21號, 有斐閣, p.127

6 ICTA § 233 (2)(e)(iv), ITCA 1988 § 209 (2)(e)(iv)

7 水野忠恒, 위 논문 p.129

2. 실질주의로부터 이자공제부인입법(利子控除否認立法)으로 전환

앞에서 본 독일이나 영국과 달리 미국의 경우는 두 단계의 역사적 경로를 거치면서 과소자본세제가 입법화되기에 이른다.

처음에는 실질주의 관점에서 과소자본문제를 접근하였다.

Substance over Form(실질주의)의 적용에 의하여 회사의 특수관계자로부터의 부채(負債)를 주식으로 인정하는 것, 즉 차입금 이자를 배당으로 간주하는 것이다. 실질주의에 의한 배당 인정을 위하여는 변제가능성, 경영참가, 배당가능이익과 이자지급과의 관련성 등 다양한 요소가 고려되었지만, 부채/자기자본비율도 중요한 요소 중의 하나였다. 그러나 이러한 심사는 과도한 불확실성과 심리부담을 가져오는 것이어서 재무성 규칙에 의한 위임규정이 제정되었으나 그 이후 규칙안이 철회되었다.[8]

그러나 1980년대 이후 다액의 차입금을 이용한 LBO(Leveraged Buy Out)의 폐해에 대응하기 위하여 1989년에 이른바 Earnings-Stripping으로 불려지는 IRC §163(J)를 제정하게 되었다. 이 조항은 미국에서 수입이자가 비과세되는 법인과 특수관계에 있는 내국 법인 혹은 외국 법인이 그 특수관계 법인에 지급하는 이자의 공제를 부인하는 규정이다.[9]

이 조항은 독일이나 영국에서의 조세회피행위의 부인이나 실질주의 적용의 성격과는 거리가 있다. 이는 지점과세와 마찬가지로 과세관할

---

8 졸저, 논점 조세법 개정2판, p.542 이하 참조
9 그 적용 요건으로서 미국의 내국 법인 중 부채/자기자본비율이 1.5대 1을 초과하고 그 주식의 50% 이상을 소유하는 법인에 대한 지급이자가 조정과세소득의 50% 이상을 초과하는 경우에는 그 지급이자의 공제를 부인하는 것이다. 이 경우 지급이자에 대한 원천과세는 조세조약에 의하여 30% 이하의 이율이 적용되는 경우에는 그 한도에서 비과세로서 취급된다. IRC § (J)(5)(B)

확대를 의도한 규정으로 이해하여야 한다는 주장도 있다.[10] 이 주장이 타당하다는 것은 이 조항의 제목이 Earnings-Stripping, 즉 "수익박탈"의 규정이라고 부르고 있다는 데에서도 알 수 있다.

이상에서 살펴본 바와 같이 과소자본세제는 조세회피방지 또는 실질주의의 적용 혹은 이전가격세제의 성격처럼 보인다. 그러나 아직 이 세제는 좀 더 국제적 통일성을 갖추기에는 시간이 필요한 것 같다.[11]

V. 조세조약상 과소자본세제

조세조약의 관련 기업의 소득배분 적용에 관한 규정은 기업 간의 자금 차입에 있어서의 Arm's length를 규정하였는데, 그 이율이 정상가격인가 하는 점과 함께 부채의 형식이 진실성을 갖는 것인가를 인정하는 것이 중요하다고 해석하고 있다.[12]

또한 OECD 모델조약 Art. 11(6)(관련자 간의 지급이자 공제제한)의 규정도 과소자본의 부인을 인정하고 있다.[13]

과소자본에 관한 OECD 조세위원회 보고서에는 조세조약으로서 규정하여야 할 부채/자기자본비율에 관하여는 언급하지 않고 있고, 과소

---

10 水野忠恒, 위 논문 p.132

11 Supra. p.132

12 OECD Model Tax Convention Art. 9.

13 OECD Model Tax Convention (2008) Art. 9. Commentary para. 1

자본세제의 구성원리로서 Arm's length의 기준을 확인하는 데 그치고 있다.

이러한 점에서도 과소자본에 관하여 각국의 국내법이 통일되어 있지 않다고 할 수 있다.

과소자본세제는 조세조약에 특별한 규정이 없는 한 독립기업원칙(Arm's length principle)에 적합하도록 규정되어야 한다. 독립기업원칙에 반하는 과소자본세제를 국내법상 입법하는 경우에는 먼저 조세조약을 수정하여야 한다는 지적이 있다.

이를테면 부채·자본비율을 현저히 낮게 설정하고 이러한 비율을 넘는 부분이 합리적이라는 사실을 납세자에게 입증 책임을 지우게 한다든가, 아니면 이러한 선택 자체를 인정하지 아니하는 입법은 독립기업원칙과는 일치하지 아니하고 오히려 이에 반하는 것이라고 할 수 있다.

VI. 우리나라의 과소자본세제

1. 서론

우리나라의 과소자본세제는 현실적인 집행의 어려움을 감안하여 개별대응형을 채택하지 아니하고 대신 총량규제형[14]을 채택하고 있다. 이 중에서도 우리나라의 경우는 유일기준 방식을 사용하지 아니하고 특수관계가 없는 자 간의 통상적인 차입규모 및 차입조건과 같거나 유사한 경우는 제외하도록 하고 있다. 즉 유사업종의 내국 법인 자본비율에 비추어 타당한 배수를 사용할 수 있는 구제조치를 두고 있다. 이러한 "유사 내국 법인의 자본비율의 적용"이 배당의 가장(假裝)[15]이 아니라는 반증이라고 보는 것이다.[16]

이러한 이유로 우리 법상 과소자본세제의 성격은 실질주의에 입각한 것으로 볼 수 있다.

2. 요건

(1) 내국 법인[17]에 국외 지배주주 등이 존재할 것

여기의 국외 지배주주 등이란 직·간접으로 의결권 주식의 과반수 이상을 소유하는 등 법적으로 혹은 사실상 내국 법인 경영의 중요한 부분을 지배할 수 있는 비거주자 혹은 외국 법인이다.[18]

(2) 내국 법인의 국외 지배주주 등에 대한 부채가 국외 지배주주 등의 내국 법인 출자지분의 3배[19]를 초과할 것

---

14 이 방법을 다시 세분하면, 일정 조건에 합치하면 관련 기업 간에 일정 비율을 유일한 기준으로 사용하는 방법과 일정 비율을 Safe Harbor로서 사용하여 납세자가 독립기업 간 비율이란 사실 혹은 합리적인 것으로 용인될 만한 비율이라는 사실을 입증하면 설령 일정 비율을 초과하더라도 차입금 이자의 손금산입을 인정하는 방안이 있다는 점은 앞서 적은 바와 같다.

15 水野忠恒, 過少資本稅制 國際租稅法의 最近動向, 有斐閣, 21호., p.138

16 국제조세조정에 관한 법률 제14조 제3항

17 (이 규정은 외국 법인의 한국지점에도 적용되지만, 여기서는 별도로 언급하지 않는다. 법문상으로는 외국 법인의 국내 사업장으로 포함한다고 규정하고 있다.) 국제조세조정에 관한 법률 제14조 제1항

18 위 법 제2조 제1항 제11호 및 동 시행령 제3조

국외 지배주주 등에 대한 부채에는 국외 지배주주로부터 차입한 금액은 물론이고, 이들의 지급보증 아래 제3자로부터 차입한 금액 및 제3자 개입 차입거래를 포함한다.[20]

이 경우 내국 법인의 국외 지배주주 등에 대한 부채에서 무이자인 부채는 어떻게 취급할 것인지 혹은 지급받은 이자가 국외 지배주주 등의 한국지점의 소득에 귀속되어 우리나라 법인세의 대상으로 된 경우에는 그 이자의 원본에 해당하는 부채는 어떻게 되는지에 관한 규정을 두고 있지 아니하나, 전자는 과소자본세제의 취지상 부채에서 제외된다고 보아야 할 것이고, 후자는 이를 포함하면 경제적 이중과세를 가져온다고 보아야 할 것이어서 이 또한 차입금에서 제외된다고 해석하는 것이 맞을 것이다. 일본의 경우에는 이에 관한 명문 규정을 두고 있다.

우리나라는 위의 두 가지 요건만 규정하고 있으나, 입법례에 따라서는 내국 법인의 총부채 금액이 자기자본금액의 3배를 초과하여야 한다는 요건 규정을 두고 있는 나라도 있다.[21]

---

19 업종별 배수를 정하고 있는데 금융업의 경우는 차입금의 배수를 6배로 정하고 있다. 위 법 시행령 제26조

20 위 법 제15조에서는 제3자가 개입한 차입거래도 규제 대상에 넣고 있다. 다만, 국외 지배주주와 사전계약이 있고, 차입조건을 국외 지배주주가 실질적으로 결정할 것을 조건으로 한다.

21 일본의 경우이다. 보다 엄격한 요건을 설정한 것으로 과소자본세제의 적용을 제한적으로 허용하는 것으로 이해할 수 있다. 일본의 경우는 국외 지배주주 등의 부채·자본비율과 총 부채·자기자본비율 모두 3배를 초과하는 경우에 과소자본세제를 적용하고 있다. 조세특례조치법 제66조의 5 참조.

3. 효과

위 요건을 충족하면 출자지분의 3배를 초과하는 부분에 상당하는 부분의 부채에 기인하는 지급이자는 내국 법인의 법인소득 계산상 손금에 산입되지 아니한다. 더하여 이 손금불산입된 부분은 배당 또는 기타 사외유출로 처분된 것으로 본다.[22] 즉 손금불산입과 소득처분을 아울러 규정하고 있다.

입법례에 따라서는 "위 규정에 따라 산출된 이자부분은 손금에 산입하지 아니한다"라는 규정만 두고 있는 나라도 있다. 이러한 경우에는 이러한 "손금에 산입하지 아니한 이자"를 받는 측에서는 그 금원의 성격이 이자로서의 지위를 그대로 유지한다고 볼 수 있다.[23] 그러나 이와는 달리 별도의 소득처분 규정을 두고 있는 우리 법제 하에서는 이러한 "손금에 산입하지 아니한 이자"를 받는 측에서의 받은 금원의 성격이 이자가 아닌 배당으로 된다.[24]

---

22 배당으로 처분되는 금액은 국외 지배주주로부터 직접 차입한 금액이고, 국외 지배주주의 지급보증에 의하여 제3자로부터 차입한 금액은 기타 사외유출로 처분한다. 국제조세조정에 관한 법률 시행령 제25조 제6항

23 佐藤英明, 日本國의 過少資本稅制와 問題點, Jurist1075-호. p.30

24 이미 우리나라에서 국외 지배주주에 지급한 이자 등에 대한 소득세나 법인세를 원천징수한 경우에는 소득처분에 따른 배당에 대한 소득세 또는 법인세를 계산할 때 이미 원천징수한 세액과 상계하여 조정한다는 규정을 두어 다른 법제와는 달리 손금불산입과 배당으로의 소득처분을 연계시키고 있다. 국제조세조정에 관한 법률 제14조 제4항.

4. 국외 지배주주 등의 한국지점의 소득계산과 과소자본세제

위에서 말한 "손금에 산입되지 아니한 이자"에 해당되더라도 이것을 받는 측이 우리나라에서 법인세 과세대상이 된 경우라면 동일한 소득에 대한 경제적 이중과세를 방지하기 위하여 과소자본세제를 적용하지 말아야 할 것인가 하는 문제가 있다.

이것은 설령 지불하는 측에서 과세대상이 되지 않았다고 하더라도 받는 측에서 과세대상이 된 것이라면, 이러한 상황은 내국 법인의 경우와 동일한 것이 된다.

우리 법에는 이러한 규정이 없지만 입법상 고려해 보아야 하는 문제가 아닌가 생각된다.

제7장

외국납부세액공제

I. 의의

거주자인 개인과 법인은 거주지국에서 전세계 소득에 대하여 납세의
무를 지므로 국외에서 국외 원천소득에 대하여 원천지국에서 과세를
당한 경우에는 거주자의 입장에서는 그 국외 원천소득에 대하여는 이
중과세를 당하는 셈이 된다. 이는 과세권 관할의 경합에서 생기는 문제
이다.

외국납부세액공제는 이러한 국제적 이중과세를 피하기 위한 제도적
장치의 하나이다.[1]

이는 거주지국의 거주자 개인 혹은 법인이 외국 정부에 납부한 소득
세 혹은 법인세액을 거주지국의 소득세 혹은 법인세액에서 공제하는 방
법이다.

이 제도는 내외국 투자결정에 조세부담의 영향을 받지 않게 하려는
제도라는 의미에서 자본 수출의 중립성(Capital Export Neutrality)의 관점
에서 종래 설명되어 왔으나 외국납부세액공제의 한도를 둔다 해도 이러
한 중립성의 원칙이 완전히 달성되지는 않는다.[2]

외국납부세액공제 적용을 받는 자는 이러한 이중과세를 받는 자에게

---

1 그 이외의 이중과세 배제방법으로는 국가 중립성 원칙(National Neutrality, 자국 투자
   든 외국 투자든 투하자본에 대한 이익은 동일하여야 한다는 이론)에서 설명되는 외국 세
   액의 손금산입 방법과 자본수입의 중립성 원칙(Capital Import Neutrality, 거주지국에서
   자국 거주자에게 과세를 함에 있어서는 원천지국 현지에서 경쟁자 이상으로 과중한 세
   금을 부담하여서는 아니 된다라는 이론)에서 설명되는 외국 소득 면제제도가 있다.
   赤松 晃, 國際課稅의 實務와 理論, 稅務硏究會出版局, p.208 이하 참조
2 赤松 晃, 앞 책 p.211

주어지는 것이므로 (거주지국에서의) 비거주자나 외국 법인은 적용되지 않는다.

우리나라는 이중과세방지 장치로서 외국납부세액공제제도와 외국 법인세액의 손금산입 중 선택이 가능하도록 되어 있다.[3] 손금산입을 선택하는 경우에는 한도액은 없고 전액이 손금산입된다.

그러나 100원의 세액공제는 100원의 가치가 있는 반면에 100원의 손금산입은 이 금액에 법인세율, 만약 22%의 법인세율인 경우 22원 정도의 가치만 있는 셈이다.[4] 그러므로 납세자들은 세액공제를 선호하게 된다.

Ⅱ. 공제 요건

먼저 납세자가 공제방법을 선택하여야 한다. 그런 다음 아래의 세 가지 추가적인 요건이 필요하다.

(1) 문제되는 세금이 실제로 외국 정부에 지불되어야 한다
위 요건과 관련하여서는 지불영수증 등 엄격한 증거를 요한다. 원천징수되는 세금의 경우 이 같은 증빙을 갖추기가 쉽지 않다.[5] 또한 그것

---

3 법인세법 제57조
4 그리하여 미국의 경우도 선택 가능하지만, 모든 경우에 공제방법을 납세자들이 선택한다고 한다. Reuven S Avi-Yonah, 위 책 p.150
5 Ibid p.151 Continental Illinois Bank case참조

이 세금이어야지 다른 성격의 금원, 즉 성격상 사용료임에도 형식상 세금이라는 명칭의 금원을 납부하였다고 하여 위 요건을 충족하였다고 볼 수 없다.[6] 정부가 세금을 징수하는 대신 어떤 편익을 납세자에게 준 경우라면 실질적으로는 세금이 납부되었다고 할 수 없다.[7] 또한 외국 정부가 이 세금을 국고에 간직하지 아니하고 납세의무자에게 환급하여 준 경우도 이 요건을 충족하였다고 보기 어려울 것이다.[8]

(2) 그 세금이 당해 납세자에 의하여 지불되어야 한다

누가 실질적으로 조세채무를 부담하게 되는가와 상관없이 세금을 납부한 자가 공제를 받는다. 즉 외국에서 형식적으로 법률적 납세의무를 부담한 자가 세액공제를 받을 수 있다. 협상력이 큰 자가 조세부담을 전가하여 다른 자에게 실질적으로 조세부담을 시켰다고 하더라도 전가받은 자가 이러한 전가된 세액을 공제받을 수 없다. 그러므로 조세전가(the economic incidence of the tax)는 고려 대상이 아니고 오직 법률상 조세의무자가 누구인가가 문제될 뿐이다.[9]

외국의 법인세법이 그 법인의 이익에 관하여 납부한 세금을 주주의 지분만큼 반영하여 주주의 소득으로 신고하도록 하는 조세제도(영국에서는 법인세와 개인소득세의 이중과세를 해소하기 위한 장치의 일환으로 이러한 제도를 가지고 있었다)를 가지고 있는 경우 이를 외국납부세액이라고 할 수 있는가라는 쟁점이 제기된 사건이 있다. 납세자는 비록 법인이

---

6 Ibid.

7 이 같은 룰을 subsidy rule이라고 한다. Ibid.

8 이는 refund rule이라고 한다. Ibid.

9 이를 technical taxpayer rule이라고 한다. 그러나 이러한 technical taxpayer rule을 만족더라도 경제적 실체와 조세 이외의 사업 목적이 결여된 경우에는 세액공제를 받을 수 없다. Compaq Computer Corporation v. Commissioner 113 T.C. 214(1999) 참조

세금을 납부하였기는 하였어도 개인소득세의 선납에 해당하는 것이라면서 이에 해당하는 금액을 외국납부세액으로 공제하여야 한다고 주장하였다.

그러나 미국 대법원은 영국에서는 법인세를 "주주에 대한 세금"으로 취급하나 이 같은 법인세 통합은 미국 제도에는 도입되지 않았다면서 해당 주장을 받아들이지 아니하였다.[10] 결국 위 세금은 주주가 낸 세금이 아니라 법률상으로는 법인이 부담한 것이므로 외국납부 공제대상이 되는 세액이 아니라는 것이다.

(3) 공제 가능한 세금이어야 한다

위 (1)과 (2)의 요건을 충족하지 못하면 손금산입이든 세액공제이든 받지 못하지만, (3) 요건 결여 시에는 비록 공제는 받지 못하지만 손금산입은 가능하다.[11] 외국에 납부한 세금이 세액공제 요건을 갖추지 못한 것이라도 이 금액은 사업수행상 필요한 경비이고, 손금은 필요경비인 경우 인정되기 때문이다.

이 경우 공제대상이 되는 조세는 오로지 직접세만이다. 우리 법인세법도 "법인의 소득 등"과 어떤 형태로든 연결된 조세만을 공제대상이 된다고 하고 있다.[12]

왜 직접세에만 국한하여 공제하여 주는 것인가? 이에 대한 연혁적인 이유를 우리 조세법에서 굳이 찾는다면, 현재 국제적 이중과세 방지의 대상이 되는 조세는 개인과 법인을 포함한 소득세에 대한 조세에 국한

---

10 Biddle v. Commissioner of Internal Revenue, 302 U.S. 573 (1938)

11 Ibid. p.151

12 법인세법 시행령 제94조

되어 있는 것이 그 이유가 되지 않을까 생각된다. 그러나 실상 미국에서는 당초 이 제도를 특별한 혜택이라고 보고 미국의 소득세제와 유사하지 아니한 세금에 대하여는 이러한 혜택을 부여하지 않으려고 하였기 때문이라고 한다.[13]

이러한 제한적인 공제 요건을 충족하자면 다시 세부적인 다음과 같은 세 가지 조건을 만족하여야 할 것이다.[14]

첫째, 실현된 소득에 대한 조세이어야 한다(realization requirement). 즉 미실현된 소득에 대한 과세(예를 들면 자가소유의 집에 대한 가치상승분이나 보유 주식에 대한 가치상승분에 대한 과세) 등은 공제대상이 되는 조세에 해당하지 않는다.

둘째, 총소득 개념과 관련하여 과세표준이 우리나라에서 정하고 있는 것과 같거나 그 이하이어야 할 것이다(gross receipts requirement). 그렇지 아니하고 더 넓은 경우에는 비록 소득에 대한 과세라고 하더라도 공제대상이 된다고 할 수 없다.

셋째, 순소득 요건으로 불리는 것으로 외국 법인세가 우리나라 법인세와 유사한 손금산입을 인정하여 주어야 한다는 것이다(net income requirement). 그리하여 외국에서 부과된 법인세가 사업활동에 들어간 원가와 사업 수행 중에 일어난 비용에 대한 공제를 받을 수 없는 것이라면 세액공제 대상이 되는 법인세가 아닌 것이다.[15]

그러나 순소득 요건에 관하여는 일단 외국에 소득세나 법인세를 납부하였다면 미국의 조세법 규정과 일치하는지 여부를 떠나 공제대상으로

13 Ibid. p.154
14 이러한 조건은 원래 미국에서 논의되고 있는 것이지만, 미국과 동일한 직접세만 공제대상으로 하고 있는 우리나라의 경우에도 적용될 수 있을 것이다. Ibid. pp.154~155
15 Inland Steel Co. v. U.S. 230 Ct. Cl 314 (1982)

되어야 한다면서 이 요건의 폐지를 주장하는 견해도 있다.[16]

우리나라 법인세법 통칙 57-0…1에서 외국납부세액 목적상 국외 원천소득은 우리나라 세법에 의하여 "계산된" 국외 원천소득을 말한다고 하고 있어, 위와 같은 설명이 그대로 적용될 가능성도 있다. 다만 국내 세법을 적용하는 것으로 되어 있지 아니하여 논쟁의 여지는 있다. 일본의 경우도 같은 취지로 규정하고 있다.[17]

Ⅲ. 외국납부세액공제한도
(Foreign Tax Credit Limitation)

외국납부세액을 공제해 주는 방법에는 외국 세액 전액을 공제하여 주는 완전세액공제방법과 일정한 한도 안에서만 공제하여 주는 일반세액공제방법이 있다. 그러나 대부분의 국가는 모두 한도액을 두고 그 범위 내에서만 공제하여 주는 방식을 채택하고 있다.

왜 한도액이 필요한 것일까? 한도액이 없다면 외국의 고세율 조세부담에도 불구하고 우리나라에서는 외국에서 납부한 세금 전액을 공제하여 주게 되고, 심지어 국내에는 아무런 원천소득이 없는 경우에는 위

---

16 Ibid. p.156
17 국외 원천소득에 관하여는 일본 법인세법을 적용하여 산출한다고 규정하고 있다. 일본 법인세법 시행령 제142조 제3항

세금 전액을 환급하여 주는 결과가 된다. 이렇게 되면 외국 정부는 과도하게 법인세 등을 징수할 유인을 갖게 된다. 이 같은 과도한 외국 정부의 세금징수는 결국 우리 정부의 비용이 되는 것이기 때문이다.

외국세액공제한도액＝법인세율×국외소득으로 정리된다.[18]

여기서 외국의 법인세율이 자국보다 높은 경우에는 납세자로 하여금 자국에 투자하도록 하는 유인을 주는 결과가 되기 때문에 차별적인 (discriminatory) 조치에 해당한다는 논의가 있을 수 있다는 견해도 있다. 그러나 공제한도액을 운용하는 제도가 자본수출의 중립성 원칙 (capital export neutrality)에 위반되는 측면이 있기는 하지만 자국의 희생으로 세율이 높은 국가에 혜택을 주는 결과가 되므로 일반적으로 용인되고 있다.[19]

외국납부세액공제한도를 높이려면 위 산식에서 알 수 있듯이 외국 원천소득을 높이는 방법이 하나 있을 수 있고, 다른 방법으로는 외국의 높은 실효세율을 자국의 세율과 근접하게 낮출수록 공제한도액은 커지게 된다.

여기서 투자한 국가가 한 나라인 경우에는 별 문제가 없으나 여러 나라에 투자하여 수 개의 외국 정부에 법인세 등을 납부한 경우, 수 개의 외국납부세액 공제한도액의 평균화를 허용할 것인가 하는 문제가 있다. 이에는 다양한 제도가 현재 존재한다.

우선 한도액 이하로 외국납부세액을 낮추는 방법을 허용하는 방법으로는 납세자가 원하는 대로 어떠한 평준화도 허용하는 방법이 있고(일괄

---

[18] 즉 외국세액공제한도액＝전세계 소득에 대한 법인세×국외소득/전세계 소득이 되고, 이는 다시 외국납부세액공제한도액＝(전세계 소득×법인세율)×국외소득/전세계 소득으로 정리되기 때문이다.

[19] Ibid. p.158

한도방식, overall limitation), 고세율 국가와 저세율 국가로 나누어 평준화를 허용하는 경우도 있고, 가장 엄격하게는 이러한 평준화를 오로지 국가별로만 허용하는 제도도 있다.[20]

다른 방법으로는 몇 개 그룹으로 분류하여 적극적인 사업소득과 소극적인 투자소득으로 나누어 평준화를 허용하는 방법도 있을 수 있다. 이렇게 분류된 그룹은 basket이라고 부른다. 그러나 위와 같은 basket 시스템은 그 복잡함을 능가할 정도의 가치는 없다는 견해가 있다.[21]

우리나라의 경우는 국별한도방식과 일괄한도방식을 납세자의 선택에 맡기도록 하고 있다.[22]

Ⅳ. 간접외국납부세액공제방법
(Indirect Foreign Tax Credit)

내국 법인이 외국 자회사로부터 배당 등을 받은 경우, 당해 외국 자회사의 소득에 대하여 부과된 법인세액 중 당해 배당 등에 대응하는 금액(이를 간접외국납부법인세액이라고 한다)을 당해 내국 법인이 납부할 법인세액으로 보아 세액공제를 할 수 있다.[23] 이를 내국 법인이 직접 납부하

---

20 그러나 이러한 경우조차도 같은 국가 내에서도 고세율 소득에 대한 과세액과 저세율의 소득에 대한 과세액을 평균화할 수 있는 여지는 여전히 남아 있다.

21 자세한 논의는 Ibid. p.161 참조

22 법인세법 시행령 제94조 제7항, 소득세법 시행령 제117조 제7항

였거나 납부할 세액이 아니지만 외국 자회사를 경유하여 이 같은 성격을 갖는다는 의미에서 이 같이 명명하고 있다. 납세자의 선택에 따라 손금산입도 가능함은 물론이다.

간접외국납부세액 공제제도의 취지는 해외에서의 사업 수행 형태에 따른 조세법상 차별을 없애기 위한 것이다. 외국에 진출하여 사업을 수행하는 형태로는 지점 형태와 자회사 형태가 있을 수 있는데, 전자는 당연히 내국 법인의 일부이므로 외국납부세액이 있는 경우 공제를 받을 수 있으나, 자회사의 경우는 본국의 모회사와는 별개의 법인격이므로 외국납부세액이 있더라도 이를 공제받기가 어려울 것이다.

한편 지점은 과세이연 효과를 누리지 못하나 자회사의 경우는 배당이 이루어지기 전까지는 과세이연이 가능하다. 그렇지만 실제로 배당이 이루어진 경우에는 양자 사이에 차별을 둘 이유가 없으므로 배당 등을 받은 것을 계기로 하여 공제를 허용하는 것이다.[24]

그러므로 이 간접세액공제는 지점과 자회사 간의 외국납부세액에 관한 취급상 불평등을 해소하기 위하여 만들어진 제도이므로 법인에게만 적용되고, 또한 그 법인은 10% 이상의 지분을 배당 확정일 현재 6개월 이상 보유하고 있어야 한다.[25]

이 같은 법리는 외국 하이브리드 사업체를 통한 국외 투자시 외국납부세액공제[26]와 간접투자회사 등의 외국납부세액 공제제도[27]에도 그대로 준용되고 있다.

---

23 법인세법 제57조 제4항

24 Ibid. p.162

25 법인세법 제57조 제5항, 동법 시행령 제94조 제9항

26 법인세법 제57조 제6항

27 법인세법 제57조의 2 제1항 · 제2항

간접외국납부세액공제에 관한 구체적인 산식이 도입되기 전에는 배당된 이익에 대응되는 세액에 관하여서만 세액공제가 허용되는 것인지, 아니면 전체 부과된 세액이 공제대상이 되는지를 다룬 사건에서 미국 법원은 후자의 입장을 취하였다.[28]

이 공제제도를 적용함에 있어 유보이익(accumulated profits)을 세금이 부과된 외국 세법에 따라 해석할 것인지, 아니면 세액공제를 하여 주는 자국법에 따라 해석할 것인지가 문제가 된 사안에서 비록 이중과세가 부분적으로 발생될 수 있다고 하더라도 자국법인 미국법에 따라 해석하여야 한다고 하였다.[29]

그러나 위 판결을 기계적으로 적용하여 자국법 해석 원칙을 밀고 나가더라도 외국 조세법이 워낙 차이가 많을 경우에는 예외를 허용하여야 한다면서 외국 조세법과의 조화를 도모한 판결도 나오게 된다.[30]

이미 납부한 세금이 이월공제 등의 실현되지 않은 세금이라 하더라도 납부할 의무가 있는 외국납부세액은 공제 가능하다는 결론에 이른 판결도 있다.[31]

---

28 American Chicle Co v. United States 316 U.S. 450 (1942)

29 U.S. v. Goodyear Tire and Rubber Co-493 U.S. 132(1989)

30 Vulcan Materials Co. v. Commissioner 96 T.C. 410(1991)

31 Xerox Corp. v. U.S. 41 F. 3d 647(1994)

V. 간주외국납부세액공제(Tax Sparing Credit)

국외 원천소득이 있는 내국 법인이 조세조약의 상대국에서 해당 국외 원천소득에 대하여 법인세를 감면받은 세액 상당액을 그 조세조약으로 정하는 범위 내에서 세액공제할 수 있는 제도를 말한다.[32]

실제로는 외국 정부에 납부하지 아니한 세액이라는 점에서 위에서 적은 직접 혹은 간접외국납부세액 공제제도와는 다른 것이나 감면받은 세액을 납부한 세액으로 의제한다는 점에서 간주외국납부세액으로 일컫는 것이다.

이는 개발도상국의 조세감면 효과를 실질적으로 외국 투자자에게 귀속시키기 위한 것이다.[33]

---

[32] 법인세법 제57조 제3항
[33] 이용섭·이동신 공저, 앞 책 p.90

제8장

Tax haven 대책세제 특정 외국 법인의 유보소득 배당간주과세

I. 개관

1. 입법취지

이는 Tax haven[1]에 회사를 설립하여 국내에서의 조세부담을 줄이려는 시도에 대응하여 이를 막기 위한 제도이다.[2] Tax haven을 결정짓는 요소로는 비거주자에 대한 무과세 혹은 명목상 과세, 유효한 정보교환의 결여, 투명성의 결여, 실질적 활동의 결여 등이 거론되고 있다. 이에 대한 대응으로는, 한 나라만의 노력으로 완전할 수 없으므로 OECD는 국제적 노력의 일환으로서, 2013년에 공표된 BEPS 행동계획의 하나로 CFC(Controlled Foreign Corporation/Company) 세제(이를 Tax haven 세제라고 한다)의 강화를 과제로 선정하고 이미 공개토의 초안을 공표하였다. 이 CFC 세제에 관하여 과세이연을 방지하기 위한 규정이라는 견해도 있으나, 외국 자회사 배당금의 익금불산입제도를 두고 있는 법제[3] 하에서

---

1 Tax haven이라고 하여도 그 종류는 다양하다. 일체의 조세가 없는 완전 무세국부터 소득세, 법인세가 존재하지만 세율이 극히 낮은 경과세국, 국외 원천소득을 과세하지 아니하는 국외 원천소득 면제국, 배당을 받을 목적으로 설립된 지주회사의 소득에 대하여 저세율로 과세하는 지주회사 특별우대국, 국제적 사업수행을 이한 법인 등에 대하여 경과세하는 국제사업법인경과세국, 외국기업 유치를 위하여 감세, 보조금, 저리융자 등을 하여 주는 외국기업 유치 특별 대우국 등으로 다양하다.
국내 문헌에서는 이를 조세피난처(租稅避難處)라고 부른다. 그러나 조세가 피난하는 곳이라는 의미로 번역된 듯하나 의미상으로도 전달이 잘 되지 않는다. 조세 천국, 즉 '세금부담이 없다'라는 의미가 더 정확하다. 여기서는 정착된 용어 그대로 Tax haven 혹은 경과세국이라고 부르기로 한다.
2 국제조세조정에 관한 법률(이하 '국조법') 제17조-제20조.

는 지불이 이연된 후 지불이 이루어지더라도 과세되지 않는 경우라면, 이러한 주장으로는 설명이 곤란하다.

어떻든 이 세제는 법인격을 달리하는 외국 자회사의 소득에 관하여 출자비율에 따라 내국 모회사의 소득과 합산과세하는 제도이다. CFC 세제에 의한 과세가 행하여지면, 경제적으로 내국 모회사는 외국 자회사의 소득에 과세되는 것과 동일하게 된다.

기업의 국제화와 더불어 기업 중에는 Tax haven을 이용하여 세부담을 경감하려 한다. 예를 들면, 이러한 지역에 회사를 설립하여 배당을 하지 아니하고 현지에 이익을 유보(留保)하게 되면 한국에서의 과세는 피할 수 있게 된다. 또한 한국에서 자금이 필요하게 되면 그 자회사로부터 차입하면, 배당과는 달리 이 또한 세금을 피할 수 있게 된다. 이러한 현상에 대처하기 위하여 다른 나라에서도 이와 유사한 제도를 두고 있다.[4]

2. Tax haven을 이용한 조세회피

조세부담이 전혀 없든가 혹은 현저히 낮은 조세부담만을 지게 되는 곳에 자회사를 설립하여 그곳에 거래를 집중하게 하는 방법으로, 자회사의 소득을 유보하는 등의 방법에 의하여 본국에서의 과세를 회피하는 것을 말한다.[5] 이러한 목적으로 i) 지주회사, 투자회사 등에 의하여

---

3 국제조세조정에 관한 법률 제20조 제1항에 의하면, 특정 외국 법인의 유보소득이 내국인의 익금 등으로 산입된 후 그 법인이 실제로 배당한 경우에는 배당소득에 해당하지 않은 것으로 보고 있어 실제 배당금은 익금산입하지 아니한다고 하고 있다.
4 이러한 제도의 시초는 1962년에 미국이 Subpart F로서 도입한 이래 많은 나라들이 도입하고 있다.
5 日本稅理士会連合会 編, 駒﨑淸人, 國際課稅 Q&A, p.144

자산의 보유 혹은 운용으로 투자소득을 얻기 위한 것, ii) 해운업계에 있어서의 편의치적선(便宜置籍船), iii) 국제금융회사 등에 의한 낮은 비용의 자금조달, iv) 외국 관계회사에의 자금 대여에 의한 이익유보, v) 자사전용(自社專用) 보험회사(Captive Insurance Company)[6], vi) 기지회사(基地會社, Base Company)[7], vii) 국외 원천비과세국에 설립한 법인, viii) 자금세탁 혹은 탈세자금을 pool화하는 목적으로 설립한 법인 등이 자주 이용된다.

법인소득과세원칙이라고 할 수 있는 내국 법인에 대한 전세계 소득과세와 외국 법인에 대한 국내 원천소득과세라는 견지에서 위와 같은 Tax haven을 이용한 조세회피는 조세공평주의 관점에서 간과할 수 없는 문제이다.[8]

3. 제도의 개요

내국 법인 등의 주식 혹은 출자의 보유 등에 의하여 이른바 경과세국(Tax haven)[9]에 소재하는 외국 법인이 그 내국 법인 등에 의하여 지배되고 있다고 보여지는 경우에, 외국 법인의 유보소득 중 그 지분에 상응하는 부분을 그 출자자인 내국 법인 등이 배당받은 것으로 보는 구조라

---

6 자사의 제조물 책임을 회피하기 위하여 자사그룹 내에 설립한 보험회사로서 경과세국에 있어서의 자금을 운용하여 그 이득의 과세를 피한다.

7 Base company를 관리지배하고 있는 국가의 법인에서 본 개념으로, 경과세국에 설립하여 그곳에 소득을 분산시켜 관리지배법인의 과세 경감을 도모하기 위한 것이다.

8 駒崎淸人, 위 책 참조

9 경과세국(輕課稅國)에는 무과세국(無課稅國)도 포함된다. 우리나라는 Tax haven을 법률상 "법인의 부담세액이 실제 발생소득의 100분의 15 이하인 국가 또는 지역"이라고 정의하고 있다. 국조법 제17조 제1항.

고 할 수 있다.[10] 그러나 경과세국에 사업을 영위하는 독립기업으로서의 실태를 갖추고 충분한 경제적 합리성이 있다고 인정되는 일정한 요건에 해당되는 경우 이러한 원칙에 예외를 인정한다.[11]

CFC 제도의 형태는 두 가지로 볼 수 있다. 즉 문제로 되는 소득의 종류에 따라 이 제도의 적용을 구별하지 않는 entity approach의 형태와 문제로 되는 소득을 구별하여 active income을 적용 제외하고, passive income 혹은 tainted income만을 CFC 세제의 대상으로 하는 income approach(이를 transactional approach라고도 한다)가 있다. 전자는 영국, 프랑스 등이고, 후자는 미국, 독일, 캐나다 등이고, 우리나라는 후자의 형태를 취하고 있다.

II. 법적 성격

이 제도의 취지와 목적은 Tax haven에 소재하는 법인(Tax haven corporation)의 과세대상금액 상당액을 주주인 내국 법인 등의 의제이익 혹은 의제배당으로 간주하여 과세함으로써 조세회피수단으로서의 Tax haven 법인의 기능을 실질적으로 감쇄시키는 데 있다. 이러한 의미에서

---

10 위 법 제 17조 제1항, 배당간주라고 굳이 하지 않고 소득합산이라고 하여도 달라질 것은 없다. 자회사로부터 수입을 얻는 방법은 배당이 유일한 것이고, 순자산 증가설을 취하는 법인세법상 이를 굳이 구분할 실익도 없다.

11 위 법 제18조 제1항

이 제도는 개별적(個別的) 부인(否認)규정이라고 할 수 있다.[12]

특정 외국 법인은 본국 모회사와는 별개의 법인이고, 그 결손금은 미처분이익의 계산상 이월공제되므로 그 결손금을 모회사의 소득과 통산할 수 없다고 할 것이다.[13]

또한 이 제도는 특정 외국 법인의 과세대상금액 상당액을 본국의 모회사에 대하여 과세하는 배당으로 간주하여 과세하는 제도이지, Tax haven corporation인 특정 외국 법인의 소득에 과세하는 제도가 아니므로 "PE 없으면 과세 없다"라는 원칙에 반하는 것이 아니다.[14]

그러나 여기서 배당으로 간주하는 제도, 즉 간주배당이라는 견해(간주배당설)는 Tax haven에 소재하는 외국 자회사의 과세대상금액 상당액을 내국 모회사에 배당된 것으로 간주하여 과세한다는 의미에서는 일응 타당하고, 종래의 지배적 견해이었기도 하였으나, 외국 자회사 배당금 익금불산입제도가 도입된 현행법 아래서는 위에서 적은 바와 같이 이에 대한 설명이 궁색하다. 그래서 납세자와 과세관청 간의 정보 비대칭성이 존재하므로 과세관청이 소득의 존재를 충분히 입증할 수 없어 결과적으로 소득액이 과소하게 표시되므로 외국 자회사의 소득을 내국 모회사의 소득에 가산함으로써 과세관청이 지는 입증의 곤란함을 배제하는 것(추계과세 유사한 형태로)으로 외국 자회사의 소득의 액을 참조하는데 지나지 않는다는 견해(적정소득산출설)가 등장하게 되었다.[15]

---

12 金子宏, 租稅法 19版, p.525
13 最判平成 19. 9. 28 判決
14 最判平成 21. 12. 4 判決. 동경고판평 19. 11. 1. 민집 63-8-1979. 그러나 최판평 21. 10. 29. 민집 63-8-1881에서는 이 문제를 회피하여 조문해석으로 결론을 내렸다.
15 弘中聰浩, Tax haven 對策稅制の現況と將來, 국제과세 4권,p.299

Ⅲ. 적용 요건

1. 적용대상이 되는 외국 법인

"특정 외국 법인"만이 대상이 된다. 보다 구체적으로, 먼저 거주지국에서의 부담세액이 실제 발생 소득의 100분의 15[16] 이하인 국가 또는 지역에 본점 또는 주사무소를 둔 외국 법인이어야 하고, 둘째로 그 외국 법인은 내국 법인과 관계회사이어야 한다. 즉 그 법인의 50% 이상의 발행주식 등이 내국 법인인 등에 의하여 직·간접으로 보유되고 있거나,[17] 공통의 이해관계의 존재 아래 사업방침의 실질적 결정이 가능한 관계[18] ("외국 관계회사")에 있을 것이 요구된다.

외국관계회사(50% 룰)가 경과세국(15% 룰)에 소재하게 되면 위 제도의 적용대상이 된다고 할 수 있다.

참고로, BEPS Action 3는 CFC로 간주될 수 있는 형태는 법인뿐 아니

---

[16] 우리는 15% 룰을 취하고 있지만 일본의 경우는 25% 룰을 취하고 있다. 경과세를 어떻게 정의하느냐의 문제는 outbound transaction을 조장할 것인가 하는 문제와도 관련이 있다고 할 수 있을 것이다.

[17] 제3자가 거래 당사자 양쪽의 의결권 있는 주식의 100분의 50 이상을 직접 또는 간접으로 각각 소유하고 있는 경우 그 양쪽 간의 관계를 포함한다. 국조법 제2조 8호. '나' 목

[18] 자본의 출자관계, 재화·용역의 거래관계, 자금의 대여 등에 의하여 거래 당사자 간에 공통의 이해관계가 있고 거래 당사자의 어느 한쪽이 다른 쪽의 사업 방침을 실질적으로 결정할 수 있는 관계 혹은 자본의 출자관계, 재화·용역의 거래관계, 자금의 대여 등에 의하여 거래 당사자 간에 공통의 이해관계가 있고 제3자가 거래 당사자 양쪽의 사업 방침을 실질적으로 결정할 수 있는 경우 그 거래 당사자 간의 관계를 포함한다. 국조법 제2호 8호. '다' '라' 목

라 신탁, 파트너십, 고정사업장도 포함된다고 하고 있다.

2. 합산과세대상이 되는 내국 법인의 범위

내국 법인이 갖는 외국 관계회사의 직간접 보유 주식 등이 당해 외국 관계회사 발행주식의 총수 혹은 출자금액("발행주식 등")에 대하여 차지하는 비율이 10%[19] 이상인 내국 법인이다. 이 경우 친족관계와 임원 사용인 등 경제적 연관관계가 있는 자의 지분도 여기에 포함된다.[20]

BEPS Action 3는 지배력의 판단은 최소한 법적 · 경제적 지배력의 요건을 검토하여 판단하고, 거주자(법인, 개인)가 지분을 직· 간접적으로 50% 이상 보유한 경우 회사에 대하여 지배력이 있는 것으로 판단한다. 또한 지분에 상관없이 경제적 · 실질적으로 지배하는 해외 자회사도 포함되는 것을 권고한다.

---

19 이 경우 10% 룰이 타당한 것인지 검토하여 볼 필요가 있다. 외국 입법례의 경우 5% 룰을 취하고 있는 경우도 있다. 일본의 경우가 이에 해당된다. 이 기준은 기업의 Tax haven 이용 정도에 따라 결정될 것이다.

20 국조법 제17조 제2항, 동 시행령 제30조의 2

IV. 적용 제외

1. 실체적 요건

이 제도는 조세회피를 목적으로 하는 것이므로 특정 외국 자회사가
진정한 사업활동을 하고 있는 경우에 이를 적용할 필요가 없음은 말할
나위가 없다. 이러한 목적에서 우리 법은 다음과 같은 네 가지 기준을
제시하고 이를 모두 충족한 경우에는 이 제도의 적용을 받지 않는 것으
로 규정하고 있다.[21]

다만, 해외 지주회사의 경우에는 지주회사의 특성을 감안하여 별도
의 기준을 두고 있다.[22]

1) 비특정사업 기준[23]

일정사업에 해당하는 사업을 영위하여서는 아니 된다고 하여 negative
list를 법에서 규정하고 있다. i) 도매업, 금융 및 보험업, 부동산업 및 임
대업, 전문과학 및 기술 서비스업, 사업시설관리 및 사업지원 서비스업

---

21 국조법 제18조(적용 범위) ① 특정 외국 법인이 제17조 제1항의 국가 또는 지역에 사업
을 위하여 필요한 사무소, 점포, 공장 등의 고정된 시설을 가지고 있고, 그 법인이 스스
로 사업을 관리하거나 지배 또는 운영을 하며, 그 국가 또는 지역에서 주로 사업을 하
는 경우에는 제17조를 적용하지 아니한다.
22 국조법 제18조의 2에서 자회사 주식 보유기간이 6개월 이상이고 일정한 소득금액 비율
을 충족하여야 한다고 규정하고 있다.
23 국조법 제18조 제1항

으로 일정한 경우, ii) 주식·채권 보유, 지적재산권의 제공, 선박·항공기, 장비 임대 투자신탁 또는 기금에 대한 투자를 주된 사업[24]으로 하는 경우를 들고 있다.

이러한 사업은 그 성격으로 보아 국내에서도 충분히 영위할 수 있는 것이고, Tax haven에 소재하는 것에 관하여는 조세부담 경감 이외의 적극적인 경제적 합리성을 발견할 수 없기 때문이다.

이 같은 사업기준(비특정사업 기준)을 적용함에 있어 글로벌 사업을 전개함에 있어서 그 지역의 해외 거점을 총괄하는 지역총괄회사는 기업의 해외사업을 효율적으로 조직화하여 경영하기 위하여 그 지역에 소재할 필요성이 있으므로 이에 대한 배려가 필요할 것이다. 이러한 경우에도 실체 기준과 관리지배 기준의 충족은 필요할 것이다.

2) 실체 기준

사업을 위하여 필요한 사무소, 점포, 공장 등의 고정된 시설을 가지고 있어야 한다. 그 규모 등에 관하여 아무런 규정을 두고 있지 아니하나, 그 지역에서 사업활동을 하기에 필요 충분한 규모이어야 하고, 설치에 충분한 경제적 합리성이 있어야 할 것이다.

실체기준을 충족하기 위한 필요한 고정시설 규모는 특정 외국 자회사 등이 행하는 주된 사업의 업종이나 형태에 따라 판단하여야 할 것이다.[25] 이에 관하여 입증 책임은 피고인 국가에 있다는 판결이 있다.[26]

---

24 주된 사업인지의 여부를 판단하는 기준으로는 수입금액, 소득금액, 사용인수, 고정시설의 상황 등을 종합적으로 고려하여야 하고 각 과세사업연도마다 판정하여야 한다. 最判 平成 9. 9. 12.

25 東京高判平 25. 5. 29. 렌탈오피스사건

3) 관리지배 기준

"그 법인이 스스로 사업을 관리하거나 지배 또는 운영"을 하여야 한다. 관리지배 기준의 충족의 유무에 관한 입증 책임은 피고 국가 측에 있다는 판결이 있다. 이러한 관리지배를 스스로 하여야 한다는 의미이나, 특정 외국 자회사의 주총이 본점 소재지국 이외에서 개최된다거나, 사업계획 등을 당해 내국 법인과 협의한다고 하여 관리지배를 스스로 하는 것이 아니라고 하기는 어려울 것이다.

재판례에서 관리지배 기준이란 당해 외국 자회사 등의 중요한 의사결정 기관인 주주총회 및 이사회 개최, 직원의 직무집행, 회계장부 작성 및 보관 등이 본점 소재지국에서 행해지고 있는가, 업무수행상에 중요사항을 당해 자회사 등이 스스로 의사로 결정하고 있는가 등 제반사정을 종합적으로 고려하여 독립한 기업으로서의 실체를 갖추어 활동하고 있다고 할 수 있는 것인가에 의하여 판단해야 한다고 하면서, 본점 소재지 국에서 사업활동을 하는 것에 충분한 경제적 합리성이 인정된다고 하더라도 관리지배 기준이 충족되지 않는 한 CFC 세제가 적용된다고 하고 있다.[27]

이러한 관리지배 기준에 관한 판단은 특정 외국 자회사 등이 독립기업성을 갖고 있는가 하는 점을 주된 기준으로 삼아 경제적 합리성과는 별개의 기준이라고 하여 적용 제외 요건을 엄격히 해석하는 입장이라고 할 수 있다. 그러나 원래 CFC 세제는 외국 자회사에 대하여 내국 모회사가 일정한 지배력을 갖고 있다는 것을 전제로 하고 있으므로, 이 같은

---

26 東京高判平成 25. 5. 29
27 東京高判平 3. 5. 27. 行集42-5-727

관리지배 기준을 지나치게 엄격하게 독립된 요건으로 파악하여 적용한다면 경과세국에 있어서 진정한 사업할동이 있고 조세회피가 없는 경우일지라도, 이 같은 적용 제외 요건 충족이 인정되는 경우는 거의 없게 된다. 따라서 타당성을 결여한 운용이 되지 않도록 관리지배 기준의 충족 여부를 판단할 때는 그 내용 정도는 업종에 따라 상이할 수 있다는 점에 유의하여야 할 것이다.

4) 소재지국 기준과 비관련자 기준

소재지국 기준이란 "그 국가 또는 지역에서 주로 사업을 하는 경우"이어야 한다는 기준이다. 특정 외국 자회사 등의 사업을 주로 본점 등이 소재하는 국가 또는 지역에서 행하여야 한다는 의미이다.

이에 대하여 비관련자 기준은 주된 사업이 도매업, 금융 및 보험업, 부동산업 및 임대업, 전문과학 및 기술 서비스업, 사업시설관리 및 사업지원 서비스업의 경우에 관하여 적용되는 것이고, 비관련자와 50%를 넘는 거래를 하고 있을 것을 요건으로 한다. 이 같은 경우에는 위 소재지국 기준이 적용되는 경우와는 달리, 사업활동의 범위가 필연적으로 국제적으로 될 수밖에 없기 때문에 지역경제와의 밀착성이 아니라 그 사업의 대종이 관련자 이외 자와의 거래에 의하여 구성되어 있는가 하는 점이 적용 제외 요건의 충족 여부를 좌우한다.

이에 대하여 소재지국 기준은 주된 사업이 그 이외의 사업인 경우(제조업 등)에 적용되는 것이다.[28] 이 경우 그 사업을 주된 사업으로 하여 본점 또는 주된 사무소가 소재하는 국이나 지역에서 행하고 있을 것이 요구된다. 이 경우 적용이 제외되는 것은 그 본점 소재지국에서 자본투자를 하고 그 국가의 경제와 밀접하게 관련하여 활동하고 있는 경우에는 그 나라에 소재하고 있는 것에 관하여 충분한 경제적 합리성이 존재한다고 추인할 수 있다는 데에 기인한다.[29]

5) 경제적 합리성의 문제

위와 같은 기준을 충족하지 못하지만 Tax haven corporation을 운영할 경제적 합리성이 있는 경우라면 어떻게 될 것인가 하는 문제에 대하여, 일본의 하급심 판례에서는 이를 부정적으로 보고 있다. 즉 경제적 합리성의 유무는 위 기준의 충족 유무를 통하여 판정하여야 한다는 입장이다.[30]

2. 절차적 요건–신고절차

적용 제외에 해당하는 경우에 납세자는 그 취지를 확정신고서에 기재하고, 이를 입증할 필요한 서류를 보존하여야 한다.[31]

---

28 위탁가공사건의 경우, 소재지국 기준을 적용한 판결로는 名古屋高判平 25. 10. 30. 稅資 263, 大阪高判平 24. 11. 29. 稅資 262, 그러나 비관련자 기준을 적용한 사례도 있다. 國稅不服審判所裁決平 26. 8. 6.

29 국조법 제18조 제1항, 제4항, 동 시행령 제35조 제2항, 제36조의 2.

30 東京高判平成 20. 8. 28. 判時 2023-13.

31 국조법 제20조의 2

V. 적용대상금액과 과세대상

1. 배당가능 유보소득의 계산

위 제도의 적용대상금액은 배당가능 유보소득이다. 이 소득은 처분 전 이익잉여금에 국조법 시행규칙상 잉여금 조정항목[32]을 고려하고, 그 위에 위 법 시행령상의 각 항목[33]을 공제한 금액이 된다. 처분전 이익잉 여금은 거주지국에서 일반적으로 인정되는 회계기준에 의하여 산출된 금액을 말한다.[34]

잉여금 조정사항으로 열거된 것 중에, 해당 사업연도 전의 이익잉여금 처분 명세 중 i) 임의적립금으로 취급되는 금액은 가산하고, ii) 임의적립 금 이입액으로 취급되는 금액은 차감한다. 전자는 유보소득을 임의적 립금으로 처분하여 이 제도를 회피하려는 것을 막기 위함이고, 후자는 이미 처분전 이익잉여금에 가산되어 있기 때문에 중복계산을 막기 위한 것이다.

시행령상의 각종 공제항목은 이미 처분된 이익잉여금[35], 거주지국의 법령에 의하여 처분이 불가능한 금액[36], 이미 배당간주된 금액[37], 배당

---

32 위 법 시행규칙 제9조의 2
33 위 법 시행령 제31조 제1항
34 다만 거주지국 회계원칙이 우리나라와 현저히 다른 경우에는 우리의 회계기준을 적용한다. 위 시행령 제31조 제1항
35 위 시행령 제1호., 제2호
36 위 시행령 제3호
37 위 시행령 제4호

간주제도 시행 전 소득[38], 미실현 소득으로 배당불가 소득[39], 최저한 유보금[40]으로 구성되어 있다.

BEPS Action 3는 BEPS 문제를 이야기하는 소득이 모회사 관할국에 있는 지배주주에게 귀속되도록 하는 CFC 소득의 정의규정을 포함하되 다음 방법을 포함하여 각국이 직면하는 BEPS 위험 정도에 따라 자유롭게 선택할 것을 권고한다.

i) 범주적 접근법 : 이동성이 높고 특수관계자에게 직접 귀속되는 수동소득을 CFC 소득으로 간주하는 방법

ii) 실질기반 접근법 : CFC의 실질적인 활동을 고려하여 CFC의 소득 중 일정 비율만 CFC 소득으로 간주하는 방법

iii) 초과이익 접근법 : 통상 이익을 초과하는 수익을 CFC 소득으로 간주하는 방법

실제 발생소득의 계산이나 배당가능 유보소득 계산 시 거주지국의 회계기준을 따르게 하는 입법방식 이외에도 거주지국과 우리나라의 회계기준을 납세자의 선택에 맡기는 입법례도 있다. 거주지국 회계기준의 발달 정도가 상이하므로 납세자의 부담과 통일적 세정이라는 양자의 균형을 조정한다는 점에서 이같은 방식도 고려하여 볼 만하다. 또한 "현저한 차이"가 있는 경우를 둘러싸고 분쟁이 발생하면 그 기준을 설정하는 일도 용이하지 않을 것이다.

BEPS Action 3는 CFC 소득은 모회사 관할국 규정에 따라 개선할 것을 권고한다. CFC 손실은 동일 CFC 또는 동일 관할국의 CFC 이익과만

---

38 위 시행령 제5호.
39 위 시행령 제6호.
40 위 시행령 제8호, 현재는 2억 원이다.

상계 가능하도록 하는 손실상계 제안을 권고하고 모회사 이익과의 상계는 금지한다.

2. 배당간주금액

위에서 산출된 유보소득에 내국 법인 등의 특정 외국 법인에 대한 직간접 보유비율을 곱한 금액이 배당으로 간주되어 과세된다.

3. 배당간주금액의 귀속시기

이 금액은 특정 외국 법인의 사업연도 종료일 다음날부터 60일이 되는 날이 속하는 내국인의 과세연도의 익금 또는 배당소득에 산입한다.[41] 유보금액이 위와 같이 익금에 산입된 후 실제로 배당된 경우에는 법인세법상 이월익금으로 보거나 소득세법상 배당소득에 해당하지 아니하는 것으로 본다.[42]

---

41 국조법 제19조 제1항

42 위 법 제20조 제1항. 우리 법은 특정 외국 법인이 중간 법인에게 배당한 경우와 배당간주금액이 익금산입된 이후 내국 법인이 특정 외국 법인의 주식을 양도한 경우에 관하여 별도의 규정을 두고 있다. 전자는 국조법 시행령 제36조의 6, 후자는 같은 법 제20조 제2항에 규정되어 있다.

Ⅵ. CFC 관련자료 제출의무규정

국제거래에 있어서 납세자가 거래 관련 자료를 제출하지 않는 경우 사실상 조사가 불가능한 경우가 대부분이므로 CFC 제도의 적용대상이 되는 내국인에게 관련 자료를 제출하는 의무규정이 2014년 1월 1일 개정을 통해 도입되었다.[43] 제출자료는 CFC의 재무제표, 법인세 신고서 및 부속서류, 유보소득합산과세 판정명세서, 국외출자자명세서이다.

관련자료 제출 기한은 소득세 또는 법인세 신고기한이다.

---

43 국제조세조정에 관한 법률 제20조의 2

Ⅰ. Source Rule

1. Karrer Case(Paul Karrer vs. U.S.)

1) 쟁점 : 미국 내 원천소득 여부

- rental of royalty
- 대가지급자가 미국 법인이라는 사실과의 관계
- 사용료인가 근로소득의 대가인가
- 대가의 수령 형태(미국 법인으로부터 직접 대가를 수령)

2) 사실관계

Karrer(원고) : 스위스 취리히대학 화학교수

Basle : 스위스 회사

Nutely : 뉴저지에서 설립된 미국 회사

- K&B 사이에 B는 K의 vitamin B-2에 관한 연구지원 및 개발 성공 시 판매액의 일정비용을 지급하는 대신 B는 이 연구가 상용화되면 모든 권리를 취득하기로 함.
- 스위스법상 이와 같은 계약은 특별 고용관계에 해당함.
- B는 스위스에 아무런 항구적 시설이나 사업장을 가지고 있지 아니함.
- N은 미국 내 법인으로서 B와의 사이에 전속적 고용계약(exclusive employment) 아래서 위 물질에 관한 미국 내에서의 B의 비밀공법과 과학적 결과물에 대한 권리를 행사할 수 있는 대신 B에게 판매순익의 4%를 지급한다는 계약을 체결.
- 미국 내에서는 자연인만이 특허출원이 가능, 따라서 B로서는 K가

vitamin B-2와 E의 발견에 관하여 미국에 출원할 것이 요구되었음. 이 비용은 B가 상환하여 줌.

- B의 요구에 따라 K는 미국 내 특허출원에 따르는 권리를 N에게 양도하여 줌.
- N은 특허제품을 생산하고 K에게 판매대금의 일정율을 지급하였으나, K와의 사이에는 아무런 계약을 맺은 바 없음. N은 B와의 계약 체결 시 B가 K에게 순이익 중 일부를 지급할 의무가 있다는 점을 알고 있었음.
- N의 장부상에는 K에게 지급된 돈은 royalty라서 계상되어 있었음.
- N은 원고 K를 위하여 지급 시에 원천징수하여 납부함. K가 이를 환급하여 달라고 소 제기함.

3) 원고의 주장

N이 K에게 지급한 돈은 미국 외에서 행하여진 서비스에 대한 대가이고, 따라서 미국 내 원천소득이 아니라고 주장.

4) 피고의 주장

위 문제된 돈은 정기정액소득(사용료)으로서 미국 내 원천소득이라고 주장.

5) 관련규정

- rentals and royalty- 미국 내 자산으로부터 생기는 것과 이로 인한 이익은 국내 원천소득임.
- 미국 외에서 행하여진 근로나 인적용역의 대가는 국외 원천소득임.(IRC 119)

6) Q

- 미국 법인이 대가를 지급하였다는 사실은 위 대가의 성격 규명에 결정적인 사실인가?
- 대가 지급자가 누구인가는 별로 관계가 없다면 어떤 사실이 source 결정의 핵심인가?
- 미국의 특허이고, Nutley가 이 특허의 상업적 가치를 이용할 권리는 미국 내 자산이라고 할 수 없는가?
- Nutely가 Karrer에게 지급한 대가는 Karrer의 권리나 자산의 사용 대가로 지급한 것인가?
- 정부가 주장하는 바와 같이 위 대가는 사용료(royalty)인가?
- Basle와 Karrer 사이의 계약은 royalty 계약인가?
- Nutely가 장부에 사용료를 지급한 것으로 기장한 것은 위 대가의 성격 규명에 영향이 없는 것인가?
- Karrer가 Nutely에게, 혹은 Basle가 Nutely에게 판 것이 있는가?

2. Piedras Negras Case

(Commissioner of Interanal Revenue v. Piedras Negras Broadcasting Co.)

1) 쟁점

2) 사실관계

피고 : 멕시코에 사업장과 주사무소를 둔 라디오방송 멕시코 법인

- 미국 텍사스주의 Eagle Pass에 mailing address를 가지고 있고, 이곳 호텔 객실을 임차하여 매일 mail로 오는 자금을 계산하고 분배도 하였음.

- 주된 수입원은 라디오를 통한 광고와 방송시설 대여료임.
- 소득을 창출하는 계약은 모두 멕시코에서 체결되고, 모든 용역 제공도 멕시코에서 행하여짐.
- 미국 내 광고주와의 계약은 독립적인 광고대리상을 통하여 취급됨.
- 방송청취자의 대부분은 미국 내에 있음.
- 전체 수입의 95%에 해당하는 수입은 미국 내 광고주로부터 생기는 것임.
- 은행계좌는 미국과 멕시코에 공히 있음.
- 장부 작성과 비치는 멕시코에만 하고 있음.

3) 관련규정

- 외국 법인의 총소득은 미국 내 원천소득만을 포함한다.
  1936년 Revenue Act Sec.231(d)
- 미국 내에서 제공된 인적용역은 미국 내 원천소득으로 취급된다.
  Sec. 119(1)(3)4)

4) Q

- 소득원천은 소득을 창출하는 서비스의 제공지(situs)에 의하여 결정되는가?
- 전자파나 방송파에 의한 서비스의 경우, 이러한 것이 현실적으로 도달되는 곳까지 서비스 제공지를 확대할 수 없는가?
- 방송프로그램은 주로 미국 거주 청취자를 위한 것이고, 청취자의 반응의 90%는 미국에서 나온 것이고, 수입의 95%는 미국 광고주로부터 나온 것이며, 대리인을 통한 광고주와의 계약은 미국에서 이루어지고, 계약서상 명의가 미국 텍사스에 주소를 둔 회사 이름으로 된

점 등은 소득원천 결정에 영향을 미치지 아니하는가?

3. Korfund Case

(Kofund Company, INC., v. Commissioner of Onternal Revenue)

1) 쟁점 : 미국 내 원천소득 여부

2) 사실관계

- **원고(K)** : 뉴욕 법인, 주된 사무소-뉴욕, 독일인 주주(그 중 1인은 Stoessel)로 구성.

- **Emil Zorn Aktiengesellschaft(Zorn)** : nodresident corporation. 원고 와 동일한 사업 수행, principal office-Berlin, 독일인 주주(그 중 1인 은 Stoessel)로 구성.

- 1926. Oct. an agreement b/w petitioner&Zorn : Zorn은 i) 원고 와 경쟁하지 아니한다. ii) 원고에게 기술상·사업상 자문을 한다. iii) 사용료를 받는다. 한편 원고는 일정 물질을 미국과 캐나다 이외 의 지역에 1945. Dce.까지 공급하지 아니한다라는 합의를 함.

- Zorn did not own any patents at that time.

- Cork Foundation Co.-petitioner's competitor in the U.S. 원고의 주주들이 그 후 위 회사 주식을 모두 매수.

- 1928. b/w petitioner&Stoessel 위 Zorn과의 사이에 체결된 것과 유사한 계약 체결.

3) 원고의 주장

Negative performance is based on a continuous exercise of will, which has its source at the place of locatio of the individual, and that as the mental exertion involved herein poccurred in Germany, the source of income was in that country, not in the U.S. where the promise was given.

4) 피고의 주장

… as the place of performance would be in the U.S. if Zorn and Stoessel had violated their contractual obligations, abstinence of performance occurs in the same place.

5) Q

- 어떤 사람이 미국 외에서 미국 내 출판업자와의 사이에 계약을 체결하기를, 출판된 책이 남아 있는 동안에는 다른 출판업자에게는 출판권을 주지 아니하기로 하고 대가를 받은 경우 미 국내 원천소득이 되는가?
- 어느 가수가 레코드회사와의 사이에 다른 회사와는 계약을 맺지 아니하기로 하고 연 일정한 금액을 지급받으면서 판매되는 레코드의 일정 금액을 받기로 한 경우 원천은 어디인가?
- 위 Piedras Negras 사건과의 차이점은 무엇인가?
- Why did the petitioner rely on the Piedras Negra case?

4. Balanovski Case

1) 쟁점 : 동산 판매에 따른 소득원천지

2) 사실관계

원고 : 미국 정부

피고 : Balanovski, Horenstein(아르헨티나 조합-CADIC-의 조합원)

- CADIC은 B와 H로 구성된 아르헨티나 조합임.
- B는 미국에 체재하면서 아르헨티나에 있는 장인인 H에게 아르헨티나 정부기관인 IAPI에게 물건 구매를 돕는 일을 함.
- H는 미국 내 공급자를 접촉하고, 장비가격에 관한 제안을 입수하여 H에게 이를 연락하고, H는 이에 이윤을 붙여 IAPI에게 제출함.
- IAPI가 구매가격을 받아들이면 H는 이를 미국에 있는 사위 B에게 연락하고, B는 공급자에게 구매를 하겠다고 알림.
- 한편, 이러는 사이에 IAPI는 B를 위하여 뉴욕은행에 L/C를 열고, 이를 받아 B는 구매가격에 싱응한 L/C 부분을 미국 내 공급자에게 양도함.
- 미국 내 공급자가 상품대금을 모두 수령하면 B는 L/C 중 양도되지 아니한 부분(보통 1% 미만의 액면금)을 은행으로부터 인출함.
- 은행은 이후 취소불능창고증권(이는 미국 공급자가 B에게 발행된 것임)을 교부하고, B가 물건을 인수할 수 있는 권한을 가진 자라는 사실을 창고업자에게 통지함.
- B가 아르헨티나로 보낼 선박 등을 주선하지만, IAPI가 선적 비용을 지불하고, 해상보험은 자신이 직접 가입함.

3) 관련규정

- 미국 내에서 사업에 종사하는 비거주거가 미국 내에서 동산 판매로부터 소득을 얻고 있는 경우, 판매자가 물건에 관한 소유권과 권원을 구매자에게 양도하기 위하여 요구되는 최종 행위를 한 때에는 그

물건이 판매된 것으로 간주한다.(IRC 119(a)(6),(e), 1939)
- 소유권원이 양도되는 시점은 당사자간의 의사에 따른다.(Sales)

4) Q

- CADIC이 미국 내에서 사업에 종사하였다고 볼 수 있는가?
- 위 점은 왜 중요한가?
- 미국과의 관련성은 오로지 소유권이 미국에서 넘어갔다는 점밖에는 없지 않은가? 그런데도 미국 내 원천소득이라고 보아야 하는가?
- 사업소득 중 동산 판매에 따른 소득원천의 기준은 무엇인가?
- passage of title 기준은 우리의 기준과 어떤 점이 다른가?
- 소득원천지를 결정함에 있어, 이 건에서 계약 체결지는 아르헨티나이고, 양수인도 IAPI, 물건 도착지도 아르헨티나라는 사실은 중요하지 아니한가?

5. Cook Case

1) 쟁점 : "labor or personal service"/"personal property"

2) 사실관계

원고 : Cook

피고 : 미국 정부

- 원고는 이태리에 거주하면서 조각가로서 작품활동을 함.
- 주로 청동을 이용한 조각을 하여 수수료를 받기도 하고 또는 받지 아니하기도 하면서 주로 미국 거주자들에게 이를 판매함.
- 수수료를 받지 아니하는 경우란, 이태리에서 조각이 끝난 다음 전시

관을 통하여 미국 내 거주자들에게 팔림.

- 세무조사에서 과세당국이 원고의 수수료를 받지 아니하고 미국에 판 조각품들에 대한 수입을 국외 원천이 아니라고 하여 익금에 산입하였음. 이에 원고가 환급을 청구하는 소송을 제기함.

3) 관련규정

당시 IRC 상에는 외국 원천소득을 과세소득에서 제외하는 규정을 두고 있는데, 그 요건으로서 사실상 외국 거주자이거나 510일 동안 신체적으로 국외에 거주하여야 하고, 국외 원천소득이어야 하며, 국외 체재 동안 용역 제공에 기한 소득이어야 한다는 것이었음.

4) 당사자 주장

원고는 수수료를 받지 아니한 조각품의 판매수입은 인적용역에 기한 수입이라고 주장하는 데 반하여 피고는 이를 동산 판매라고 다툼.

5) Q

- 정부 주장과 같이 볼 경우 어떤 부작용이 생기는가?
- 납세자가 권원양도라는 간단한 기준을 이용하여 조세를 회피할 경우라도 이를 그대로 적용하여야 하는가?

6. Boulez Case

1) 쟁점 : 미-독 조세조약상 사용료소득인지 아니면 인적용역에 대한 대가인지 여부

2) 사실관계

- 원고는 세계적으로 알려진 음악연출가, 지휘자로서 소 제기 당시에는 프랑스 시민으로 파리에 거주하였으나, 쟁점 과세연도에는 독일 거주자였음.

- 1969년 2월 원고는 Beacon Concert를 대리인으로 하여, 영국의 CBS 자회사인 CBS Records(미국 법인)사와의 사이에, 음악연출가 혹은 연주자로서 뉴욕필하모니에 작사작곡한 음악 레코드 취입을 위한 서비스를 제공하고 이에 대한 대가를 받기로 함.

- 이 같은 서비스는 다른 회사에게 제공하는 것이 금지됨.

- 제공된 서비스와 양도된 권리의 대가로 "royalties"를 지급한다고 계약서에 명시됨.

- 또한 위 "royalties"는 CBS Records사가 원고의 레코드 취입에 따라 판매되는 수입 금액과 연동되도록 되어 있음.

- The contract is replete with language indicating that what was intended here was a contract for personal service :

  "독점적으로 연출가로서 연주자로서 당신의 서비스를 우리에게 제공하여야 한다."

  "매년 수 편의 레코드 취입을 위한 원고가 'perform'할 것이 요구된다."

  CBS는 원고의 서비스를 계약의 가장 본질적인 요소로 생각하여 "원고가 다른 사람을 위하여 일정기간 동안 위와 같은 레코드 취입을 하여서는 안 된다"고 규정.

  "원고는 자신의 서비스가 독특하고 범상한 것이 아니다"라는 사실을 인식하고 있다는 규정이 있음.

- 일단 취입된 레코드는 전적으로 CBS Records의 소유로 되고 어떠한 자로부터의 소유권 주장으로부터도 자유롭다고 규정됨.

- 계약서상에는 원고가 CBS Record에 쟁점 재산권을 양도한다는 규정이 없고, 원고의 받을 대가를 규정한 것 이외에 어떠한 권리의 사용 허락은 시사하는 용어도 존재하지 아니함.
- 원고는 위 소득을 독일에 신고하였고, 미국 당국은 세무조사에 미국 내 원천소득으로 파악하여 과세 주장.
- 당국 간의 협의 결과 타협점을 찾지 못하여 소 제기함.

3) Q

- 원고가 royalties를 받는 대가로 양도하거나 license한 것이 있는가라는 기준이 사용료소득과 인적용역소득을 구분하는 기준이 될 수 있는가?
- 원고가 royalties를 받는 대가로 양도하거나 license한 것이 있는가라는 사실에 대한 입증 책임은 누구에게 있는가?
- 계약서에 "royalties"라고 명시되어 있고, 이 금액은 원고와 계약을 맺은 회사의 판매수입 금액과 직접적으로 연동되어 있다는 사실은 위 원고와 CBS Records와의 사이에 맺은 계약이 사용료 계약임을 결정적으로 나타내는가?
- 종업원이 업무상 작성하는 저작물인 경우 사용주가 저작권자가 된다는 원칙(우리 저작권법 제9조-단체명저작물의 저작자 : "works for hire" rule)을 이 건과 같이, 원고와 같은 독립적인 계약자에게도 적용할 수 있는가?
- 원고가 취입한 레코드는 일단 원고의 소유로 되고, 원고가 이를 CBS에 사용토록 허용하는 대가를 받기로 하였다고 논리를 구성할 수는 없는가? 이렇게 이분화하면 사용료 계약이 되는 것인가? 이러한 재구성은 실정법과 충돌하는가?

7. Stemkowski Case

1) 쟁점 : 국내 원천소득의 범위

2) 사실관계

- Stemkowski는 캐나다 국적의 하키선수.
- 미국 내에서 선수활동을 함.
- 하키선수의 연간 일정은 네 가지로 구분됨. i) off-season, ii) training season, iii) regular season, iv) play-off season
- Stemkowski는 off-season과 training season에는 대부분 캐나다에서 보내고(쟁점 연도에는 158일 정도), regular season에는 179일은 미국에서, 15일은 캐나다에서 보냈으며, play-off season에는 28일은 미국에서, 5일은 캐나다에서 보냈음.
- 위 계약서에는 전 regular season 기간 동안 일부 기간만 고용된 경우에는 그에 상응하는 일부의 보수만을 받는다고 규정되어 있고, 출장정지를 받으면 그 기간 동안은 그에 상응하는 보수는 지급되지 아니한다고 규정됨. 또한 play-offs에 대하여는 별도의 보너스가 지급되고, 시범경기(pre-season exhibition games)에 대하여는 일정 비용과 여행, 숙박비 등이 지급된다고 규정됨.
- 계약서에는 training camp와 exhibition game에 불참하는 선수에게는 벌금이 부과되고 이를 기본보수에서 공제하도록 규정. training camp에는 좋은 건강상태로 참가하여야 함을 규정. play-offs game 에의 참석은 기본보수에 포함되는 것으로 규정.
- off-season에는 선수들에게 별다른 의무가 부과되지 아니함.
- Stemkowski는 자신이 하키연맹의 표준계약서에 따라 받은 기본

보수(basic contract salary)가 위 네 가지에 대한 보수라고 주장함. 또한, off-season에도 training camp에 좋은 건강조건으로 나타나야 하므로 건강을 유지할 의무가 부과되는 것이라고 주장함.

- 미국 과세당국은 오직 regular season만을 포함한다고 주장함.

3) 관련규정

IRC&Treas. Reg.;

서비스 제공이 미국 내외에 걸쳐 제공되었으나, 이에 대가가 구분되지 아니하고 지급된 경우, 서비스가 미국 내에서 제공된 일수와 미국 내외를 불문하고 전체 서비스가 제공된 일수 비율에 따라 전체 보수를 안분하는 이른바 "time basis"를 채택하고 있음.

4) Q

- 납세자, 과세당국, 법원이 행한 미국 내 원천소득은 각각 어떻게 계산되는가?
- 기본 보수가 off-season도 포함되는 것이라면서 Stemkowski가 제시하는 주장은 어떠한가?
- 소득원천의 안분을 위한 기준으로 time basis 이외에 어떠한 기준이 있을 수 있는가?

8. Bank of America Case

1) 쟁점 : 신용장거래에 따른 수수료의 국내 원천소득 여부-이자소득/인적용역소득

2) 사실관계

- 원고인 Bank of America가 정부를 상대로 조세환급청구를 한 사건.
- 원고는 국제금융거래를 하면서 단기론 제공, 신용장 확인(confirmation of letters of credit), 인수(issuance of banker's acceptance) 등의 일을 함.
- 이 사건에서 원고는 미국 수출업자를 수익자로 하여 외국 수입업자를 위하여 외국은행에 의하여 발행된 산업신용장을 통지(advising), 확인(confirming), 매입(negotiation), 인수(acceptance)하고 이에 따른 수수료를 받음.
- 수수료는 크게 acceptance commission, confirmation commission, negotiation commission 세 가지로 분류할 수 있음.
- 인수된 신용장은 자유롭게 양도될 수 있음. acceptance commission 은 고객의 신용도에 따라 상이함.
- confirmation commission은 외국은행이 신용장 금액을 선납하는 경우에는 받지 아니함. 이는 negotiation commission과는 별도로 청구하여 수령함.

3) 당사자 주장

원고 : 신용장 거래는 이자와 거래 본질이 유사하므로, 이와 동일한 기준에 의하여 원천지를 결정하여야 함.

피고(정부) : 신용장 거래는 인적용역의 제공이므로 이에 따른 원천지 판단기준을 적용하여야 함.

4) Q

- 소득원천지를 판단하는 기준을 정한 IRC 규정은 예시적인가 아니면 열거적인 것인가? 여기에 열거되지 아니한 소득인 경우 어떻게 판단

하는가?

- 금융거래에 있어, 특히 신용장 거래에 있어 이자소득과 인적용역소 득을 유추하여 적용하는 것이 바람직한가? 그 이유는 무엇인가?
- 신용장 거래에 수반되는 수수료는 통일적으로 분류되어야 하는가?
- 신용장 거래에 관한 기본법리
  ① 기본적 당사자는?
  ② 기타 당사자는?
  ③ 신용장 거래 과정은?
  ④ 신용장 거래의 본질적 특징-독립 · 추상성 원칙이란? 신용장 조 건과의 엄격 일치 원칙이란?

9. SDI Netherlands Case

1) **쟁점 :** Whether a Netherland Corporation that receives royalties from a U.S. corporation is liable for withholding taxes on royalties it paid to a Bermuda corporation?

2) **사실관계**

- 원고 SDI Netherlands는 SDI 그룹 계열회사의 하나임. 주사무소는 네덜란드 로테르담에 있음. 원고는 SDI Antilles라는 네덜란드 법인 의 자회사이며, 위 회사 역시 아래 SDI Ltd.의 자회사임. 즉 원고는 위 SDI Ltd.의 a second-tier subsidiary임.
- SDI 그룹은 IBM의 computer mainframe를 위하여 전세계에 걸쳐 디자인, 제조, 마케팅, 사업시스템 공급 등을 하는 그룹으로서 여러 계열사를 거느리고 있음. 이 SDI 그룹의 모기업은 SDI Ltd.로서 버뮤

다 법인임.

- SDI 그룹은 SDI Bermuda Ltd.(SDI Bermuda)도 거느리고 있음. 즉 SDI Bermuda는 SDI Ltd.의 100% 자회사임.

- SDI USA Inc.는 미국 법인으로서 원고인 SDI Netherlands의 100% 자회사임.

- 쟁점 과세연도에 원고는 SDI Bermuda로부터 computer software 를 전세계적으로 사용할 수 있는 권리를 SDI Bermuda로부터 받음 (원고-lincensee).

- 원고는 위 권리를 다시 SDI USA에게 미국에서 사용할 수 있도록 함. 그 이외의 나라에 대하여도 SDI 관련회사에게 허여함(SDI USA-Sublincensee).

- 원고는 이 같은 권리사용 대가로 다른 나라에서와 마찬가지로 SDI USA로부터 royalty를 받음. 이 액수는 연간 SDI USA의 lease 및 sublicensing 총수입의 50%(다만 rebates, discounts, sales and value added tax는 공제)임.

- 원고는 이 같이 받은 사용료 중 비용을 공제한 순액의 93%를 SDI Bermuda에 지급함.

- SDI Ltd.는 자신의 직간접 자회사들에게 management service를 제공하고 이들 자회사는 이에 대한 대가를 지급함.

3) 관련규정

IRC 861(a)(4) provides that U.S. source income include;

(4) Rentals and Royalties- rentals or royalties from property located in the United States or from any interest in such property, including rentals or royalties for the use of or for the privilege of

using in the United States.

4) 당사자 주장

- **원고** : SDI USA가 원고에게 지급한 royalties는 조약에 의하여 면세되고, 이것은 원고가 받은 다른 국외 원천의 royalties와 합하여져서 미국 내 원천소득으로서의 성격을 상실함. 원고가 SDI Bermuda에 지급한 royalties는 별도의 독자적인 방법에 의하여 산정됨.
- **피고(정부)** : 원고가 받은 로열티는 미국 내 원천소득임. 국내 원천과 국외 원천이 혼합되었다고 하여 원고가 받은 royalty를 추적하지 못하는 것은 아님.

5) Q

- 위 사안과는 달리 sublicensing과 licensing에 있어서의 royalties가 동일하다면 결론이 달라질 것인가?
- back to back loan의 경우는 royalties와 다른가?
- 미국 내국세입청이 취하고 있는 "flow-through" position은 무엇인가?
- 원고를 단순한 conduit 혹은 an agent of SDI USA로 보면 결과는 어떠한가?
- 세법목적상 법인격 부인은 어느 정도까지 가능한가?

II. Statutory Rules for the taxation

10. Liang Case

1) 쟁점 : 외국인인 비거주자가 미국 거주자를 통하여 주식거래를 한 경우, 그가

미국에서 "trade or business"에 종사한 것으로 볼 수 있는가?

2) 사실관계

- 원고 Chang Hsiao Liang은 비거주 외국인으로서 만주의 세 지방을 관장하는 군사령관(military governor)으로서, 쟁점 과세연도는 물론이고 아래와 같은 계약을 체결한 이후 미국에 거주한 적이 없음.
- 원고는 1932년에 Cochran과의 사이에 유가증권관리위탁계약을 체결함. 관리방법에 관하여는 전적으로 Cochran의 재량에 맡기기로 함.
- 일정급여를 넘는 보수는 원고의 총 계좌 이익의 1%를 지급하기로 함.
- Cochran은 hedges, short sales, option 거래를 하지 아니함, 증권의 평균 보유기간은 5,8년이고, 90% 이상의 수입은 2년 이상 보유한 증권의 매매로부터 생긴 것임.

3) 관련규정

당시 1939년 법에는 비거주자의 상품, 주식, 기타 증권거래가 거주자인 브로커 혹은 commission agent를 통하여 이루어진 경우 면세한다고 규정함. 다만 그 같은 거래가 미국에서의 T/B를 구성하는 경우에는 예외임.

4) Q

- 미국세법상 T/B는 어떤 의의를 갖는 것인가?
- 만약 미국에 거주하면서 대리인을 통하여 이 같은 증권 거래를 한 것이라면 결론은 달라져야 하는가?
- 현행 미국세법은 어떻게 규정되고 있는가? 그같이 변경된 이유는 무엇인가?

11. Spermacet Whaling Case

1) 쟁점

2) 사실관계

- 피고 Spermacet Whaling&Shipping Co.는 파나마법에 따라 설립된 회사임.

- 피고는 1947년 4월부터 1948년 1월 하순까지 남미의 서해안에서 fishing expedition에 참여하여, 1948년 4월 30일로 끝나는 사업연도에 90여만 달러의 순소득을 얻음. 과세당국은 이 소득을 피고가 신고하지 아니하였다고 하여 고지함.

- Archer-Daniels-Midland Company(:ADM, Delaware corporation)은 sperm oil을 포함하여 특별한 기름을 구입, 제조, 판매하는 사업에 종사하는 법인임.

- ADM 부회장인 Smith는 sperm oil의 공급 부족을 염려하여 새로운 회사 설립을 위하여 노르웨이의 고래잡이 선두주자의 한 사람인 Jahre와 접촉함.

- Jahre는 자신이 간접적으로 지배하고 있는 영국 법인인 Falkland Shipowners Limited로 하여금 영국 정부의 허가를 얻어 Anglo Norse라고 하는 낡은 모선(母船)을 취득하게 함. 이 배를 쓸 만한 상태로 만드는 데 상당한 자금이 요구됨. Jahre는 포경에 나설 수 있는 충분한 정도의 포경선을 보유하고 있음.

- Jahre, Smith, 그와 다른 사람들이 모여 상의 끝에 피고 회사를 파나마 법인으로 설립하고, 1946년 12월 뉴욕에서 first meeting of board of directors를 개최함.

- Jahre는 당초 피고가 Falkland로부터 Anglo Norse를 용선하려고 하였으나, 영국 정부가 파나마가 국제포경협약에 서명하지 않았다는 이유로 용선계약의 승인을 거부하여 이루어지지 못함. 그는 ADM이 이 같은 용선계약을 체결하여 피고로 하여금 사용하게 할 것을 제안하였으나, ADM의 반대로 무산됨.
- 결국 피고의 노르웨이 주주들은 Smith에게 Smidas(1945년 2월 Ohio에서 특정기술품목의 수출촉진업무에 종사할 목적으로 설립됨. Smith의 설립 당시 지분비율은 54.5%)가 용선을 하고 포경사업을 위하여 피고와 일정한 관계를 만들어 나갈 것을 제안함.
- 이를 Smidas가 받아들여 1947년 2월 a 'bareboat charter party(나용선계약)'이 Falkland와 Smidas 사이에 체결됨.
- 1947년 3월 8일 피고와 Smidas 사이에, 위 용선계약에 따른 Smidas의 모든 채무를 피고가 인수하기로 하고, 또한 포경사업의 조직, 장비, 관리를 피고가 맡아하기로 하는 계약을 체결함. 그리고 Smidas는 이로 인한 대가를 기름 판매액에서 일정부분 받기로 함.
- 1947년 3월 26일 계약에 따라 Smidas가 포경사업에서 얻은 기름을 ADM에 판매함. 이 기름의 소유권은 뉴욕에 있는 ADM에 인도되는 즉시 ADM에 이전되는 것으로 됨.
- 이 같은 계약에 따라 쟁점 과세연도에 포경이 이루어지고 기름 판매 등이 이루어짐.
- 과세연도에 피고는 뉴욕에 은행계좌를 열어두고 있었음. 이는 주로 포경사업에 관련된 비용 지불, 차입금 상환 등에 사용되는 계좌임. 피고의 재무관은 Smith가 함.
- 1948년 4월 30일 이전에는 피고는 미국에 아무런 사무소도 없었으며, 미국인 종업원도 거느리고 있지 아니하였음. 오직 Smith가 미국

에 있는 유일한 직원이었음. 피고는 노르웨이에 사무소를 가지고 있고, 그곳으로부터 지시를 받고 관리되었음.

- board of directors는 1947년 9월과 10월에 각 뉴욕에서 열렸으며 이는 directors의 편의 때문에 뉴욕에서 소집됨.

3) 당사자 주장

원고(과세당국) : 위 사실에 의하면 피고는 미국에서 T/B에 종사하고 있다고 할 수 있고, 따라서 sperm oil expedition으로부터 얻은 수입은 미국 내 원천소득이라고 보아야 한다고 주장.

피고 :

4) Q

- 과세당국은 어떤 사실을 들어 미국 내 원천소득이라고 주장하였는가?
- 법원이 결론의 근거로 삼은 사실은 어떤 것들인가?
- Smidas가 오직 조세 목적으로만 설립된 것이라면 결론이 달라질 것인가?
- ADM이 계약상 당사자로 된 구매계약이 허위계약이라면?
- 어떤 사람이 미국에서 T/B에 종사하는가 하는 문제는 a question of law인가, 아니면 question of fact인가?
- 우리나라라면 이 같은 정도의 사실관계라면 agent PE를 인정할 수 있을 것인가?

12. Handfield Case

1) 쟁점 : T/B in the U.S.?

2) 사실관계

- petitioner Handfield는 캐나다에서 그림엽서카드 제작.
- 원고는 캐나다 몬트리올에 있는 사무실에서 이 같은 사업을 함.
- 이렇게 제작된 카드 Folkard를 미국에 있는 American News Company를 통하여 미국 내 독점적 판매를 행하게 함.
- 원고는 과세연도에 총 24일 동안 미국을 방문함.
- 원고는 미국인 거주자 R. H. Hawken을 고용하여 미국 내 판매자들이 카드를 제대로 전시하고 있는지를 체크함.
- the News Company는 일정수량을 판매할 의무가 없으며, 팔린 제품에 대하여서만 계산할 책임이 있음. 판매되지 아니한 카드는 반환이 가능하였음. 판매가 부진하거나 저작권 시비가 있는 경우에 위 회사는 언제든지 판매를 하지 아니할 수 있는 권리를 가지고 있음. 제품대금 지급은 딜러들에 대한 재고조사(인수 후 60일 이후에 행함)를 거쳐 파악한 후 지급함.
- 원고와 위 회사 간에는 이러한 내용을 담고 있는 계약서가 작성되었는데, 그 이름은 contract of consignment임.

3) 당사자 주장

원고 : the American News Company가 재판매를 위하여 원고로부터 Folkards를 산 것이고, 그 카드가 수송된 캐나다에서 판매가 행하여진 것이며, 그때 원고가 모든 권리를 위 회사에게 양도한 것이다라고 주장.

피고 : 원고와 News Company는 agency relationship, exclusive distributor in the U.S.

4) 관련규정 : IRC 211

5) Q

- the nature of the contract b/w the petitioner&the News Company는 무엇으로 판단하는가?
- 법원이 결론을 내리기 위하여 사용한 test는 무엇인가?
- 비거주 개인이 일시적으로 혹은 90일을 초과하지 아니하는 범위 내에서 미국에서 사업에 종사하지 아니하는 외국 법인, 비거주 개인 등에 인적용역을 제공한 경우 과세되는 것인가?
- 조약상 PE와 IRC상 T/B는 동일한 것인가?

13. Wodehouse Case

1) 쟁점 : 미국에서 T/B에 종사하지도 아니하고 미국에 사무실이나 사업장을 가지고 있지 아니한 비거주 외국인이 곧 저작권으로 보호받게 시리즈물과 책에 대한 미국에서의 독점적 사용권의 대가로 미리 받은 돈이 미국 내 원천소득이 되는가?

2) 사실관계

- 피고 Wodehouse는 프랑스 거주 영국인. 1938년, 1941년 양 과세연도에 미국 내 사무실 혹은 사업장을 가지고 있지도 아니하며 미국 내에서 T/B에 종사하지도 아니함. 시리즈물, 희곡, 단편 등을 미국

내 간행물에 게재하는 작가임.

- 1938년 2월 Curtis 출판사가 피고의 미간행 소설 "The Silver Cow" 의 출판 제의를 수락함에 따라 피고의 literary agent인 Reynolds는 이를 Curtis에 넘겨줌. 당일 Curtis는 이 소설의 미국, 캐나다, 남미 에서의 시리즈물에 대한 권리를 Curtis가 보유한다는 합의 아래 위 agency에게 40,000달러를 지급함.

- 같은 해 다른 출판사로부터도 5,000달러를 받음. 이 소설은 1939년 7월까지 the Saturday Evening Post에 연재됨.

- 피고는 이외에도 유사한 계약 아래 다른 회사 혹은 위 회사와 수 건 의 출판계약을 하고 돈을 받음.

- 출판된 후에는 위 글을 도로 피고에게 재양도하였으며, 이는 피고의 요청에 따라 이루어진 것이며, 피고가 명시적으로 Curtis에게 저작권 이 있다고 명시한 작품은 재양도 대상에서 제외됨.

- 위 작품에 대한 대가는 전액 일시불로 선불로 지급됨. 원천징수됨.

- 1944년 국세당국이 위 양 과세연도에 탈루가 있음을 피고에게 고지.

3) 당사자 주장

원고 : rentals or royalties.

피고 : i) sale of a property interests in a copyright, not payment of a royalty for right granted by him under the protection of his copyright. ii) a single lump sum, not "annually" or "periodically".

4) Q

- IRC에는 royalty에 대한 원천징수 규정이 없는데, 무슨 이유로 이 같 은 원천징수가 적법하다고 하고 있는가?

- 만약 이것이 sale's price for certain interests in copyrights라면 1934년 법 아래서 royalty와 세법상 취급이 어떻게 달라지는가?
- lump sum in full payment in advance와 from time to time and in lesser sums의 세법상 취급이 달라져야 하는가?

14. Barba Case

1) 쟁점 : 도박소득과세방법-gross/net?

2) 사실관계

원고 Barba는 네바다도박장에서 도박 수입을 얻음. 원고는 멕시코 국적, 미국 내 사업장이나 기타 사업에 종사하지 아니함. 도박장에서 얻은 수입금 중 일부는 도박장에서 원천징수함.

3) 당사자 주장
- FDAP 범위에는 포함되지 아니함.
- 다른 호텔에서 도박으로 입은 손실을 비용으로 공제하여야 함.

4) Q
- 현행법과 그 이전의 법과는 어떤 차이가 있는가? 이 같은 배경은 무엇인가?
- 원고 주장의 오류(fallacy)는 무엇인가?
- 우리나라에서라면 어떻게 될 것인가?

15. Casa de la Jolla Park

1) 쟁점 : 원천징수의무의 존재 유무

2) 사실관계

- 원고 Casa de La Jolla Park는 캐나다인이면서 미국 비거주자인 Marshall에 의하여 설립된 California Corporation. 15개의 콘도미니엄 사업 수행.

- Marshall(petitioner's sole shareholder and director)은 자신이 La Jolla Property에 대하여 갖고 있던 모든 권리를 양도하고 그 대가로 원고로부터 원고 발행 약속어음(이율 28%임)을 교부받아 소지하고 있음.

- California Bank는 원고를 위하여 콘도 공동소유권 판매대금을 회수하고 있음.

- Royal Bank는 Marshall의 위 La Jolla Property 취득과 관련하여 수차례 Loan을 하여 줌. 이 같은 대부의 담보로 Marshall이 사장으로 있는 회사의 주식을 담보로 잡고 있었음.

- 그러나 그 후 위 회사의 파산으로 Royal Bank가 더 담보를 요구하자, Marshall은 원고가 California Bank로 하여금 콘도 공동소유권과 관련된 어음 및 담보권에 관련된 회수자금을 매달 Royal Bank로 직접 송금하도록 함.

- 그 후 위 자산에 관한 권리는 Royal Bank를 위하여 California Bank가 관리하도록 되었으며 이에 따라 회수대금은 송금되거나 요구가 있을 때까지 California Bank에 보관됨.

- 원고는 위 자산과 관련된 세금을 원천징수하지 아니함.

- 원고는 주주의 어음대부에 대하여 원금과 이자를 모두 지급함.

- Marshall은 원고와 함께 원천징수의무 면제신청을 함.

3) 주장

- petitioner ; not w/h agent, and excepted from w/h responsibility b/c the interest item at issue was effectively connected with Marshall's U.S. trade or business.

4) Q

- 원고는 자신에게 원천징수 의무가 없다는 점을 어떠한 이유를 들어 그렇게 주장하는가?
- 원고는 발생주의 회계를, Marshall은 현금주의 회계를 채택하고 있는 점은 결론에 영향을 미치는 것인가?
- 원고가 실제로 Marshall의 이자소득을 보유하거나 지배한 적이 없고, 더구나 원고가 원천징수할 수 있는 어떠한 소득도 Marshall이 현실적으로 수령한 적이 없어 원고에게 원천징수 의무가 없다는 원고의 주장은 타당한 면은 없는 것인가?
- IRC 1441(a)는 현실적인 수령과 지급을 의미하는가?
- 만약 California Bank가 원고의 보증인으로서 보증채무를 이행한 것이라면 결론은 달라지는가?(Tonopah Case 참고)
- Regulation상 원천징수의무면제신청서 제출 시기를 정하고 있을 경우 이를 지키지 아니하였다고 하여 원천징수의무면제가 안 된다고 하는 법원의 입장과 우리나라 국세청 사무처리규정에 관한 법원의 해석과는 어떤 상이점이 있는가?

16. Inverworld Case

1) 쟁점 : Engage in T/B in the U.S.?

2) 사실관계

- 원고들은 Invergroup 계열사임.
- LTD는 Cayman Islands 법인으로 투자관리 및 금융서비스업 영위.
- INC는 Delaware 법인으로 LTD의 자회사임.
- Holdings 또한 Delaware 법인으로 LTD의 자회사임.
- LTD는 InverMexico의 주주 등으로 구성된 사람들에 의하여 설립됨.
- INC는 원래 LTD의 고객을 위한 조사, 회계처리, 행정적 서비스 등을 제공하기 위하여 설립됨.
- LTD는 처음 설립되었을 때 고객은 InverMexico의 고객이었음. 추가로, 위 InverMexico의 주주, 임원 등이 고객을 연결하여 줌. LTD 자체적으로 고객 개발을 하지 아니함.
- INC는 미국 내 San Antonio에 두 가지 file을 보유하고 있음. 즉 client statement와 client legal title을 보유.
- INC와 LTD 사이에 consulting agreement를 체결. INC는 LTD가 지시하는 바에 따라 현금, 유가증권, 기타 자산에 투자를 하고, 회계처리에 관련된 장부 기록을 유지보존하여야 하고, LTD는 이에 따른 보수를 매월 지급하여야 함. 한편 위 협정 제8절에서는 INC는 independent agent이며, LTD의 대리인이거나 고용인이 아니며, LTD를 구속하는 어떠한 대리권도 가지지 아니한다고 규정함.
- 위 협정에 따라, INC는 LTD의 고객을 위하여 예탁증서 등을 미국 내외의 은행에서 구입함.

- INC는 LTD를 위하여 회계처리를 비롯하여 이에 부수되는 서비스를 제공함.
- LTD의 수입은 크게 네 가지로 관리수입, 이자수입, 외환수입, 판매 수수료 등으로 이루어짐.

3) Q

- 외국 법인에 대한 과세방식은 어떠한가?
- 금융업에 종사하는 외국 법인이 미국 내 사업에 종사하는 것으로 인정되기 위한 기준으로 사용되는 것은 어떤 것이 있는가?
- 원고는 위 기준을 충족하는 데도 왜 법원은 다시 예외에 관한 검토를 하는 것인가?
- 미국 내 사업에 종사 여부를 정하기 위한 경우, 대리인이 independent agent가 아니라고 하여 반드시 dependent agent라고 할 수 있는가?
- 미국 내 사무소나 사업장의 존재 여부는 정하는 기준으로는 어떤 것들이 제시되고 있는가?
- 같은 계약서 내 한 조항에서는 독립대리인이 아니라거나 대리권이 없다는 규정이 있는 한편, 다른 조항에서는 이와 반대되는 조항이 있는 경우 어떻게 해석하여야 하는가?
- LTD가 법인이면서도 아무런 사업장도 가지고 있지 아니하다는 사실이 "INC 사무실이 LTD 사무실로 간주될 수 있다"는 결론을 내리는데 도움이 되는가?
- LTD가 설령 INC의 활동의 귀속효과를 받는다고 하더라도, 활동무대가 미국이 아니라는 원고의 주장에 대하여 법원의 분석은 어떤 방법으로 행하여지고 있는가?(real biz, quantitative and qualitative analysis)

III. Treaty Rules

17. Johansson Case

1) 쟁점 : 미국-스위스 간 조약 적용가능 여부

2) 사실관계
- 원고는 스웨덴 국적의 권투선수.
- 원고는 쟁점 과세연도에 스위스에 79일 머물고, 아파트와 은행계좌를 가지고 있었음. 그리고 원고 자신이 스위스 거주자라고 세무당국에 신고함.
- 스위스 법인의 고용인으로서 미국 내 권투시합에 출전하여 수입을 얻음.
- 스위스 법인은 원고 수입이 전부이며, 고용인도 원고 1인뿐임.
- 미국 과세당국은 원고 Johansson에 대하여 징수청구를 하고, 위 원고가 소속되어 있는 법인에 대하여 위 원고가 받아갈 돈에 관한 압류청구소송을 함.

3) 당사자 주장
원고는 미국-스위스 간 조세조약이 적용되어야 한다고 주장.

4) 관련규정
- 미국-스위스 조세조약에는 스위스 거주자가 183일 미만의 체재로 인하여 얻은 근로소득과 인적용역소득은 미국에서 비과세됨.

5) Q

- 스위스 거주자인지 여부는 어느 나라의 법에 따라 판단되는 것인가?
- 스위스 과세당국이 원고가 스위스 거주자라는 증명을 하여 주면 스위스 거주자가 되는 것인가?
- 거주자 판단에 있어 social and economic ties를 고려하는 이유는 무엇인가?
- 스위스 법인이 conduit이라고 할 수 있는가? 이는 법인격부인인가?
- 스위스 법인이 conduit가 아니라면 조세조약은 적용되는가?
- Taxing locus에 관한 일반원칙은 무엇인가?

18. Lewenhaupt Case

1) 쟁점 : 미국-스웨덴 간 조세조약의 적용가능 여부, 미국 내 T/B의 존재 여부

2) 사실관계

- 원고 Lewenhaupt는 1946년에 미국 비거주자로서 세무신고, 1948년에 미국 거주자로 됨.
- 원고는 1946년에 미국 내 대리인을 통하여 자신이 수익자로 있는 신탁재산(부동산)을 관리, 처분함.

3) 당사자 주장

원고 : 쟁점 과세연도에 미국 내 PE를 가지고 있지 아니함, IRS의 Regulation은 조세조약과 상치되어 무효임. 조약 제9조가 적용되어야 한다고 주장함.

피고(과세당국) : 조약 제9조가 아니라 5조가 적용되어야 한다고 주장.

4) 관련규정

- 미국-스웨덴 간의 조세조약 제9조에 의하면 일방 체약국 내에 PE가 없으면 그 체약국 내의 capital assets의 판매에 대한 양도소득세는 비과세한다라고 규정. 한편 같은 조약의 제5조에서는 부동산에서 생긴 소득은 소재지국에서만 과세한다고 규정.
- IRS Regulation은 위 같은 부동산의 판매에 따른 양도차익은 양도소득세 과세대상이라고 규정.

5) Q

- 위 조약상 상치되는 ② 조문을 법원은 어떻게 해결하고 있는가?
- 미국 과세당국의 Regulations에 대한 법원의 존중 정도는 어떠한가?
- 1984년 이전에는 부동산 판매에 대한 과세방식은 T/B의 존재, ECI, net basis이었음. 현재는 어떠한가? 부동산 과다보유 법인에 대한 조치는 어떤가?
- 법원은 원고가 미국에서 T/B에 종사하고 있는가 여부를 어떻게 판단하고 있는가?

19. Amodio Case

1) 쟁점 : 원고가 미국 내에서 사업에 종사하는지 여부 및 조약상 PE의 존재 여부

2) 사실관계

- 원고 Amodio는 스위스 거주자로서 미국에 부동산을 취득하여 부동산 관리인을 통하여 세를 놓고, 수선도 하고, 세금도 납부하고, 리스 계약의 흥정도 하게 함.

- Amodio는 1950년에 첫 번째 부동산을 취득한 이후 대리인을 시켜 다른 부동산도 알아보게 함. 그리하여 두 번째 부동산도 취득하고 총 부동산 임대수입은 1954년에는 12,000달러에 달함.
- 원고는 현지 부동산관리인으로 하여금 임대계약의 흥정, 갱신, 임대료 징수, 세금납부를 하게 하고 관리수수료를 제외한 나머지는 Fidelity Trust Company에 송금시킴.
- 관리인이나 위 Fidelity를 통하여 저당채무의 원리금 변세, 보험료 납입, 세금납부 등을 하게 함.

3) Q

- 원고가 미국에서 사업에 종사하는 것으로 인정되기 위하여는 어떤 사실들이 인정되어야 하는가?
- Relationship b/w T/B & PE?
- Mere ownership이 인정된다고 하여 사업에 종사한다고 할 수 있는가?

20. Aiken Industries Case

1) 쟁점 : Bahamain TP가 Honduran sub.을 이용하여 U.S.-Honduras treaty benefit을 받을 수 있는가?

2) 사실관계

- MPI(U.S. Corporation)는 원고 Aiken Industries(also U.S. Corp.)의 자회사임.
- 원고는 또한 ECL(Bahammian Corp.)의 자회사임.

- ECL은 CCN(Ecuadorian Corp.) 모회사임.
- MPI는 1963년 ECL로부터 $2,250,000를 빌리고 4% sinking fund promissory note를 발행하여 줌.
- 1964년에 Industries가 Honduras법에 의하여 설립되고, 위 주식은 모두 CCN이 보유함.
- ECL은 위 MPI의 note를 Industries에게 양도하고, 그 대가로 9매의 Industries의 note를 받음.
- 위 Industries note의 각 원본액은 $250,000이고, 이율은 4%임.
- Industries는 미국 내 사무소도 가지고 있지 아니하고, 어떠한 사업도 미국 내에서 영위하고 있지 아니함.
- MPI는 Industries에게 이자를 지급함.
- 원고는 합병으로 위 MPI의 successor가 됨.

3) 관련규정

- U.S.-Honduras Tax Treaty에 의하면, PE를 가지지 아니하는 체약국의 거주자가 타방 체약국으로부터 얻는 이자수입은 타방 체약국에서 면세된다고 규정.
- IRC 1441(a)에서는 원천징수를 규정.

4) Q

- 조세법상 ECL의 corporate entity는 부인되어야 하는가? 그렇다면 이 사건의 결과는 어떻게 되는가? 부인한다면 그 논거는 무엇이 되는가?
- 법원의 법인격부인에 대한 태도는 무엇인가?
- 조세부담을 최소화하려는 의도가 인정된다는 사실 자체가 조세조약

상 혜택을 부인할 근거가 되는가?

- 조세조약의 해석방법은 어떠하여야 하는가?
- 위 조약상 "received by"의 의미를 법원은 어떻게 해석하고 있는가?
- "Business Purpose" 법리는 조세법상 어떠한 효과를 갖는가?
- 만약 위 사건과는 달리 spread를 인정할 수 있는 경우라면 결론은 어떻게 될 것인가?
- 원고에게 원천징수 의무를 인정하면서도 신고불성실 가산세를 부과하지 아니한 이유는 무엇인가?

21. Taisei Fire & Marine Insurance

1) 쟁점 : PE의 존재 여부-Agent PE

2) 사실관계

- 원고들은 일본 손해보험 회사들임. 미국에 대표사무소를 가지고 있음. 이들 사무소는 보험인수업무 등을 할 권한이 없음.
- 원고들은 재보험인수 및 이와 관련된 업무수행을 위하여 2~3개의 다른 미국 대리인 Fortress Re, Inc. 등을 사용하고 있음.
- Fortress는 미국 내 사무실을 가지고 있으며, 재보험인수업무관리를 함. 그러나 보험이나 재보험사업 자체를 행할 수는 없음.
- Fortress는 원고와 개별적인 관리협정을 맺고 위와 같은 업무를 행함.
- 협정에 따르면, Fortress는 상시로 원 재보험계약을 체결하거나 재보험을 양도할 수 있는 권한을 행사할 수 있음.

3) Q

- Fortress의 독립대리인 여부를 판단하기 위한 기준은 무엇인가?
- 이들 기준 간의 관계는 어떠한가?
- 법원이 심리한 Legal Independence는 어떤 사실들이 있는가?
- 한편, Economic Independence에는 어떤 사실들이 있는가?

IV. Foreign Operations of U.S. Persons

22. Bausch & Lomb

1) 쟁점 : Arm's length price?

2) 사실관계

- 위 사건은 구 hierarchy system 아래서의 사건임.
- B&L은 미국에서 안과 관련기구 및 제품을 제조, 판매하는 회사로서 미국과 유럽에서 soft contact lenses 생산에 관한 nonexclusive license를 보유하고 있음.
- B&L은 soft contact lenses 생산을 위하여 Ireland에 B&L Ireland를 설립함. 위 자회사는 Irish Gov.으로부터 조세상 및 금융상 혜택도 받을 수 있음.
- B&L Inc.가 B&L Ireland에 soft contact lenses 제작에 사용되는 spin cast 제조방법에 관한 license를 주고, royalty로 판매대금의 5%을 받음.
- B&L Ireland는 이 license를 이용하여 제작된 lenses를 B&L과 위 회사의 관련회사들에게 1개당 $7.50에 판매함. 이에 소요되는 원가

는 cost $1.50이나, 다른 경쟁자들이 다른 방법으로 위 렌즈를 제작할 경우 그 비용은 최소한 $3.00임.

- B&L U.S.도 위 lenses를 $7.50에 구매함.

3) Q

- business reason의 존재에 대한 IRS의 입장은 법원과 어떻게 다른 것인가?
- contract manufacturer theory? 이를 인정하기 위하여는 어떤 전제 조건이 있어야 하는가?
- Petitioner의 정상가격 산출방법과 근거는 무엇인가?
- 한편 과세당국의 원고의 방법에 대한 입장은?
- 법원이 CUP 방식을 인정한 근거는 무엇인가?

23. Hospital Corporation of America

1) 쟁점

- Is the Cayman Islands subsidiary a sham corporation?
- 미국 과세당국에 신고를 하지 아니하고 관리계약 형태로 모회사에 의하여 이루어진 재산양도가 위 Cayman Islands의 자회사에게 실제로 양도된 것으로 볼 수 있는가?
- 서비스 대가의 수령 여부
- allocation of the income of the Cayman Islands subsidiary to the parent company.

2) 사실관계

- HCA ; petitioner, 병원소유관리회사, 1972년 사우디아라비아 리야드에 건축 중인 KFSH병원의 향후 관리를 부탁받고, 위 병원에 관한 기초적인 조사를 수행. 이 조사의 처음부터 원고는 자신이 직접 국제적인 업무에 종사하지 아니하고 해외 자회사를 설립하여 위 병원 관리업무를 할 생각을 함.
- 이에 따라 Cayman Islands에 first and second tier sub.을 만듦. 전자는 HCI One, 후자는 LTD임. 전자는 해외에서의 사업 확장을 위한 umbrella corp.임.
- 1973년 LTD와 사우디아라비아국 내각 사이에 위 병원 관리계약을 체결함.
- 원고는 위 KFSH의 관리에 따른 소득을 73년 세금신고서에 포함시키지 아니함.

3) Q

- 과세관청은 LTD가 세법상 무시되어야 한다고 주장한다. 그 이유는 무엇인가?
- LTD를 sham corp.으로 인정하기 위한 요건은 무엇이며, 입증 책임은 누구에게 있는가?
- 법원이 LTD를 sham이 아니라고 인정한 근거는 무엇인가?
- IRC 482와 LTD를 sham이라고 인정하는 것과 어떤 관련이 있는가?
- IRC 482 조항의 적용 결과는 이 건에서 어떠한가? 그 근거는 무엇인가?

24. United States Steel Corporation

1) 쟁점 : arm's length price?

2) 사실관계

- 납세자 U.S. Steel Corporation은 철강생산회사임.
- 베네수엘라에 있는 철광석 개발과 소유를 위하여 Delaware에 Orinoco라는 자회사를 설립.
- 처음에는 Steel이 Orinoco로부터 구입한 철광석은 Universe, Hendy 양 회사에 의하여 미국으로 운반됨.
- 나중에 1953년 Steel은 Liberia에 별도의 100% 자회사인 Navios를 설립함. 이 회사는 Bahama에 주된 사업장을 가지고 있으나 자신의 선박을 보유하고 있지 아니하고, 대신 위 Universe, Hendy, 기타 선박회사로부터 선박을 용선하여 운송업에 종사하고, Steel로부터 철광석을 베네수엘라로부터 미국까지 운반하는 데 따른 철광석 운송료를 받음.
- Navios는 1954년부터 1960년까지 53~81명의 fulltime emplyee를 거느리고 있었던 active company임.
- Navios의 최대 고객은 Steel이지만 그외 다른 독립 철강생산업자에게도 Steel과 동일한 보수를 받고 운송용역을 제공.
- Orinoco 또한 Steel이 여전히 최대 고객이지만 이외의 회사에게도 Steel과 동일한 가격으로 판매함.
- 쟁점 과세연도에 철광석 운반에 관한 시장가격이 공표되지 아니하여 공개적으로 이용할 수 있는 정보가 없었음.
- 과세당국은 Navios가 Steel에게 25% 과다 보수 청구를 하였다고 하여,

Navios로부터 Steel에게 소득을 할당하였음.

3) Q

- independents들과 동일한 가격으로 거래하였는데도 왜 과세당국은 arm's length price가 아니라고 주장하는가?
- distance와 rates와의 관계에 대한 IRS와 법원의 입장은 무엇인가?
- Arm's length price는 perfectly competitive markets에서의 가격을 말하는가?
- 모든 independents와 사이에 동일한 가격으로 거래되어야만 CUP 을 사용할 수 있는가?
- Comparable=identical?
- Consolidated tax return으로 세법상 일방의 관계회사가 benefit를 받으면서 다른 일방의 회사가 손실에 따른 또 다른 혜택을 받을 수 있는가?

25. Proctor&Gamble

1) 쟁점 : Are the application of IRC 482 and allocations of gross income arbitary, capricious, or unreasonable?

2) 사실관계

- 원고 P&G는 Ohio corporation으로서 미국 내 주된 사업장을 보유. 소비용품 및 산업용품의 생산, 판매에 종사.
- AG는 스위스 법인으로서 P&G의 자회사임. 원고 P&G의 자회사나 관련회사가 없는 지역에서 원고 제품의 마케팅에 종사.

- 원고와 AG는 다음과 같은 license and service agreement("Package Fee Agreement")를 체결, 즉 AG는 여러 분야에서의 원고의 특허, 상표, 지식, 연구 등을 nonexclusively 사용하고 그 대신 원고에게 royalties를 지급하기로 함.
- 원고는 이 같은 계약을 해외에 있는 다른 자회사와도 체결함.
- AG가 원고에게 지급하는 royalties는 주로 AG와 그리스, 스페인 등에 있는 그의 자회사와 다른 회사들이 원고 제품의 순판매에 연동되어 있음.
- AG는 위와 유사한 package fee agreement를 적극적으로 사업활동에 종사하는 자신의 자회사와 체결함.
- 1967년 원고는 스페인에 자신의 자회사 Espana 설립을 추진.
- 스페인 정부는 Espana가 royaltis를 제공할 수 없다는 조건으로 설립을 인가할 것임을 통보. 이에 따라 회사 설립됨.
- 1973년 P&G는 Espana와 스페인 공장의 확장과 관련한 engineering service 계약을 체결함.
- P&G, AG, Espans는 Espana의 설립 시 이래 royalties 지급문제와 관련하여 논의하였지만, 스페인 정부관리들과의 비공식적인 접촉 결과 정식으로 이를 위한 공식적인 appeal이 소용없다는 결론을 내리고 추진을 포기함.
- 이러한 배경 때문에 AG는 Espana와의 사이에 royalties 지급에 관한 약정도 하지 아니함. 그러나 AG는 Espana의 판매액도 가산하여 P&G에게 royalties를 지급함으로써 AG 소득은 감소됨.
- 과세당국은 에스파냐의 순매출액 2%에 상당하는 로열티를 AG소득에 할당함. 이렇게 함으로써 원고의 Subpart F income이 증가하게 됨.

- IRC 482의 입법취지는 무엇인가? 우리 세법상 유사한 규정과의 비교?
- 과세당국의 위 조항 적용에 대항하여 납세자가 취할 수 있는 길은 무엇인가?
- 원고가 royalties를 받기 위하여 스페인 정부에 정식 불복을 제기하는 등 노력을 게을리한 점이 인정되었는가? 인정된다면 그 결과는 어떠한가?
- 스페인 정부가 royalties 지급을 금지한 것이 위 사건의 결론에 영향을 미치는가?
- 법원이 결론을 내리는데 중요한 사항으로서 위 스페인 정부의 지급 금지 이외에 무엇이 있는가?

26. Bausch&Lomb

1) 쟁점 : Foreign Base Company Sales Income

2) 사실관계

- B&L, 원고 중의 하나, 뉴욕주 법인, Rochester에 공장 보유, 몇몇 자회사의 소득을 consolidated tax return.
- B&L Ireland와 B&L Honkong의 미국 주주가 B&L이고 이들은 모두 원고들의 controlled foreign corporations(CFCs)임.
- sunglasses의 조립을 위하여 Ireland와 Honkong에 assembly facility를 만듦.
- sunglasses assembly에 이용될 수 있는 기술을 B&L이 B&L Ireland, B&L Honkong에 각 license함.

- 위 양사는 모두 독자적인 종업원을 고용하고, 직원의 훈련과 교육을 시키고 있음.
- 위 양사는 sunglass 부품을 B&L로부터 구입하여 조립, 판매함.

2) 법과 규정

- IRC 954(d)(1)에 의하면, CFC의 미국 주주는 특정소득, 그 중에서도 foreign base company sales income에 관한 지분비율만큼을 자신의 소득으로 신고하여야 함.
- Foreign base company sales income이란 구입·판매에 의한 소득으로서 판매회사에 의하여 별다른 부가가치가 부가되지 아니한 재산에 관한 것을 의미.

3) Q

- 법문상 manufacture의 해석을 위하여 어떤 방법들이 제시되고 있는가?
- 법원이 고려한 요소는 무엇인가?

V. Foreign Tax Credit

27. Biddle

1) 쟁점

- Income tax paid or accrued to a foreign country for the purpose of tax credit?
- deduction of any of the amounts not so available as a credit?

2) 사실관계

- Petitioner, taxpayer는 쟁점연도에 영국의 세 회사로부터 배당을 받음.
- 영국에서는 회사 주주는 자신이 직접 수령한 배당은 물론이고 회사가 자신의 이익에 관하여 납부한 세금을 주주의 지분만큼 반영하여 주주의 소득으로 신고하도록 하는 조세제도를 당시 가지고 있었음.
- 이에 따라 원고는 영국에서 위 실제 배당 및 간주배당과 관련된 세금을 영국 과세당국에 신고하고 이 중 일부는 미국에서 세액공제신청을 하고, 이 공제한도를 넘는 부분은 총소득금액에서 공제함.

3) Q

- 세액공제에 관한 법원의 근거는 무엇인가?
- 경비로서 공제를 부인한 근거는 위와 어떤 관계에 있는가?
- 수입금액에 관하여, 소득에 관계없이 몇 %의 비율로 징수하면서 소득세나 법인세로 명명하는 국가에 세금을 납부한 경우 세액공제가 가능하겠는가?

28. Inland Steel

1) 쟁점

- 원고는 캐나다 Ontario에서 100% 자회사 Caland를 통하여 철광석 채광사업을 영위.
- Caland는 채광사업과 관련하여 Ontario Mining Tax(OMT)를 납부하고, 원고의 consolidated tax return에서 foreign tax credit를 청구.

2) Q

- 원고의 주장은?
- 이에 대한 법원의 판단은 어떠한가?
- 법원은 왜 OMT의 입법취지와 연혁을 고려하는가?
- Foreign tax credit의 판단기준은 무엇인가?
- 우리나라에서의 외국납부세액공제기준과는 어떤 점이 다른가?

29. Amp

1) 쟁점

- Income from sources without the U.S. for the purpose of determining allowable forei gn tax credit?
- royalties or sales?

2) 사실관계

- Amp(N.J. corporation)는 이전부터 해외에서 실질적인 제조와 마케팅을 함. 원고는 국내외 상당한 특허권을 보유함.
- 원고는 자신의 해외 자회사에 특허권 lincense 계약을 체결하고, 이로부터 순매출액의 일정비율만큼의 대가를 받음.
- 원고는 자회사로부터 받은 위 대가를 국외 원천소득으로 신고, 이는 외국납부세액공제에 영향을 미침.

3) Q

- 원고와 피고의 주장은 각 무엇인가?
- 일반 동산의 원천소득 기준과 특허권에 관한 원천지 기준이 동일하

여야 하는가? 그렇지 아니하다면 그 이유는?

- 동산 판매소득에 관한 원천지 여부에 관하여 소유권이 이전되는 장소를 취한다면, 어떤 부당한 결론이 되는가?
- 우리나라에서의 양도소득과 사용료소득의 구분은 어떤 기준으로 행하는가?

30. Liggett Group

1) 쟁점 : 원고의 자회사가 미국 내 고객인 제3자에게 이른바 "Direct Import In Bond FOB British Isles" 방식으로 한 위스키 판매수입금액이 미국 내 원천소득인지 여부.

2) 사실관계

- 원고 Liggett Group, Inc.,(합병 전에는 Liggett&Myers)는 Delaware Corp.로서 자회사 Paddington, Delaware Corp.,을 거느리고 있음.
- Paddington은 모회사인 Liggett&Myers와 함께 consolidated tax return을 하고 있음.
- Paddington은 J&B로부터 J&B Rare라는 위스키를 구입하여 이를 미국 내에서 독점적으로 공급함.
- Paddington은 J&B Rare를 다음과 같은 두 가지 방식으로 판매함. 하나는 "F.O.B. United States Warehouse" 세일이고, 다른 하나는 "Direct Import In Bond FOB British Isles" 세일임.
- 전자는 주로 소규모 구입자들이 사용하고, 후자는 대규모 구매자들이 이용하는 방식으로, 후자는 구매자들이 영국에서 J&B Rare를 F.O.B. 조건으로 Paddington으로부터 구입하는 것이며, 그 이후 발생

하는 운임, 보험료, 세금, 관세, 보관료 등을 모두 고객이 부담하는 것임.

- 후자는 우선 Paddington의 고객이 미리 위스키에 관한 운임, 보험료를 지불하고, 보세창고로부터 궁극적으로 물품을 반출하는 데에 따른 세금과 관세에 관하여 책임을 짐. 이러한 구입의 장점은 Paddington의 고객이 Paddington의 취급에 따른 수수료 부담을 줄이고 자신들이 재판매를 할 때까지 세금과 관세의 지불을 조절할 수 있다는 점이 주된 이점임.

- 과세당국은 위 판매로 인한 소득이 국외 원천소득이라고 주장함.

3) Q

- 거래의 실질을 파악하는 데 있어서 고려되어야 할 사항은 무엇인가?
- Momentary title의 의미는 무엇인가?
- Epic Case와 본건과의 비교에 관한 법원의 입장은 무엇인가?
- "Direct Import In Bond FOB British Isles" 세일에서 Paddington은 위스키에 관한 소유권을 가진 적이 없고, J&B가 영국법에 따른 처분권을 갖는다는 논리에 대한 법원의 입장은 무엇인가?
- 기타 과세관청의 주장은 무엇인가?

31. Phillips Petroleum(T.C)

1) 쟁점 : Proper source and character of income from sale of liquefied natural gas. Validity of Regulation.

2) 사실관계

- 원고는 consolidated tax return을 하는 그룹사들임. Phillips는 이들 계열사의 모회사이면서 위 그룹사의 일원임.
- Phillips는 미국에서 생산한 천연액화가스를 일본 Tokyo Gas와 Tokyo Electric에 15년 판매계약에 따라 판매함.

3) Q

- 문제되고 있는 Reg.는 무엇인가?
- IRC 863(b)와 어떤 점이 상충되는가?
- 이 점에 관한 법원의 입장은 무엇인가?
- 위 판매소득에 관한 당사자의 입장이 달라지게 되는 근본이유는 무엇인가?
- 위 점에 관한 법원의 입장은 무엇인가?
- 소수의견은 어떤 점이 다른가?
- 상급심의 판단은 어떠한가?

32. Black&Decker

1) **쟁점** : Is a loss from worthless stock in a wholly owned foreign subsidiary allocable against foreign source income in computing the foreign tax credit limitation?

2) 사실관계

- 원고는 세계적으로 power tool and other products를 제조, 판매하는 미국 법인임.

- 원고는 일본의 경쟁업체와 대항하기 위하여 일본에 100% 자회사 NBD를 세움. 이는 일본에서의 경쟁우위를 확보하고 미국과 세계시장에서의 시장점유율을 유지하기 위한 것임.
- 원고는 NBD 주식가치가 상실됨에 따라 상당한 주식보유 손실을 입음.
- 이를 원고는 외국납부세액공제라는 형태로 자신의 위 손실을 과세소득과 상계시키려고 함.
- 과세당국은 foreign tax credit 목적상 주식 손실은 외국 원천소득에 배분되어야 한다는 이유로 세금고지.

3) Q

- 1심에서의 원고 및 과세당국의 주장은 각 무엇인가?
- 1심에서의 법원 입장은 어떠한가?
- 2심에서의 법원이 원고의 청구를 배척한 세 가지 근거는 각 무엇인가?
- 우리나라 규정과 비교하면 어떤 점이 상이한가?

33. Goodyear Tire & Rubber Co.

1) 쟁점

2) 사실관계

- Goodyear G.B.(Great Britain)은 Goodyear(U.S.Corp.)의 자회사임. 1970, 1971년에 세금신고를 영국과 아일랜드 당국에 함. 그리고 Goodyear G.B.는 Goodyear에게 배당함.
- Goodyear은 이 배당소득을 미국에 신고한 후 이에 상응한 indirect credit를 구함.

- Credit=Foreign Tax Paid x(Dividend/Accumulated Profits minus Foreign Taxes)
- 1973년에 Goodyear G.B.는 자신의 영국 과세당국에 제출하는 세금 신고서에서 당해 연도의 손실을, 1970년과 1971년의 과세소득과 상계시키기 위하여 carry back함. 영국 과세당국은 위 양 연도의 과세소득을 재계산하여 조세환급을 함.
- 미국 과세당국은 위 양 연도의 indirect tax credit를 재계산함.
- 그러나 위 과정에서 accumulated profits를 재계산하지 아니함.

3) Q

- IRS의 주장과 그 근거는?
- 원고의 주장은 무엇인가?
- IRC 902조에서 이 쟁점에 관한 해답을 찾을 수 있는가?
- Indirect tax credit의 입법취지는 무엇인가?
- Court of Appeals의 판단은 어떠한가?
- 대법원의 판단 근거는 무엇인가?

34. Vulcan Materials Co.

1) 쟁점 : Accumulated Profits; the amount of Saudi Arabian taxes deemed to have paid for the purpose of indirect foreign tax credit.

2) 사실관계

- Petitioner, Vulcan Material Co., U.S. Corp.은 다른 두 미국 회사와 함께 TVCL, a Saudi Arabian Corp.이며, 원고가 48%, 나머지 두 미국

회사는 각 10%씩 지분을 가지고 있음. 그 이외의 주주(Tradco)는 사우디국 회사임.

- 사우디의 소득세는 오직 비사우디 국적의 미국의 위 세 회사가 가지고 있는 68%의 지분에 관하여 배분되는 소득에 대하여서만 부과되고, 사우디 국적자에게는 소득세가 부과되지 아니하고, Zakat라고 하는 capital tax가 부과됨.

- Saudi Arabian corporations가 지급하는 배당은 Saudi Arabia에서, 그 수령자가 Saudi Arabian shareholder이든 non-Saudi Arabian shareholder이든 관계없이 더 이상의 소득세 부과가 되지 아니함.

- 원고가 미국 주주들에게 안분되는 TVCL's pre-tax profits에서 사우디에 납부한 세금을 공제한 액수를 세액공제 계산 시 분모로 사용하여 indirect foreign tax credit를 계산함.

- 이에 대하여 과세당국은 모든 TVCL's pre-income tax profits를 포함하여 경정함.

3) Q

- 원고와 피고의 주장의 차이점은 무엇인가?
- 이 사건은 Goodyear Tire Case와 어떤 관련이 있는가?
- 위 사건 해결을 위하여 미국 과세당국이 제정한 ruling이 있는가? 이에 대한 법원의 고려는 어떠한가?
- 법원이 최종적으로 중요한 요소로 간주한 것은 무엇인가?
- 조세법원의 판결은 그 후 상급심에서 어떻게 되었는가?

VI. Tax Treaty Rules Applicable to U.S. Persons

35. Xerox

1) 쟁점 : Indirect tax credit for ACT in the U.K.

2) 사실관계

- Petitioner, Xerox, N.Y. Corporation는 RXL, U.K. Corporation,을 지배하고 있는 지배주주임.
- RXL은 영국에 여러 자회사를 거느리고 있음.
- RXL은 1974년 Xerox에 배당하고, 이에 대한 영국법상 ACT를 납부함.
- 위 ACT는 1974년에는 영국법상 주된 법인세와 일정부분 상계되었으나, 나머지 일정부분은 상계되지 아니하였으나, 1980년에는 위와 같이 상계되지 못한 부분도 영국법상 허용됨.
- 미국 과세당국은 1974년에 인정하여 주었던 세액공제를 철회하고 원고에게 납부를 요구함.
- 원고가 이를 납부한 후 환급을 구함.
- 영국에서는 이른바 imputation 방식으로 이중과세를 배제하기 위하여 영국 법인에게 정규적인 법인세를 납부하게 하고, 또한 advance corporation tax(ACT)를 납부하게 함. 후자는 배당이 행하여질 때 법인이 납부하는 것으로 영국 법인은 이를 mainstream corp. tax와 상쇄할 수 있게끔 함("Section 85 offset").

3) Q

- 원고와 과세당국의 주장은 각 무엇인가?

- 법원은 조세조약의 목적에 관하여 무엇이라고 적고 있는가?
- 미국에서 국내 조세법과 조약과의 관계는 어떠한가?
- 우리나라의 경우라면, 이러한 세목에 관한 외국납부세액공제를 인정하여 줄 수 있을 것인가?

36. Filler

1) 쟁점 : Remedy to avoid double taxation

2) 사실관계
- 이 사건의 원고들은 부부 사이임. 그러나 쟁점이 된 것은 남편의 미국 내 수입에 관한 것임.
- 원고는 미국 시민으로서 프랑스에 거주하고 있음.
- 쟁점 2 과세연도에 5일간 미국에 체재하였으며, 미국 내에서의 용역 제공으로 수입을 얻음.
- 미국 과세당국은 위 수입을 미 국내 원천소득으로 간주함.
- 프랑스 과세당국은 원고의 위 수입 전부에 관하여 프랑스 소득으로 보고 과세함.

3) Q
- 원고가 이중과세 회피를 하기 위하여 원용하고 있는 법조항은 어떤 것들이 있는가?
- 프랑스 과세당국의 주장은 무엇인가?
- mutual agreement procedure 조항으로 위와 같은 문제를 해결할 수 없는 이유는 무엇이라고 법원이 하고 있는가?

- 조세조약상 어떤 조항이 있으면 위와 같은 문제를 해결할 수 있겠는가?
- Saving Clause?
- 이 사건에서 이중과세 회피를 하여야 할 나라는 어떤 나라라고 보고 있는가? 그러한 이유는 무엇인가?

37. Crow

1) 쟁점 : Effect of Expatriation to avoid tax

2) 사실관계
- 1978년 11월 이전까지 원고는 미국 시민이자 거주자이었음.
- 같은 달 20일 캐나다로 이주하였으며, 같은 달 24일 미국 시민권을 포기함.
- 원고는 미국 내 PE를 가지고 있지 아니함.
- 이 같은 국외 이주의 주된 목적은 조세회피임.
- 같은 해 12월 1일 원고는 자신이 소유하고 있던 미국 법인의 주식을 20년짜리 어음으로 받음.
- 원고는 위 소득을 미국 과세당국에 신고하지 아니함.
- 미국 과세당국은 위 양도소득과 위 어음에 대한 귀속이자소득을 과세함.

3) Q
- 미국-캐나다 간 조세조약상 위와 같은 양도소득에 관한 규정은 어떻게 되어 있는가?
- 미국 과세당국은 위 사건에서 쟁점이 되고 있는 조약상 "citizen"을

어떻게 보고 있는가?

- 미 의회가 Canadian treaty를 override하는 법률을 제정한다면 그 효과는 어떠한가?
- 법원은 양도소득에 관하여 어떤 입장을 취하고 있는가?
- 이자소득에 관한 원고와 미 과세당국의 입장은 각 무엇인가?
  - 이자소득에 관하여 법원은 어떤 점을 근거로 결론을 내리고 있는가?

38. Lindsey

1) 쟁점 : Limitation of foreign tax credit over treatis

2) 사실관계

- 원고는 미국 시민으로서 스위스에 있는 국제기구에서 일하고 보수를 받음.
- 원고는 위 소득을 국외 원천소득으로 신고하고, 미 과세당국에 외국 납부세액공제신청을 함.
- 미 과세당국은 IRC상의 alternative minimum tax를 이유로 일부만 공제를 인정함.

3) Q

- 원고와 피고의 주장은 각 무엇인가?
- alternative minimum tax의 입법취지는 무엇인가?
- 미국에서 조세조약과 국내법과의 우선순위는 어떻게 정하여지는가?
- 법원의 판단근거는 무엇인가?
- 우리나라는 어떻게 조세조약과 국내법과의 충돌을 조정하고 있는가?

참고문헌

국내

김용담,《주석 민법》제4판, 한국사법행정학회, 2010.

김정아·유현영,〈룩셈부르크 투자펀드에 대한 과세방법 국제비교 연구〉, 한국조세
연구원, 2012. 12.

오윤,《국제조세법론》, 한국학술정보(주), 2011.

이철송,《회사법강의》제19판, 박영사, 2011.

이용섭,《국제조세》2005개정판, 세경사, 2005.

이용섭·이동신,《국제조세》2011개정증보판, 세경사, 2011.

이태로·한만수,《조세법강의》신정6판, 박영사, 2010.

최선집,《논점 조세법》개정판, 영화조세통람, 2001.

최선집,《논점 조세법》개정2판, 영화조세통람, 2012.

최선집,《본점경비배부액의 손금요건》, 국세, 2010.8.

허영,《한국헌법론》제8판, 박영사, 2012.

국외

ALI, Federal Income Tax Project:International Aspects of United States
Income Taxation 50, 1987.

Arvid Skaar, Permanent Establishment, Kuuwer Law and Taxation Publishers,
1991.

Charles I. Kingson, Cynthia A. Blum, international taxation, Aspen Law &
Business, 1998.

Corporate Inversion Transactions; Tax Policy Implications, Office of Tax
Policy, Department of Treasury, May, 2002.

Gunn, Alan, Repetti, James R., Partnership Income Taxation, West Group,
2005.

HP Rep. No. 247, 101st Con., 1st Sess. 1241(1989)

IRS Field Service Advice(FSA) 200147033.

Joel D. Kuntz, Robert J. Peroni, U.S. international taxation, Warren Gorham &
Lamont, 1991.

OECD Model Tax Convention Art. 9.

OECD, Transfer Pricing Guideline, July 1995.

OECD, 〈고정사업장에의 소득 귀속에 관한 보고서(Report on the Attribution of Profits to Permanent Establishments)〉, 2008.6.

OECD, 〈OECD Model Tax Convention:Revised Proposals Concerning The Interpretation And Application Of Article 5(Permanent Establishment)〉, 2012.10.

Reuven S. Avi-Yonah, International tax in international law, Cambridge University Press, 2007.

Ronald Coase, The Nature of the Firm, 4 Economica 386, 1937.

SENATE REPORT ON THE FOREIGN INVESTORS TAX ACT OF 1966.

S. Rosenbloom & Langbein(N.50), 396

岡村忠生, 法人稅法講義 第3版.

谷口勢津夫, 租稅條約論, 淸文社.

金字 宏, 租稅法 第12版.

今村 隆, 미국의 limited partnership과 日本의 租稅法상의 "法人"該當性, jurist, 2013. 9. #1458.

山本草二, 國際法 新版, 有斐閣 1994.

水野忠恒, 《過小資本稅制》國際課稅의 最近 動向, 租稅法 硏究 21號, 有斐閣.

永石一郎, 信託의 實務 Q&A.

羽床正秀, 《過小資本稅制의 問題點》, 水野 忠恒 編著, 國際課稅의 理論과 課題. 일본 세리사회연합회 편집, 신정 민·상법과 세무판단, 채권·채무편.

赤松 晃, 國際課稅의 實務와 理論, 稅務硏究會 出版局.

佐藤英明, 外國信託과 課稅, 國際課稅의 理論과 實務.

佐藤英明, 日本國의 過少資本稅制와 問題點, Jurist1075-호.

中里 實, 獨立當事者間價格決定의 메커니즘, 國際租稅法의 最近動向, 租稅法硏究 21호.

增井良啓 외 1, 國際租稅法.

淺妻章如, 課稅原則 のあり方-總合主義?歸屬主義, ZEIKEN稅硏, 2014.1.

靑山慶三, 이익분할법, 國際課稅의 理論과 實務.

川田剛, 對應的 調整, 國際課稅の理論과と實務.

국내

국심 97서0049, 1998년 12월 17일

대법원 1984년 3월 27일 선고 83누548 판결

대법원 1986년 10월 28일 선고 86누212 판결

대법원 1990년 3월 23일 선고 89누6750 판결

대법원 1990년 3월 23일 선고 89누7320 판결

대법원 1991년 2월 26일 선고 90누6217 판결

대법원 1992년 5월 12일 선고 91누6887 판결

대법원 1992년 6월 23일 선고 91누8852 판결

대법원 1992년 7월 10일 선고 92다2431 판결

대법원 1993년 1월 15일 선고 92누1650 판결

대법원 1994년 4월 26일 선고 94누1005 판결

대법원 1994년 9월 23일 선고 94누6352 판결

대법원 1995년 4월 11일 선고 94누15653 판결

대법원 1995년 8월 25일 선고 94누7843 판결

대법원 1997년 9월 5일 선고 96누16315 판결

대법원 1997년 12월 12일 선고 97누4005 판결

대법원 1997년 12월 29일 선고 97누966 판결

대법원 1998년 4월 10일 선고 98두1161 판결

대법원 2000년 1월 21일 선고 97누11065 판결

대법원 2000년 1월 21일 선고 97누16862 판결

대법원 2001년 10월 23일 선고 99두3423 판결

대법원 2001년 12월 28일 선고 2000두3924 판결

대법원 2002년 2월 22일 선고 97누3903 판결

대법원 2002년 4월 12일 선고 2000다70460 판결

대법원 2002년 12월 26일 선고 2001두6227 판결

대법원 2005년 4월 29일 선고 2004두2059 판결

대법원 2006년 6월 16일 선고 2004두7528, 7535 판결

대법원 2006년 7월 13일 선고 2004두4239 판결

대법원 2007년 9월 7일 선고 2005두8641 판결
대법원 2008년 12월 11일 선고 2006두3964 판결
대법원 2009년 3월 12일 선고 2006두7904 판결
대법원 2009년 6월 11일 선고 2006두5175 판결
대법원 2010년 1월 28일 선고 2007두6632 판결
대법원 2010년 1월 28일 선고 2007두7574 판결
대법원 2010년 4월 29일 선고 2007두19447 판결
대법원 2010년 10월 28일 선고 2008두19628 판결
대법원 2011년 2월 10일 선고 2010다84246 판결
대법원 2011년 4월 28일 선고 2009두19229, 19236 판결
대법원 2011년 5월 26일 선고 2008두9959 판결
대법원 2011년 8월 25일 선고 2009두23945 판결
대법원 2011년 10월 13일 선고 2009두15357 판결
대법원 2012년 1월 19일 선고 2008두8499 전원합의체 판결
대법원 2012년 1월 27일 선고 2010두5950 판결
대법원 2012년 4월 26일 선고 2010두11948 판결
대법원 2012년 10월 25일 선고 2010두25466 판결
대법원 2013년 7월 11일 선고 2010두20966 판결
대법원 2018년 11월 15일 선고2017두3308판결
대법원 2018년 11월 29일 선고, 2018두38376판결
대법원 2018년 12월 13일 선고 2018두128 판결
서울고등법원 2004년 9월 15일 선고 2003누17490 판결
서울고등법원 2010년 2월 12일 선고 2009누8016 판결
서울고등법원 2010년 12월 9일 선고 2009누39126 판결
서울행정법원 2012년 11월 23일 선고 2011구합31734 판결
헌법재판소 1991년 7월 22일 89헌가106 판결

국외

Aiken Industries, Inc. v. Commissioner, 56 T.C 925(1971)
American Chicle Co v. United States 316 U.S. 450(1942)
Bank of America v. U.S. 680 F.2d 142(U.S. Court of Claims, 1982)

Bausch & Lomb, Inc. v. Commissioner, 92 T.C. 525(1989)

Biddle v. Commissioner of Internal Revenue, 302 U.S. 573(1938)

Calcutta Jute Mills Co. Ltd v. Nicholson 1 T.C. 83(1876)

Cesena Sulphur Co. Ltd. v. Nicholson 1 T.C. 88(1876)

Casa De La Jolla Park. v. Commissioner 94. T.C. 384(1990)

Ching Hsiao Liang, V. Commissioner 23 T.C. 1040(1955)

Commissioner v. Hawaiian Philippine Co., 100 F2d 988(1939)

Commissioner v. Supermacet Whaling & Shipping co. 281 F.2d646(1960)

Commissioner v. Wodehouse, 337 U.S. 369(1949)

Compaq Computer Corporation v. Commissioner 113 T.C. 214(1999)

Container Corp. v. Commissioner, 134 T.C. 122(2010)

Dillin v. Commissioner, 56 T.C. 228(1971)

Epic Metals Corp. and Subsidiaries v. Commissioner, T.C. memo 1984-322

Fernando Barba. v. United States 2cl.ct.674(1983)

Frank Handfield v. Commissioner 23 T.C. 633(1955)

General Utilities & Operating Co. v. Helvering, 296 U.S. 200(1935)

Helvering v. Stein, 115 F.2d 468(4thCir.1940)

Hospital Corp. of America v. Commissioner 81 T.C. 520(1983)

Hawkins v. Commissioner, 49 T.C. 689(1968)

HP Rep. No. 247, 101st Con., 1st Sess. 1241(1989)

Ingram v. Bowers, 57 F2d 65(1932)

Inland Steel Co. v. U.S. 230 Ct. Cl 314(1982)

InverWorld Inc., et.al. v. Commissioner, 3441-93, 3442-93, 3443-93 T.C. Memo.
    1996-301

InverWorld v. Commissioner, 71 T.C. M.3231(1996)

Karrer v. United States, 152 F. Supp. 66(1957)

Kimble Glass Co, v. Commissioner 9 T.C. 183, 189(1947)

Liggett Group, Inc. Commissioner, TC. Memo 1990-18.

Luxembourg Holding Company Case(2005)

Misbourne Pictures, Ltd. V. Johnson, 189 F2d 774(1951)

Morrissey v. Commissioner, 296 U.S. 344(1935)

Northern Indiana Public Service Co. v. Commissioner 105. T.C. 341(1995)

Paul Karrer v. U.S.152 F. Supp. 66(1957)

Peter Stemkowski, v. Commissioner 690 F. 2d 40(1982), p. 151

Pierre Boulez v. Commissioner 83 T.C. 584(1984)

Procter & Gamble Co. v. Commissioner 95 T.C. 323(1990)

Rober H. Cook & John M. Cook v. U.S. 220 Ct.cl. 76(1979)

Sabatini v. Commissioner 98 Fed.(2d) 753(1938)

Sang J. Park & Won Kyung O. v. Commissioner. U.S. App.(2013)

SDI Netherlands B.V. v. Commissioner 107 T.C. 10(1996)

Taisei Fire & Marine Ins. Co., Ltd., et al v. Commissioner, 104 T.C. 535(1995)

The Korfund Company Inc., inc. v. Commissioner 1 T.C. 1180(1943)

The Queen v. Melford Developments Inc(1982) 2 S.C.R. 504.

Tobey v. Commissioner 60 T.C. 227(1973)

Tonopah LT.R. Co. v. Commissioner 112&970(1940)

U.S. v. Goodyear Tire and Rubber Co−493 U.S. 132(1989)

United States v. BALANOVSKI, 236 F.2d 298(1956)

United Steel Corporation. v. Commissioner 617 F. 2d 942(1980)

Vulcan Materials Co. v. Commissioner 96 T.C. 410(1991)

Wodehouse v. Commissioner, 178 F2d 987(1949)

Xerox Corp. v. U.S. 41 F. 3d 647(1994)

동경고등재판소 판결 소화 59. 3. 14. 행집35-3-23

동경고등재판소 평성 19. 10. 10. 판결

일본 최고재판소 소화 35. 10. 7. 판결 日民集14-12-2420

大阪高判昭和 61. 9. 25. 月報 33-5-1297

국제조세법 강론 개정판

펴낸날 개정판 1쇄 2020년 6월 20일

지은이 최선집
펴낸이 서용순
펴낸곳 이지출판

출판등록 1997년 9월 10일 제300-2005-156호
주소   03131 서울시 종로구 율곡로6길 36 월드오피스텔 903호
대표전화 02-743-7661   **팩스** 02-743-7621
이메일   easy7661@naver.com
디자인   박성현
인쇄   (주)꽃피는청춘

ⓒ 2020 최선집

값 30,000원

ISBN 979-11-5555-137-0 93360

이 도서의 국립중앙도서관 출판시도서목록(CIP)은 e-CIP홈페이지(http://www.nl.go.kr/ecip)와
국가자료 공동목록시스템(http://www.nl.go.kr/kolisnet)에서 이용하실 수 있습니다.
(CIP제어번호: 2020022492)

국제조세법 강론
개정판